मुझे ऐसे पढ़ाओ

[शिक्षा]

मुझे ऐसे पढ़ाओ

डॉ. मुकेश किशोर

राजकमल प्रकाशन

ISBN : 978-81-267-1850-4

मूल्य : ₹ 695

पहला संस्करण : 2010
चौथा संस्करण : 2022

प्रकाशक : राजकमल प्रकाशन प्रा.लि.
1-बी, नेताजी सुभाष मार्ग, दरियागंज
नई दिल्ली-110 002

शाखाएँ : अशोक राजपथ, साइंस कॉलेज के सामने, पटना-800 006
पहली मंजिल, दरबारी बिल्डिंग, महात्मा गांधी मार्ग, प्रयागराज-211 001
36 ए, शेक्सपियर सरणी, कोलकाता-700 017

वेबसाइट : www.rajkamalprakashan.com
ई-मेल : info@rajkamalprakashan.com

मुद्रक : बी.के. ऑफसेट
नवीन शाहदरा, दिल्ली-110 032

MUJHE AISE PADHAO
by Mukesh Kishore

पाठकों से

सीखने का शिक्षा में और शिक्षा का मानव के गुणात्मक विकास में अहम योगदान है। गुणात्मक शिक्षण के लिए 'उत्पादक शैक्षिक वातावरण' पूर्वापेक्षित है। यह पुस्तक 'उत्पादक शैक्षिक वातावरण के निर्माण' में प्राथमिक से लेकर उच्च शिक्षा तक सीखने-सिखाने से जुड़े मार्गदर्शकों की सहायता करने का एक विनम्र प्रयास है।

'उत्पादक शैक्षिक वातावरण' शिक्षक, छात्र तथा सीखने के परिवेश के बीच आवश्यक तालमेल के बिना असंभव है। इस पुस्तक में सीखने तथा सिखाने के उन व्यावहारिक अनछुए पहलुओं को सम्मिलित किया गया है, जो विद्यार्थियों में सीखने की ललक पैदा करने, विषय की ग्राह्यता बढ़ाने के अतिरिक्त शिक्षकों की अपने पेशे से रुचि एवं संतुष्टि बढ़ाने में सहायक सिद्ध होगी। सम्पूर्ण पुस्तक को चार भागों में बाँटकर इस उद्देश्य को पूरा किया गया है।

प्रथम भाग में 1 से 4 अध्याय हैं। छात्रों की पहचान के लिए उनमें पाई जानेवाली मनोवैज्ञानिक, सामाजिक तथा आर्थिक भिन्नताओं, मसलन—परिपक्वता, बुद्धि, लिंग, सामाजिक-आर्थिक स्तर इत्यादि पर प्रकाश डाला गया है । उपरोक्त भिन्नताओं का सीखने पर पड़नेवाले प्रभाव तथा उन्हें दूर करने के उपाय का वर्णन अध्याय 1 में किया गया है।

सीखने के कुछ अवरोधक भी हैं, जो सीखने में रुकावट उत्पन्न करते हैं—मसलन ध्यान की कमी अथवा अतिक्रियाशीलता, पढ़ने, लिखने तथा गणितीय कौशल के अभाव इत्यादि। इन अवरोधकों की पहचान कर उन्हें दूर करने के उपाय शिक्षकों को विद्यार्थियों में सीखने की पात्रता बढ़ाने में सहायक होगा, जिसका वर्णन अध्याय 2 में किया गया है।

सीखने के संवेगात्मक एवं आचरण सम्बन्धी अवरोधों के कारण भी शिक्षण ऋणात्मक रूप से प्रभावित होता है। इन अवरोधों की पहचान के लिए उनके लक्षण, सम्भावित कारण एवं उन्हें दूर करने की लाभप्रद युक्तियों की विस्तृत चर्चा क्रमशः अध्याय 3 तथा 4 में की गई है, जिसके द्वारा शिक्षक विद्यार्थियों की सहायता कर पाएँगे।

द्वितीय भाग में उत्पादक शैक्षिक वातावरण के निर्माण के लिए सीखने में शिक्षकों की भूमिका के महत्त्व पर प्रकाश डाला गया है। शिक्षकों में उन विशिष्ट कौशल तथा

गुणों का होना, जिससे वे सीखने को विद्यार्थियों के लिए ज्ञानवर्धक एवं चित्ताकर्षक बना सकें, अनिवार्य है। इस उद्देश्य से सिखाने के आवश्यक कौशल एवं शिक्षक में अपेक्षित विशेषताओं की चर्चा क्रमशः अध्याय 5 तथा 6 में की गई है।

शिक्षक विद्यार्थियों के लिए आदर्श होते हैं, जिनके व्यक्तित्व का अनुकरण विद्यार्थियों के द्वारा किया जाता है। अतः शिक्षकों के व्यक्तित्व विकास के लिए आवश्यक तथ्यों का वर्णन अध्याय 7 में किया गया है।

पुस्तक के तीसरे भाग में सीखने के परिवेश को शिक्षण के अनुकूल बनाने के लिए आवश्यक पहलुओं पर चर्चा की गई है।

उत्पादक शैक्षिक वातावरण का निर्माण प्रभावकारी वर्ग प्रबन्धन के बिना कठिन ही नहीं असम्भव है। अतः वर्ग प्रबन्धन के विभिन्न कौशलों की चर्चा ज्वलन्त उदाहरणों सहित अध्याय 8 में की गई है, जिससे शिक्षक वर्ग के वातावरण को शिक्षण अनुकूल बनाए रखने में सफल हो पाएँगे।

प्रभावकारी शिक्षण के लिए छात्रों में पढ़ने में रुचि, वचनबद्धता, समझदारी एवं सीखने की जिम्मेवारी स्वयं लेने की क्षमता का होना आवश्यक है। उपरोक्त क्षमताओं को विकसित करने के लिए सीखने के विभिन्न कौशलों, प्रत्यय निर्माण की कला, अभिप्रेरणा के विकास के अतिरिक्त छात्रों को अपने प्रगति की जिम्मेवारी स्वयं लेने की क्षमता से सम्बन्धित तथ्यों का वर्णन अध्याय 9 में किया गया है।

चौथे और अन्तिम भाग में सीखने की प्रगति को सुनिश्चित करने के लिए मापन तथा मूल्यांकन तथा सीखने में पिछड़नेवाले विद्याथियों के काउंसलिंग की आवश्यकता होती है।

अध्याय 10 में प्रगति मापन के लिए मूल्यांकन की विभिन्न विधियों का व्यावहारिक ज्ञान प्रदान किया गया है।

जिन छात्रों की प्रगति आशानुरूप नहीं हो पाती है और सीखने में पिछड़ते प्रतीत होते हैं, उनमें सुधार लाने के लिए शिक्षक में काउंसलिंग के कौशल को विकसित करने के उद्देश्य से काउंसलिंग के व्यावहारिक ज्ञान का विस्तृत वर्णन अध्याय 11 में किया गया है। काउंसलिंग के ज्ञान का उपयोग कर शिक्षक शिक्षण के अवरोधों को दूर कर विद्यार्थियों की सहायता कर पाएँगे।

किसी भी शिक्षक के जीवन की सबसे बड़ी उपलब्धि अपने जीवनकाल में ज्यादा से ज्यादा बच्चों के मन में धनात्मक परिवर्तन लाना है। इस पुस्तक के माध्यम से हमारा यह विनम्र प्रयास है कि शिक्षक वर्तमान युग में शिक्षा जगत की चुनौतियों का सामना प्रभावकारी ढंग से कर अपने छात्रों के सर्वांगीण विकास को सुनिश्चित कर सच्चे अर्थों में एक गुरु बन पाएँ।

स्वीकारोक्ति

पुस्तक लेखन का कार्य बिना अन्य लोगों के सहयोग एवं समर्थन के सम्भव नहीं होता है। इस पुस्तक लेखन में तीन तरह से लोगों का सहयोग एवं समर्थन प्राप्त हुआ। पहला, उनलोगों का जिन्होंने पांडुलिपि को पढ़ा एवं उसके सम्पादन एवं प्रकाशन में सहायता की। दूसरा, जिन लोगों ने मुझे शिक्षकों, छात्रों एवं अभिभावकों के मागदर्शन का अवसर प्रदान किया। तीसरा, जिन्होंने मेरी सहायता प्रोत्साहित करने एवं मेरी व्यक्तिगत भावनाओं का खयाल रखने में किया। मैं इन सबके प्रति अपना आभार व्यक्त करना चाहूँगा।

सम्पादन में सहयोग के लिए श्री निर्मल कुमार सिन्हा, पटना उच्च न्यायालय एवं डॉ. जय मंगल देव, कॉलेज ऑफ कामर्स, पटना की भूमिका अग्रगणी रही है। प्रो. महादेव प्रसाद कपूर, श्री रंजन विकास, एवं श्रीमती रीता किशोर की भूमिका भी अविस्मरणीय है।

अपने गुरुवरों स्वर्गीय प्रो. (डॉ.) बिमलेश्वर डे, स्वर्गीय डॉ. लाला निखलेश कुमार सिन्हा एवं स्वर्गीय प्रो. टी. नाथ, प्रो. (डॉ.) अरुण कुमार सिंह, एवं प्रो. (डॉ.) शमशाद हुसैन के प्रति भी नतमस्तक हूँ जिनकी शिक्षा एवं आदर्श मेरे अन्दर शिक्षक-छात्र की भावना के निर्माण में सहायक हुआ।

शिक्षकों, छात्रों तथा अभिभावकों के मार्गदर्शन का अवसर प्रदान करने के लिए सी.बी.एस.सी. द्वारा प्राधिकृत विद्यालय के प्रबन्धकों डॉ. राजीव रंजन सिन्हा, प्रिंसिपल बॉल्डविन एकेडमी, डॉ. एस.पी. सिंह, प्रिंसिपल, पटना सेंट्रल स्कूल, श्री शिव बिहारी राय, निदेशक, बी.डी. पब्लिक स्कूल, डॉ. सी.बी. सिंह, निदेशक, रेडिएंट इंटरनेशनल स्कूल, कुमार प्रंतजय, प्रबन्ध निदेशक, आर.पी.एस. रेजिडेंसियल पब्लिक स्कूल, डॉ. (श्रीमती) मधु सिन्हा, जीन पॉल स्कूल, आरा का भी आभारी हूँ जिनके सहयोग एवं समर्थन के बिना पठन-पाठन से सम्बन्धित गहरी समझ एवं व्यावहारिक ज्ञान प्राप्त नहीं हो पाता। प्रो. (डॉ.) अरुण कुमार सिंह, राजनीतिशास्त्र विभाग, पटना विश्वविद्यालय भी मेरे धन्यवाद के पात्र है।

परिवार के सदस्यों विशेषकर पत्नी, श्रीमती आशा किशोर एवं पिता श्री राज किशोर सहाय के सहयोग एवं उत्साहवर्धक सहयोग एवं समर्थन के बिना मैं एकाग्रता

एवं शीघ्रता से लेखनी एवं टंकन का कार्य नहीं कर पाता। मेरी बेटी प्रकाशिका किशोर, ने भी इसके प्रकाशक के नाम सुझाने में मेरी सहायता की। बेटों, रविश किशोर एवं मणिष किशोर, की कार्य की प्रगति के प्रति जिज्ञासा बनाए रखना मेरे लिए उत्प्रेरक सिद्ध हुआ।

मेरे मित्रों, डॉ. बसन्त कुमार सिन्हा, लक्ष्मी नर्सिंग होम, पटना एवं डॉ. अजय पाल कपूर, कॅन्सलटेंट साइकोलॉजिस्ट यू.के., श्री सुनील कुमार शर्मा, श्री पंकज कुमार को इसलिए धन्यवाद देना चाहूँगा क्योंकि ये ऐसे व्यक्ति हैं जिन्होंने मुझे मेरी पहली पुस्तक 'बौद्धिक एवं व्यक्तित्व विकास—एक मनोवैज्ञानिक परामर्श' के प्रकाशन के लिए प्रोत्साहित किया था। आज भी उनका उत्साहवर्धन एवं सहयोग बदस्तुर जारी है।

श्री अशोक महेश्वरी, प्रबन्ध निदेशक, राजकमल प्रकाशन एवं उनके सहयोगियों को इस पुस्तक के प्रकाशन में गहरी रुचि एवं तत्परतापूर्वक प्रकाशित करने के लिए आभार व्यक्त करना चाहूँगा।

—डॉ. मुकेश किशोर

अनुक्रम

अध्याय-1

छात्रों की प्रतिभा की पहचान

[Recognition of Capability of Students]

इस अध्याय के मनन से जानने योग्य बातें :

- विद्यार्थियों के बीच पाए जानेवाले संज्ञानात्मक एवं संवेगात्मक अन्तर का ज्ञान,
- विलक्षण बच्चों की पहचान करने की क्षमता का विकास,
- विभिन्न प्रतिभा के छात्रों के सिखाने की लाभप्रद युक्तियाँ।

आप मेरे इस बात से सहमत होंगे कि छात्रों में सीखने की क्षमता उनकी शैक्षिक प्रगति के निर्धारक होते हैं। सीखने की क्षमता सभी छात्रों में एक समान नहीं होती है। कुछ बहुत जल्दी एवं अच्छा सीख लेते हैं तो कुछ को सीखने में कठिनाई होती है।

छात्र, जिन्हें शिक्षा प्रदान करने का पुनीत कार्य शिक्षक एवं माता-पिता करते हैं, वे भी मानव हैं। उनमें भी मानवीय गुण एवं अवगुण होते हैं। सीखने के लिए अनुकूलतम जैविक क्षमता के अतिरिक्त उपयुक्त वातावरण सम्बन्धी कारकों का विद्यमान रहना अनिवार्य है। जिन कारकों का प्रभाव विद्यार्थी में सीखने की पात्रता के दृष्टिकोण से सबसे अधिक है उनमें परिपक्वता, बुद्धि, सामाजिक-आर्थिक स्तर, लिंग इत्यादि के कारण पाई जानेवाली भिन्नता है, जिसका विस्तृत वर्णन नीचे चित्र-1 में किया जा रहा हैः

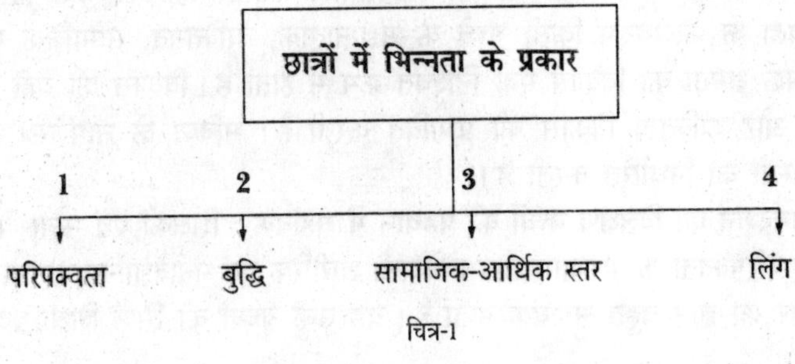

चित्र-1

1. परिपक्वता के आधार पर

परिपक्वता मानसिक एवं शारीरिक विकास की एक प्रक्रिया है, जो जन्मजात होती है। यह स्वाभाविक रूप से एक निश्चित क्रम में होती है। विकास की इस प्रक्रिया का ज्ञान हमें निम्नांकित दो प्रकार से सहायता पहुँचाती है :

- भविष्यवाणी करने में
- मार्गदर्शन एवं विलक्षण बच्चों की पहचान में

भविष्यवाणी करने में सहायक : परिपक्वता शारीरिक एवं मानसिक विकास की दर है, जो प्रत्येक जीव में अलग-अलग होता है। इसके आधार पर उस खास जाति-वर्ग के प्राणी में विकास के दर की भविष्यवाणी की जा सकती है। विकास के इसी स्वाभाविक दर को परिपक्वता कहते हैं। सीखने में अभ्यास तथा अनुभव के अतिरिक्त एक निश्चित स्तर की परिपक्वता की आवश्यकता होती है। उदाहरणस्वरूप, छह माह का बालक बैठना तो सीख सकता है परन्तु वह तबला बजाना नहीं सीख सकता, क्योंकि तबला बजाने के लिए उँगलियों में थिरकने की जिस परिपक्वता की आवश्यकता होती है, वह छह माह के बालक में विद्यमान नहीं होती है। ठीक उसी प्रकार बारह वर्ष के एक बच्चे में साइकिल चलाने की परिपक्वता तो होती है, परन्तु यदि उसे सीखने का अवसर प्राप्त नहीं हो तो वह साइकिल चलाना नहीं सीख सकेगा। इन जन्मजात गुणों का विकास वातावरण के प्रभाव से होता है। जैसे हँसना एक अबोध बच्चे में भी विद्यमान रहता है, जो वातावरण के प्रभाव से कम या अधिक हो सकता है।

सीखना तथा परिपक्वता दोनों एक-दूसरे के पूरक हैं। सीखने के लिए यदि उपयुक्त परिपक्वता नहीं हो तो सीखना संभव नहीं हो पाता है। ठीक उसी प्रकार उपयुक्त परिपक्वता के बावजूद यदि सीखने का समुचित अवसर नहीं मिले तो भी सीखना संभव नहीं हो पाता है। अतः सीखने में परिपक्वता के अतिरिक्त सीखने के उपयुक्त अवसर का मिलना भी आवश्यक है।

कुछ अपवादों को छोड़कर, निश्चित रूप से आप यह बता सकते हैं कि किसी खास उम्र के बच्चे में शारीरिक एवं मनोवैज्ञानिक विकास की दर क्या होगी। परिपक्वता के फलस्वरूप किसी बच्चे के संज्ञानात्मक, व्यक्तिगत, सामाजिक एवं संवेगात्मक क्षमता का विकास एक निश्चित क्रम में होता है। विकास की यही दर सीखने और व्यक्तित्व विकास को प्रभावित करती है। भविष्य के सामंजस्य की संभावनाओं को निर्धारित करती है।

मार्गदर्शन एवं विलक्षण बच्चों की पहचान में सहायक : शिक्षकों एवं माता-पिता के लिए परिपक्वता के परिणामस्वरूप होनेवाली शारीरिक एवं मनोवैज्ञानिक क्षमताओं में अन्तर का ज्ञान बहुत सहायक होता है। यह उन्हें बच्चों को सिर्फ शिक्षा प्रदान

करने एवं मार्गदर्शन में ही नहीं, बल्कि उस स्तर से अधिक या कम क्षमतावाले विलक्षण बच्चों की पहचान करने में भी सहायक सिद्ध होता है। इससे किसी विषय को, कठिनाई के किस स्तर के ज्ञान को, उनके सामने कैसे और कब प्रस्तुत करना है, यह जानने में मदद मिलती है। कठिनाई के किस स्तर के ज्ञान को बच्चे आसानी से सीख सकेंगे, यह निर्धारित करने में सहायता मिलती है। इसके अलावा यदि कोई बच्चा अपनी उम्र से अधिक तेज या धीमी गति से सीखता है तो उन विलक्षण बच्चों की पहचान करने में भी सहायता मिलती है।

(क) संज्ञानात्मक परिपक्वता (Cognitive Maturity)

किसी वस्तु को देखने के बाद उसे समझने के लिए मस्तिष्क में घटित होनेवाली समस्त मानसिक प्रक्रियाओं को संज्ञान कहते हैं। जब हम किसी वस्तु को देखते हैं तो उसकी पहचान करने के लिए हम अपने चिन्तन, याददाश्त, सीखने का उपयोग कर यह जानने का प्रयास करते हैं कि आखिर वह वस्तु है क्या? पहचान करने की इसी प्रक्रिया को संज्ञानात्मक प्रक्रिया कहते हैं।

संज्ञानात्मक अथवा बौद्धिक विकास जन्म के बाद एक निश्चित क्रम में होता है। बच्चों के संज्ञानात्मक विकास की सीमाओं के कारण उनके सोचने, अनुभव करने तथा कार्य करने के तरीके में बड़ों की तुलना में गुणात्मक अन्तर होता है। बच्चा जब इस दुनिया में जन्म लेता है तो वह दुनिया की चीजों से बिल्कुल अनजान होता है। दुनिया की चीजों के प्रति अनुक्रिया (Response) करने की उसकी क्षमता भी सीमित होती है।

मंनुष्य में नए चीजों के बारे में जानने की एक स्वाभाविक प्रवृत्ति पाई जाती है। अपनी इसी स्वाभाविक प्रवृत्ति के कारण जब बच्चा शनैः-शनैः उम्र की दहलीजों पर आगे बढ़ता है और किसी नई चीज के सम्पर्क में आता है, तो उसकी बनावट, क्रम तथा उपस्थित होने की संभावना के आधार पर उसकी एक मानसिक तसवीर बनाता है, जिसे स्कीम्स (Schemes) कहते हैं। जब भी वह किसी नई वस्तु के सम्पर्क में आता है तो अपने विद्यमान ज्ञान की कसौटी, स्कीम्स पर परखकर उसको जानने की कोशिश करता है। जब यह नई वस्तु उसके पुराने ज्ञान की कसौटी पर फिट बैठती है तो उसे आसानी से सीख लेता है, इसे संतुलन (Equilibrium) की अवस्था कहते हैं। जबकि यदि नई वस्तु उसके मानसिक तसवीर या स्कीम्स के अनुरूप नहीं होती है तो वह अनुकूलन तथा आत्मसात्करण (Adaptation and Assimilation) की प्रक्रिया के द्वारा उस नई वस्तु को अपनी पुरानी स्कीम्स में यथोचित सुधार लाकर अपने मन-मस्तिष्क में धारण कर लेता है। संतुलन, अनुकूलन तथा आत्मसात्करण की इसी प्रक्रिया के द्वारा वह निरन्तर अपने जीवन-पथ पर ज्ञान को आगे बढ़ाता जाता है।

बच्चों में संज्ञानात्मक क्षमता क्रमशः उम्र के साथ बढ़ती है। शिक्षक को कोई भी नया ज्ञान उसके संज्ञानात्मक क्षमता के अनुरूप प्रदान करना पड़ता है। यदि उसके संज्ञानात्मक क्षमता के अनुरूप विषय को नहीं प्रस्तुत किया गया हो तो बच्चा उस ज्ञान को प्राप्त करने से वंचित रह जाएगा।

(ख) व्यक्तिगत, सामाजिक तथा संवेगात्मक विकास (Personal, Social and Emotional Development)

उपरोक्त संज्ञानात्मक भिन्नता के कारण ही बच्चों का व्यक्तिगत, सामाजिक तथा संवेगात्मक विकास भी प्रभावित होता है। सभी मनुष्य में संवेगात्मक स्वास्थ्य के दृष्टिकोण से पाँच प्रमुख समानता पाई जाती है :

1. सभी व्यक्तियों की सामान्य जरूरतें समान होती हैं।
2. स्वयं अथवा अहं का विकास इन जरूरतों को पूरा करने के क्रम में होता है।
3. विकास एक निश्चित क्रम में विभिन्न अवस्थाओं से होकर गुजरता है।
4. प्रत्येक अवस्था की अलग-अलग मनोवैज्ञानिक एवं सामाजिक चुनौतियाँ होती हैं।
5. विभिन्न अवस्थाओं में व्यक्ति की अभिप्रेरणा में भी अन्तर होता है।

विकास की हर अवस्था की अलग-अलग मनोवैज्ञानिक जरूरतें अथवा चुनौतियाँ होती हैं। जब व्यक्ति इन मनोवैज्ञानिक चुनौतियों का सामना करने में समर्थ नहीं होता है तो एक प्रकार का मनोवैज्ञानिक संकट उत्पन्न हो जाता है। ये चुनौतियाँ सामाजिक सम्बन्धों को बहुत ही गहरे रूप में प्रभावित करती हैं। यदि इनका समाधान स्वीकार्य तरीके से हो जाता है, तब धनात्मक सामाजिक गुणों का विकास होता है, और यदि इनका समाधान स्वीकार्य तरीके से नहीं होता है तो व्यक्ति की सामंजस्य क्षमता प्रभावित होकर व्यक्तित्व को प्रभावित करती है।

हालाँकि यह सत्य है कि संकट का कभी भी स्थायी रूप से समाधान नहीं होता है। जीवन में एक के बाद दूसरे संकट तो आते ही रहते हैं और मनुष्य उन संकटों से उबरता भी रहता है। जब वह उनका समाधान नहीं ढूँढ़ पाता है तो उसके ऋणात्मक प्रभावों से भी अछूता नहीं रह पाता है। जब व्यक्ति जीवन की विभिन्न परिस्थितियों की चुनौतियों का सामना करते हुए आनेवाले संकटों का सामना करने में सक्षम होता है तो इसे ही सामंजस्य कहते हैं।

सीखने में परिपक्वता (Effect of maturity on learning) : सीखने में परिपक्वता का बहुत ही महत्त्वपूर्ण योगदान है। शिक्षकों के प्रभावकारी ढंग से शिक्षा प्रदान करने के लिए यह आवश्यक है कि वे विभिन्न उम्र के बच्चों में पाई जानेवाली क्षमताओं का ज्ञान रखते हों। यहाँ हम स्कूल में वर्ग एवं अनुमानित उम्र के हिसाब

से छात्रों को चार श्रेणियों में बाँटकर उनके मनोवैज्ञानिक या संज्ञानात्मक विकास की दर को, विशेषकर सोचने, अनुभव करने तथा कार्य करने की क्षमताओं की चर्चा करेंगे। टेबल संख्या 1 के माध्यम से बच्चों के विकासात्मक अवस्थाओं को चार भागों में बाँटकर वर्णन किया जा रहा है:

टेबल-1

अवस्थाएँ	*वर्ग*	*उम्र*
प्रथम अवस्था	के. जी से कक्षा 2 तक	4 वर्ष से 6 वर्ष तक
द्वितीय अवस्था	कक्षा 3 से 6 तक	7 वर्ष से 10 वर्ष तक
तृतीय अवस्था	कक्षा 7, 8 एवं 9 तक	11 वर्ष से 13 वर्ष तक
चतुर्थ अवस्था	कक्षा 10 और उससे ऊपर	14 वर्ष से ऊपर

प्रथम अवस्था—के. जी. से कक्षा 2 तक

इस अवस्था में बच्चे पढ़ना-लिखना सीखने की शुरुआत करते हैं। इस अवस्था में बच्चे के **प्रत्यक्षण** (Perception) **में आत्मकेन्द्रिकता** होती है। जो चीज उन्हें अच्छी लगे, वह उन्हीं की है। उन्हें जो चीज जैसी दिखाई पड़ती है, उसे वे ठीक वैसा ही समझते हैं। इनके अन्दर बदलाव को पहचानने के लिए **तार्किक क्षमता नहीं के बराबर** होती है। वे अपने प्रत्यक्षीकरण में किसी घटना या अवस्था के विश्लेषण के लिए उसके एक ही पहलू पर ध्यान दे पाते हैं। उदाहरणस्वरूप यदि दो कतार में समान मात्रा में सिक्के रखे हों और एक कतार में सिक्के बिखेरकर रखे गए हों, जिससे कतार लम्बी दिखाई पड़ती हो और दूसरे में नजदीक-नजदीक रखे गए हों, जिससे कतार छोटी दिखाई पड़ती हो तो वे लम्बी दिखाई पड़नेवाली कतार में सिक्कों की संख्या को अधिक बताएँगे। सिक्कों की संख्या को वास्तविक गिनती के आधार पर नहीं।

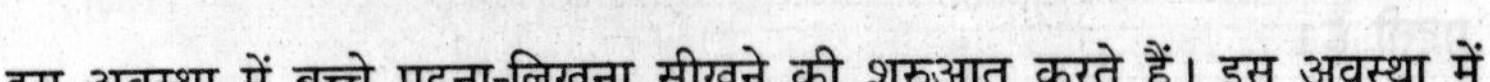

चित्र-2

इस अवस्था में बच्चों में **खोज करने की मनोवृत्ति** पाई जाती है। वे अपने स्तर से कुछ नए-नए प्रयास करना चाहते हैं। स्कूल में शिक्षकों के समक्ष ये बच्चे अपनी इस मनोवृत्ति को 'हम कर सकते हैं' अथवा 'हमें प्रयास करने दीजिए' के द्वारा व्यक्त करते हैं।

इस अवस्था में बच्चों के प्रयास करने पर उनकी सराहना करना—जैसे 'बहुत अच्छा, तुमने चित्र में अच्छे रंग भरे हैं' उनमें खुशी के भाव को जन्म देता है। इस प्रकार शिक्षक बच्चों के प्रयास करने की इस मनोवृत्ति को मजबूत बनाकर, उनके भीतर स्वतन्त्रता के गुण को विकसित कर सकते हैं। ऐसा करना भविष्य के लिए उनमें प्रयास करने की प्रेरणा एवं सफल होने की दक्षता के भाव को उत्पन्न करने में सहायता करते हैं।

इस अवस्था में बच्चे का प्रयास शिक्षक को प्रसन्न करना होता है। अतः वे शिक्षक की बातों को मानने के लिए तत्पर रहते हैं।

इनका **ध्यान विस्तार बहुत ही कम** होता है, अर्थात् इनका ध्यान जल्दी ही भंग हो जाता है। ये नियमों को इसलिए तोड़ देते हैं क्योंकि ये जल्दी ही भूल जाते हैं कि नियम क्या थे।

इस उम्र के बच्चे जल्दी ही थक जाते हैं तथा इनमें बेचैनी (Restlessness) के भाव भी पाए जाते हैं, जिससे ये कमरे अथवा कक्षा में इधर-उधर घूमना चाहते हैं।

इनकी देख-रेख में सूक्ष्म निरीक्षण की आवश्यकता पड़ती है। इन्हें नियमों को बार-बार एवं साफ-साफ सिखाने, अभ्यास करवाने तथा प्रबलित करने की आवश्यकता पड़ती है।

द्वितीय अवस्था—कक्षा 3 से 6 तक

इस अवस्था तक बच्चे **सीखने के लिए पढ़ने योग्य** हो जाते हैं। इनके भीतर **परिश्रमी** होने तथा दक्षता विकसित करने योग्य गुण विकसित होते हैं। यदि इस दौरान वे कठिन प्रयास कर सफल होते हैं तो इससे उनमें मेहनती तथा दक्ष होने के भाव जन्म लेते हैं।

शिक्षकों को इस अवस्था के बच्चों की सामर्थ्य के अनुरूप कार्य को पूरा करवाने में सहायता करनी चाहिए, ताकि उनमें असफल होकर हीन भावना का विकास नहीं हो पाए और उनमें भविष्य की चुनौतियों का सामना करने की क्षमता विकसित हो पाए।

इनके **तर्क करने की क्षमता** में जोड़ने, तोड़ने, उल्टा करने, संगठित करने तथा विकल्प ढूँढ़ने की कुशलता आ जाती है। सिक्के के उदाहारण में वे इस बात को स्पष्ट करने में सक्षम होते हैं कि लम्बाई में अधिक दिखाई पड़ने के बावजूद दोनों कतार में सिक्कों की संख्या समान है।

इस अवस्था में बच्चे तुलनात्मक रूप से स्वतन्त्र होना चाहते हैं परन्तु इनमें अभी भी शिक्षकों से प्यार पाने की लालसा एवं अपनी ओर ध्यान आकर्षित करने की प्रवृत्ति पाई जाती है।

ये नियमों की आवश्यकता को समझते हैं तथा नियम तोड़ने के परिणामों को स्वीकार करते हैं। नियम बनाने की प्रक्रिया में शामिल होना इनके लिए आनन्ददायक होता है। परन्तु ये चाहते हैं कि नियमों का पालन समान रूप से बिना किसी भेदभाव के हो। अतः इन्हें स्कूल के लिए नियम बनाने में शामिल करना चाहिए।

इन्हें पुरस्कारस्वरूप कुछ वस्तुएँ या सुविधा, जैसे–स्टिकर, स्वतन्त्र क्षण, प्रशंसा तथा सम्मान इत्यादि दिया जाए तो ये बहुत जल्दी सीखते हैं।

तृतीय अवस्था–कक्षा 7, 8 एवं 9 तक

स्कूली बच्चे 11 से 13/14 वर्ष के बीच इस अवस्था में पहुँचते हैं, जिसे प्रारम्भिक किशोरावस्था कहते हैं। इस दौरान इनमें बड़ी तेजी से बहुत सारे शारीरिक, बौद्धिक एवं संवेगात्मक परिवर्तन होते हैं।

तेजी से होनेवाले इन शारीरिक परिवर्तनों एवं यौनाकर्षण के कारण वे अपनी पहचान के लिए ही उलझन में रहते हैं। वे दूसरों के द्वारा अपने बारे में सोच को समझने की कोशिश करते हैं। वे प्रायः अपने रूप-रंग एवं आकृति के बारे में विचारमग्न रहते हैं। इस अवस्था में छात्र अपनी स्वतन्त्रता को परखना चाहते हैं और इस क्रम में वे कभी-कभी विद्रोहात्मक एवं मनमौजीपूर्ण व्यवहार का प्रदर्शन करते हैं।

इनकी चिन्तन क्षमता में अमूर्त चिन्तन, क्रमबद्ध चिन्तन के अतिरिक्त परिकल्पनात्मक चिन्तन करने की क्षमता आ जाती है। इस दौरान इनको नियमों को स्पष्ट रूप से बताना एवं लागू करना आवश्यक होता है।

वे माता-पिता से बच्चों के समान निर्देशित होना नहीं चाहते हैं। वे माता-पिता तथा शिक्षकों के प्रति आलोचनात्मक दृष्टिकोण रखते हैं। दोस्तों के प्रति इनका लगाव तथा विश्वास अधिक होता है।

वे दिवा स्वप्न देखते हैं। यदि डॉक्टर बनने की बात सोचते हैं, तो वे उस महान डॉक्टर की तरह बनना चाहते हैं, जिसके बारे में वे जानते हैं।

वे स्वभाव से जिज्ञासु होते हैं तथा अपनी जिज्ञासा को शान्त करने के लिए नई चीजों को आजमाना चाहते हैं। इनका यही जिज्ञासु स्वभाव एवं दोस्तों पर अत्यधिक निर्भरता, कभी-कभी इनके नशीले पदार्थों के उपयोग तथा दूसरे सामाजिक दृष्टिकोण से अस्वीकार्य व्यवहारों एवं आदतों के कारण भी बन जाते हैं।

चतुर्थ अवस्था–कक्षा 10 और उससे ऊपर

यह 14 से लेकर 18/19 वर्ष के बीच किशोरावस्था की अन्तिम अवस्था है। इस अवस्था में छात्रों के व्यवहार में पहले की अवस्थाओं की तुलना में ज्यादा स्थायित्व होता है।

वे बड़ों के साथ प्रभावकारी ढंग से संवाद स्थापित कर लेते हैं। वे नियमों की तार्किकता को स्पष्ट रूप से समझते एवं पालन करते हैं।

वे अपनी अगली पीढ़ी को विभिन्न प्रतियोगिता परीक्षाओं में सफल एवं असफल होते एवं आगे की पढ़ाई के विभिन्न शैक्षिक संस्थाओं में प्रवेश पाने तथा नौकरी के लिए संघर्ष करते हुए देखते हैं, अतः अपने भविष्य की चिन्ता इन्हें रहती है।

यदि माता-पिता तथा शिक्षक इन पर जिम्मेवारी सौंपें और विश्वास प्रदर्शित करें तो इनकी यथोचित प्रगति सुनिश्चित की जा सकती है।

उपरोक्त चारों अवस्थाओं में छात्रों के गुण एवं स्वभाव का तुलनात्मक वर्णन नीचे के टेबल संख्या-2 में प्रस्तुत किया जा रहा है :

टेबल-2

प्रथम अवस्था	*द्वितीय अवस्था*	*तृतीय अवस्था*	*चतुर्थ अवस्था कक्षा*
1. आत्मकेन्द्रितता	1. परिश्रमी	1. अपनी पहचान के लिए उलझन	1. तुलनात्मक रूप से स्थायी व्यवहार
2. तार्किकता की क्षमता का अभाव	2. तर्क करने की क्षमता में जोड़ने, तोड़ने, उल्टा करने, संगठित करने तथा विकल्प ढूँढ़ने की कुशलता	2. यौनाकर्षण	2. प्रभावकारी संवाद स्थापित करने की क्षमता
3. खोज करने की मनोवृत्ति	3. तुलनात्मक रूप से स्वतन्त्र	3. विद्रोहात्मक एवं मनमौजीपूर्ण व्यवहार	3. नियमों की तार्किकता को स्पष्ट रूप से समझना एवं पालन करना
4. शिक्षक को प्रसन्न करने का प्रयास	4. शिक्षकों से प्यार पाने की लालसा	4. अमूर्त चिन्तन, क्रमबद्ध चिन्तन के अतिरिक्त परिकल्पनात्मक चिन्तन करने की क्षमता	4. भविष्य की चिन्ता
5. सीमित ध्यान विस्तार	5. पुरस्कार जैसे—स्टिकर, स्वतन्त्र क्षण, प्रशंसा तथा सम्मान से बहुत जल्दी सीखना	5. माता-पिता तथा शिक्षकों के प्रति आलोचनात्मक दृष्टिकोण रखना	5. जिम्मेवारी लेने की क्षमता
6. बेचैनी	6. नियमों की आवश्यकता की समझ विद्यमान। नियम बनाने में सहभागिता सहायक	6. दोस्तों के प्रति लगाव तथा विश्वास का अधिक होना	
7. जल्दी भूल जाने की प्रवृत्ति		7. दिवा-स्वप्न देखना 8. जिज्ञासु स्वभाव	

किशोरावस्था—विशेष परिचय

किशोरावस्था बचपन एवं युवावस्था के बीच का काल है। या यूँ कहें कि यह युवावस्था की तैयारी का काल है। इस अवस्था में बच्चों में बहुत सारे शारीरिक एवं मानसिक परिवर्तन होते हैं। इन परिवर्तनों का आधार जैविक तथा सामाजिक दोनों होते हैं।

जैविक कारणों में उनके यौन ग्रंथि से निकलनेवाले हार्मोन के कारण द्वितीयक यौन लक्षण, मसलन—लड़कों में मूँछ-दाढ़ी का निकलना, वीर्य का निकलना, लड़कियों में वक्ष-स्थल का विकास एवं मासिक धर्म की शुरुआत इत्यादि का परिलक्षित होना है।

सामाजिक कारणों में इस अवस्था में बड़ों की बढ़ी हुई अपेक्षाएँ, दोस्तों का प्रभाव एवं अपने भविष्य निर्माण की चिन्ता को सम्मिलित किया जा सकता है।

अपनी पहचान के लिए संघर्ष : बदलाव की इस अवस्था में किशोर/किशोरियों को अपनी पहचान के लिए संघर्ष करना पड़ता है। पहचान के लिए जो बातें उन्हें सर्वाधिक परेशान करती हैं, उनमें महत्त्वपूर्ण हैं—क्या मैं अपने लिए एक सुखद भविष्य का निर्माण कर पाऊँगा? क्या मैं बड़ा हो गया हूँ या अभी भी बच्चा हूँ?

प्रायः किशोरावस्था में माता-पिता एवं शिक्षक जब बच्चों के कर्तव्य की बात करते हैं, तो यह कहते पाए जाते हैं कि तुम बड़े हो गए हो इसलिए तुम्हें ऐसे व्यवहार शोभा नहीं देते हैं। जबकि जब उनके अधिकार की बात होती है तो कहते हैं कि तुम अमुक कार्य नहीं कर सकते क्योंकि तुम अभी बच्चे हो। माता-पिता एवं शिक्षकों के ऐसे विरोधाभासी निदेशन उन्हें इस असमंजस में डाल देते हैं कि वे बड़े हैं या बच्चे। इस प्रकार स्वतन्त्रता एवं निर्भरता के बीच एक अन्तर्द्वन्द्व का अनुभव करते हैं।

किशोरावस्था में आत्म-पहचान सबसे अधिक उनके मित्रों/सहपाठियों के द्वारा निर्धारित होती है। अर्थात् उनके मनोवृत्ति निर्माण में मित्रों के व्यवहार का अनुकरण एवं उनका समर्थन महत्त्वपूर्ण भूमिका निभाता है। यही कारण है कि अपनी पहचान की खोज में कुछ किशोर/किशोरी राह भटक कर गैंग बनाकर आपराधिक घटनाओं को अंजाम देते हैं अथवा नशा या दूसरी अस्वीकार्य आदतों के शिकार हो जाते हैं।

इस अवस्था में उनकी रुचि वैयक्तिक होती है, जो यौन, उम्र, शारीरिक विकास एवं वातावरण में उपलब्ध अवसर से प्रभावित होती है, किशोरावस्था में सामान्यतया पाई जानेवाली कुछ अनूठी सोच को टेबल संख्या-3 में दर्शाया गया है :

टेबल-3

वे अपने शारीरिक आकर्षण के प्रति बहुत अधिक सजग रहते हैं।
वे सही पोशाक पहनना चाहते हैं।
वे निर्णय लेने में डरते हैं।
वे अलग दिखना चाहते हैं।
वे अकसर बड़ों पर अविश्वास करते हैं।
बिना योजना के राह बदल लेते हैं।
वे बहुत जल्दी बहुत अधिक पा लेना चाहते हैं।
वे घर पर होनेवाले वाद-विवादों से चिन्तित हो जाते हैं।
कभी-कभी इन्हें घर छोड़कर भाग जाने के विचार आते हैं।
कभी-कभी आत्महत्या करने के विचार भी आते हैं।
बिना शादी के एक साथ रहने में दोष नहीं मानते हैं।
वे सच्चे प्यार को समझना चाहते हैं।

उपरोक्त जैविक एवं मनोवैज्ञानिक बदलाव के फलस्वरूप होनेवाले प्रभाव के कारण ही किशोरावस्था को 'तनाव एवं आँधी' का समय कहा जाता है। कुछ किशोर/किशोरी बदलाव की इस अवस्था से सामंजस्य स्थापित कर लेते हैं परन्तु, जिन्हें सामंजस्य स्थापित करने में कठिनाई होती है, उनकी सहायता करने के लिए माता-पिता एवं शिक्षकों को आगे आना चाहिए।

इस अवस्था में माता-पिता एवं शिक्षकों को उन्हें बच्चों के समान निर्देशित नहीं कर उनके साथ मित्रवत् व्यवहार करना चाहिए। उनके प्रति विश्वास का प्रदर्शन करना एवं उन्हें उचित समर्थन एवं मार्गदर्शन देना, जिससे वे अपने भीतर होनेवाले स्वाभाविक बदलाव का सामना सफलतापूर्वक कर पाएँ आवश्यक है।

आत्म-पहचान के लिए निम्नांकित क्षमताओं को विकसित करने की योग्यता सीखने में सहायता करना चाहिए :

शैक्षिक क्षमता : पढ़ने-लिखने की क्षमता।

भाषा क्षमता : मौखिक तथा लिखित रूप से प्रभावकारी संप्रेषण क्षमता।

कार्य क्षमता : विभिन्न घरेलू एवं अन्य आवश्यक कार्यों को करने की क्षमता।

जीविकोपार्जन क्षमताएँ : नौकरी-पेशा से सम्बन्धित योग्यता को विकसित करें।

जीवनोपयोगी क्षमताएँ : आत्म-सम्मान, पारस्परिक सम्बन्ध, परानुभूति, तनाव प्रबन्धन क्षमता इत्यादि।

किशोरावस्था में होनेवाले स्वाभाविक परिवर्तनों के फलस्वरूप उत्पन्न असंतुलन को सुव्यवस्थित करने के लिए उनमें अपनी अच्छाइयों और कमियों की पहचान करने की क्षमता विकसित हो सके इसके लिए प्रयत्न करना चाहिए। अपनी अच्छाइयों को जानने से उनके आत्म-सम्मान की भावना में वृद्धि होती है और कमियों को जानने

से अच्छाइयों को सीखने की इच्छा जागती है। मूलभूत जीवनोपयोगी क्षमताओं, आत्म-जागरूकता, आत्म-सम्मान इत्यादि का विकास उपलब्ध अवसरों का लाभ उठाकर सामंजस्य स्थापित करने में सहायक होगा।

2. बुद्धि के आधार पर

बुद्धि मनुष्य की वह जैविक क्षमता है, जिसके द्वारा शिक्षा प्राप्त करने का उद्देश्य पूरा हो पाता है। यह वह सार्वभौम क्षमता है, जो उद्देश्यपूर्ण क्रिया करने, तार्किक चिन्तन करने एवं वातावरण के साथ प्रभावकारी ढंग से व्यवहार करने की योग्यता को निर्धारित करता है। यह व्यक्ति की धारण क्षमता, तार्किक क्षमता एवं समायोजन क्षमता को निर्धारित करता है।

मनोवैज्ञानिकों ने बुद्धि को मापने की इकाई के रूप में बुद्धिलब्धि या आई. क्यू. (Intelligence Quotient) को तथा बुद्धिलब्धि को ज्ञात करने के लिए मनोवैज्ञानिक **परीक्षणों** को विकसित किया है। बुद्धि है और नहीं है, ऐसी नहीं होती है बल्कि इसमें परिमाणात्मक अन्तर होता है। बुद्धि के परिमाण में विद्यमान अन्तर कार्य करने की क्षमता को गुणात्मक रूप से प्रभावित करता है। बिना मनोवैज्ञानिक परीक्षणों के उपयोग के भी किसी बच्चे के विकास की दर पर एक नजर दौड़ाकर बुद्धि का अनुमान लगाया जा सकता है, जिसका वर्णन विकासात्मक मील के पत्थर के अन्तर्गत किया गया है। बुद्धि के तीन प्रमुख आयाम हैं :

ज्ञान प्राप्त करने की क्षमता,
अमूर्त तथा तार्किक चिन्तन करने की क्षमता,
समस्या समाधान करने की क्षमता,

बुद्धि अथवा मानसिक क्षमता को बुद्धिलब्धि के आधार पर सात श्रेणियों में बाँटा गया है, जिसे नीचे के टेबल में दर्शाया गया है :

टेबल-4

प्रकार	**बुद्धिलब्धि**
अतिउत्कृष्ट (Very Superior)	130 के ऊपर
उत्कृष्ट (Superior)	120-129
औसत से अच्छा (Bright Normal)	110-119
औसत (Average)	90-109
औसत से कम (Dull Average)	80-89
सीमारेखा मानसिक दुर्बलता (Borderline Mental Retardation)	70-79
मानसिक दुर्बलता (Mental Retardation)	69 से कम

बुद्धि को आनुवंशिक माना गया है। व्यक्ति की यह अन्तर्निहित क्षमता जीन (gene) पर निर्भर करती है, जो सीखने के लिए कच्चे माल के समान है और जिसे उचित वातावरण एवं अभिप्रेरणा से विकसित किया जा सकता है। वातावरण सम्बन्धी उत्तेजना (environmental stimulation) उस कच्चे माल से उत्पादन की ऊपरी सीमा को निर्धारित करता है।

एक अध्ययन में समान बुद्धिलब्धि के दो बच्चों में से एक को, वातावरण सम्बन्धी उत्तेजना के दृष्टिकोण से, समृद्ध वातावरण में पाला-पोसा गया जबकि दूसरे को कम समृद्ध वातावरण में पाला-पोसा गया। दोनों बच्चों की बौद्धिक क्षमता की तुलना करने पर पाया गया कि जिस बच्चे का पालन-पोषण समृद्ध वातावरण में हुआ उसका बौद्धिक विकास कम समृद्ध वातावरण में पाले-पोसे गए बच्चे की तुलना में अधिक हुआ।

सम्पूर्ण जनसंख्या के एक बहुत बड़े भाग की बुद्धि सामान्य या औसत है। जो बच्चे औसत या औसत से अच्छे बौद्धिक स्तर के होते हैं, उनका प्रदर्शन पढ़ाई-लिखाई अथवा अन्य बौद्धिक क्रिया-कलापों में कम प्रयास करने पर भी अच्छा हो जाता है। लेकिन इसका तात्पर्य यह कदापि नहीं है कि औसत से अधिक बुद्धिमान होने का अर्थ यह लगा लिया जाए कि उनकी पढ़ाई-लिखाई में अच्छे प्रदर्शन की गारंटी बिना प्रयास और उचित मार्गदर्शन के दी जा सकती है। अतः बुद्धिमान बच्चों के लिए भी समस्या समाधान की क्षमताओं को विकसित करने तथा निखारने के लिए उचित मार्गदर्शन की आवश्यकता पड़ती है। आधुनिक मनोवैज्ञानिकों ने बुद्धि के तीन प्रकारों की चर्चा की है–

पहला, सामान्य बुद्धि जिसकी माप आइ.क्यू. में की जाती है,

दूसरा, सामाजिक बुद्धि (Social Intelligence) या संवेगात्मक बुद्धि (Emotional Intelligence) जिसकी अभिव्यक्ति ई. क्यू. के रूप में की जाती है, जो सामाजिक अन्तःक्रिया को निर्धारित करती है।

तीसरा, आध्यात्मिक बुद्धि (Spiritual Intelligence) जो व्यक्ति के अन्तर्गत आध्यात्मिक गुणों, मसलन–त्याग, क्षमा, प्रेम, भाईचारा, आत्म-सम्मान इत्यादि की क्षमता को निर्धारित करता है।

संवेगात्मक एवं आध्यात्मिक बुद्धि को उचित प्रशिक्षण एवं मार्गदर्शन से विकसित किया जा सकता है जबकि बुद्धिलब्धि को बढ़ाना प्रायः संभव नहीं है। यहाँ यह बताना अनिवार्य है कि आधारभूत क्षमता बुद्धिलब्धि के रूप में ही विद्यमान रहती है। यदि किसी बच्चे की बुद्धिलब्धि औसत से कम हो या वह मानसिक दुर्बलता से ग्रसित हो तो उसकी सामाजिक सामंजस्य क्षमता भी प्रभावित होगी।

आइए, जानें कि बुद्धि के दृष्टिकोण से मानसिक दुर्बलता क्या है? किसी बच्चे के विकास के दर, विकासात्मक मील के पत्थरों को जानकर बुद्धि का अनुमान कैसे

लगाया जा सकता है? विकासात्मक मील के पत्थरों तथा मानसिक विकलांगता का विस्तृत वर्णन नीचे किया जा रहा है :

विकासात्मक मील के पत्थर (Developmental Milestones)

प्रत्येक बच्चे के शारीरिक एवं मानसिक विकास की प्रायः एक निश्चित दर होती है, जिसे विकासात्मक मील के पत्थर कहते हैं। मानसिक दुर्बलता की पहचान विकासात्मक मील के पत्थर से की जा सकती है। जब किसी बच्चे के बैठने, खड़े होने, बोलने इत्यादि के विकास की दर उस खास उम्र में अपेक्षित दर से विलम्ब से होता है, तो यह उसके कम अथवा दुर्बल बुद्धि के होने का परिचायक हो सकता है। मानसिक दुर्बलता को मानसिक विकलांगता भी कहा जाता है।

मानसिक दुर्बलता या मानसिक विकलांगता

भारतवर्ष की सम्पूर्ण जनसंख्या के लगभग 2 प्रतिशत बच्चे से भी कुछ अधिक बच्चे मानसिक रूप से दुर्बल या विकलांग हैं। अर्थात् प्रत्येक 100 में से कम-से-कम दो बच्चे मानसिक रूप से दुर्बल हैं। मानसिक दुर्बलता मानसिक बीमारी से भिन्न होती है। मानसिक बीमारी के उपचार की आवश्यकता पड़ती है। उपचार के बाद यह बीमारी ठीक हो सकती है। परन्तु, मन्द-बुद्धि बच्चों को उनकी बौद्धिक क्षमता के अनुरूप विशेष प्रकार से शिक्षा देने की आवश्यकता होती है। यह ठीक उसी प्रकार है—जिस प्रकार एक घड़े में कितना पानी अँटेगा यह घड़े की क्षमता पर निर्भर करता है। उसी प्रकार बच्चे की बुद्धिलब्धि भी प्रायः एक अपरिवर्तनीय अवस्था है, यह ठीक होनेवाली कोई बीमारी नहीं है।

बुद्धिलब्धि के आधार पर मानसिक दुर्बलता को निम्नांकित चार श्रेणियों में बाँटा गया है। प्रत्येक श्रेणी के बच्चों की बौद्धिक क्षमता एवं कार्यक्षमता का वर्णन अलग-अलग नीचे किया जा रहा है :

टेबल-5

माइल्ड (Mild)	50-55 से 70
मॉडरेट (Moderate)	35-40 से 50-55
सिवियर (Severe)	20-25 से 35-40
प्रोफाउंड (Profound)	20-25 से कम

माइल्ड (Mild) : जैसा कि इसके नाम से ही स्पष्ट होता है, यह मानसिक दुर्बलता का मध्यम स्तर है। इस श्रेणी के बच्चों की बुद्धिलब्धि 50-55 से लेकर 70 तक होती है। वे देखने में सामान्य लोगों की भाँति ही लगते हैं। सम्पूर्ण मानसिक दुर्बल बच्चों की कुल संख्या में से सबसे अधिक संख्या माइल्ड श्रेणी की ही है।

युवावस्था प्राप्त करने के बाद भी इनकी मानसिक आयु या मानसिक क्षमता 8 वर्ष से 11 वर्ष के सामान्य बच्चे की क्षमता के बराबर होती है। वे शिक्षणीय श्रेणी में आते हैं, अर्थात् इन्हें प्राथमिक स्तर, 6 से 7वें वर्ग तक की शिक्षा दी जा सकती है।

इनमें किशोरावस्था की कल्पना-शक्ति, खोजी-शक्ति और निर्णय की क्षमता का अभाव होता है। इनमें अपने किसी कार्य के परिणाम को देखने की क्षमता भी सीमित होती है। अतः इन्हें निरीक्षण की आवश्यकता पड़ती है। यदि इनके बौद्धिक स्तर का पता जल्दी ही लग जाता है तो इन्हें साधारण स्तर का पेशेवर कौशल एवं शैक्षिक कौशल सिखाकर आत्म-निर्भर बनाया जा सकता है।

मॉडरेट (Moderate) : बुद्धिलब्धि के दृष्टिकोण से ऐसे बच्चों की बुद्धिलब्धि 35-40 से लेकर 50-55 तक होती है। इनकी मानसिक आयु युवा होने के बाद भी 4 से 7 वर्ष के बच्चे के बराबर होती है।

इन्हें बिल्कुल कम मात्रा में पढ़ना-लिखना सिखाया जा सकता है। इनके सीखने का दर बहुत ही धीमी होती है। ये देखने में भी भोंदे लगते हैं। इनमें से कुछ बच्चों में आक्रामकता एवं क्रोधी होने के लक्षण पाए जाते हैं जबकि कुछ बच्चे मिलनसार होते हैं। इन्हें किसी साधारण व्यवसाय के लिए प्रशिक्षित किया जा सकता है। इनका क्रियात्मक समन्वयन (motor coordination) भी कमजोर होता है। अतः इन्हें मशीन इत्यादि चलाने का प्रशिक्षण देने में भी सावधानी बरतने की आवश्यकता होती है।

सिवियर (Severe) : इनकी बुद्धिलब्धि 20-25 से लेकर 35-40 तक होती है। इनके शरीर के अंगों की क्रियात्मक, वाक् एवं संवेदनात्मक क्षमता बहुत अधिक दुर्बल होती है। वे बड़ी मुश्किल से टूटे-फूटे शब्दों में बातें कर सकते हैं। वे बहुत ही साधारण तरीके के पेशे को, वह भी किसी के निर्देशन में, कर सकते हैं और जीवन भर दूसरों पर आश्रित रहते हैं।

प्रोफ़ाउंड (Profound) : इस श्रेणी के मानसिक दुर्बल बच्चों की बुद्धिलब्धि 20-25 या उससे कम होती है। वे बिना सहारे के अपने जीवन को नहीं जी सकते हैं। इन्हें अपनी प्रत्येक जरूरत के लिए दूसरों पर निर्भर रहना पड़ता है। इनका जीवन विस्तार बहुत ही कम होता है और ऐसे बच्चों की मृत्यु प्रायः कम ही उम्र में हो जाती है।

3. सामाजिक-आर्थिक स्तर

स्कूल के प्रदर्शन को प्रभावित करनेवाले कारकों में बच्चों के सामाजिक-आर्थिक स्तर में अन्तर का होना भी एक महत्त्वपूर्ण कारक है। सामाजिक-आर्थिक स्तर के अन्तर्गत माता-पिता की आय, पेशा और शिक्षा के स्तर को शामिल करते हैं।

प्रायः जब निम्न सामाजिक-आर्थिक स्तर के बच्चों की बुद्धि और उपलब्धि की जाँच की जाती है तो उनके प्राप्तांक एवं श्रेणी उच्च सामाजिक-आर्थिक स्तर के बच्चों की तुलना में कम आते.हैं। इनमें आवारगी तथा स्कूल त्यागने की प्रवृत्ति ज्यादा पाई जाती है। सामान्य जनसंख्या की तुलना में स्कूल त्यागने वाले कुल विद्यार्थियों (Drop-outs) की संख्या में से दुगुना से भी अधिक बच्चे गरीब परिवार से आते हैं। सामाजिक-आर्थिक स्तर सीखने को कैसे प्रभावित करता है, इसका विस्तृत वर्णन नीचे प्रस्तुत किया जा रहा है :

(क) **आधारभूत आवश्यकताओं की पूर्ति में बाधा :** गरीबी, आधारभूत आवश्यकताओं, जैसे—स्वास्थ्य सम्बन्धी जरूरतों के लिए चिकित्सकीय देख-रेख, उपयुक्त पोषकता एवं आवास सम्बन्धी जरूरतों की पूर्ति से बच्चों को वंचित कर देती है। एक अनुमान के मुताबिक आवास के अभाव वाले लगभग 43 प्रतिशत बच्चे स्कूल कभी नहीं आए।

(ख) **घर का कलहपूर्ण वातावरण :** गरीबी घर के रहन-सहन को गुणात्मक रूप से प्रभावित करती है। प्रायः गरीब माता-पिता में कुंठा, क्रोध तथा उदासी विद्यमान रहती है, जिससे उनके बीच झगड़ा, कलह एवं अशान्त पारिवारिक वातावरण जन्म लेता है। परिणामस्वरूप, ऐसे परिवार के बच्चे बिना सुरक्षा एवं निश्चिन्तता के भाव के स्कूल आते हैं। स्कूल की पढ़ाई से सम्बन्धित समस्याओं के समाधान के लिए वे संवेगात्मक रूप से तैयार नहीं रहते हैं। घर के कलहपूर्ण वातावरण उनमें असुरक्षा के भाव को जन्म देता है, जिसके कारण उनकी पढ़ाई-लिखई ऋणात्मक रूप से प्रभावित होती है।

(ग) **पाठ्यक्रमेत्तर क्रियाकलापों का अभाव :** पाठ्यक्रमेतर क्रियाकलाप का अर्थ है, स्कूल की पढ़ाई के अतिरिक्त स्कूल के दूसरे क्रियाकलापों, जैसे—वाद-विवाद, लेख, संभाषण, खेल-कूद सांस्कृतिक क्रियाकलापों में हिस्सा लेना। विद्यार्थियों के पाठ्यक्रमेतर क्रियाकलापों में हिस्सा लेने के दो लाभ हैं। पहला, इससे बच्चे के स्कूली जीवन में हिस्सेदारी बढ़ती है। दूसरा, इससे माता-पिता की बच्चों के साथ अन्तःक्रिया भी बढ़ता है। इस प्रकार स्कूल की पढ़ाई के अतिरिक्त होनेवाले पाठ्यक्रमेतर क्रियाकलापों में हिस्सेदारी से बच्चों के व्यक्तित्व के विकास पर भी धनात्मक प्रभाव पड़ता है।

उच्च सामाजिक-आर्थिक स्तर के माता-पिता अपने बच्चों को स्कूल के अतिरिक्त अन्य अनेक प्रकार के क्रियाकलापों को करवाते हैं, जैसे—विभिन्न कला, विज्ञान, म्यूजियम में ले जाना, उन्हें सीखने के विभिन्न उपस्कर, जैसे—कम्प्यूटर, कैलक्युलेटर, सामाचार-पत्र, शब्दकोश, इनसाइक्लोपीडिया इत्यादि उपलब्ध करवाना। वे अपने बच्चों को स्कूल के अतिरिक्त विभिन्न प्रकार के कोर्स, जैसे—कला, संगीत, नृत्य, कम्प्यूटर इत्यादि से सम्बन्धित ज्ञान प्रदान करते हैं। दूसरे शब्दों में, स्कूल के अतिरिक्त होनेवाले क्रियाकलाप, वर्ग में पढ़ाए जानेवाले विषय-ज्ञान के लिए पूरक के रूप में कार्य करते हैं तथा उन्हें प्रबलित करते हैं।

(घ) **सांस्कृतिक पूँजी का अभाव :** स्कूल की पढ़ाई पर सांस्कृतिक पूँजी का गहरा प्रभाव पड़ता है। सामाजिक-आर्थिक स्तर सांस्कृतिक पूँजी अर्जित करने का एक महत्त्वपूर्ण स्रोत है। मनुष्य के जीवन के प्रारम्भिक 8 वर्षों तक लगभग 80 प्रतिशत बौद्धिक क्षमता का विकास हो जाता है।

हम जो खाते हैं, जैसा कपड़ा पहनते हैं, जिस प्रकार का संगीत सुनना पसन्द करते हैं, दोस्तों के साथ जैसे समय बिताते हैं, अपने मनोरंजन के लिए जिस प्रकार के साधनों का उपयोग करते हैं इत्यादि संस्कृति के प्रभाव के उदाहरण हैं। उपरोक्त सभी तत्त्वों के अतिरिक्त धर्म, पारिवारिक ढाँचा, मूल्य इत्यादि भी संस्कृति के ही हिस्से हैं। दूसरे शब्दो में, संस्कृति किसी समूह की मनोवृत्ति, मूल्यों, रीति-रिवाजों और व्यवहार का पैटर्न है। संस्कृति सिर्फ यही नहीं निर्धारित करती है कि हम क्या खाते हैं, बल्कि यह भी निर्धारित करती है कि हम कब खाते हैं, किसके साथ खाते हैं, कैसे खाते हैं इत्यादि। पढ़ाई-लिखाई को प्रभावित करनेवाले संस्कृति के व्यवहारात्मक पहलुओं को निम्नांकित में बाँटा जा सकता है :

बच्चा किस समूह से आता है,
उस समूह की मनोवृत्ति तथा उसके मूल्य क्या हैं,
उस खास समूह के बड़े बच्चों के साथ कैसा व्यवहार करते हैं,
उनके संवाद की शैली स्कूल की भाषा से कितना भिन्न है इत्यादि।

उपरोक्त भिन्नता जितनी अधिक होगी, शिक्षक को उस अन्तर को पाटने के लिए उतना ही सुनियोजित प्रयास करना होगा। एक निष्कपट एवं सच्चा शिक्षक अपने प्रयास में समय, व्यक्तिगत देख-रेख एवं पढ़ाई में छात्रों की सहभागिता बढ़ाकर यह सुनिश्चित करता है कि रहन-सहन के स्तर के निम्न होने के बावजूद उनके विकास के गतिरोध दूर हो सकें।

सांस्कृतिक पूँजी बच्चों के बौद्धिक विकास एवं स्कूल में होनेवाले प्रदर्शन में महत्त्वपूर्ण भूमिका निभाते हैं। गरीबी के कारण बच्चों को स्कूल के अतिरिक्त प्राप्त होनेवाले कला एवं अन्य विषयों का ज्ञान, जो उच्च सामाजिक-आर्थिक स्तर के बच्चों को उपलब्ध होता है, प्राप्त नहीं हो पाता है। अतः सांस्कृतिक पूँजी के अभाव के कारण उनका पृष्ठभूमि ज्ञान उच्च सामाजिक आर्थिक स्तर के बच्चों की तुलना में नगण्य होता है। अतः सांस्कृतिक पूँजी पृष्ठभूमि ज्ञान को तथा पृष्ठभूमि ज्ञान के अभाव में बच्चों की पढ़ाई-लिखाई बाधित होती है।

(ङ) **अन्तःक्रिया :** निम्न सामाजिक आर्थिक स्तर के माता-पिता एवं बच्चों के बीच अन्तःक्रिया के तौर-तरीके प्रायः अपूर्ण एवं विकास के दृष्टिकोण से अनुपयुक्त होते हैं। निम्न सामाजिक-आर्थिक स्तर के माता-पिता अपने बच्चे से बात तो कहते हैं, परन्तु उसकी व्याख्या या वर्णन नहीं करते हैं। उनकी भाषा कम विस्तृत होती है, उनके निर्देश कम स्पष्ट होते हैं और समस्या के समाधान करनेवाले नहीं होते हैं।

इसके विपरीत उच्च सामाजिक आर्थिक स्तर के माता-पिता का अपने बच्चों से अन्तःक्रिया प्रायः परिपूर्ण एवं विकास के दृष्टिकोण से उपयुक्त होते हैं। वे अपने बच्चों से बहुत अधिक बातें करते हैं, विचारों का वर्णन करते हैं, किसी घटना के कारणों की व्याख्या करते हैं और स्वतन्त्र सोच को प्रोत्साहित करते हैं, जिससे उनका शब्दकोष एवं विश्लेषणात्मक क्षमता पढ़ने के लिए विकसित होती है।

(च) **मनोवृत्ति तथा मूल्य (Attitude and values) :** बच्चों का विकास माता-पिता की मनोवृत्ति, सोच तथा मूल्य से भी प्रभावित होती है। जिन बच्चों के घर पर समाचार-पत्र, पुस्तक, पत्र-पत्रिका उपलब्ध रहते हैं एवं जिनके माता-पिता उसे पढ़ते हैं, उनके बच्चे भी प्रायः उनको पढ़ते हैं। 'Worthy son of a worthy father' एक ऐसा मुहावरा है, जो एक ही वाक्य में, माता-पिता की मनोवृत्ति एवं उनके मूल्यों का बच्चों पर होनेवाले प्रभाव की व्याख्या कर देता है।

(छ) **स्वायत्तता में भिन्नता :** कम या अधिक सामाजिक-आर्थिक स्तर के बच्चों की स्वायत्तता एवं जिम्मेवारी लेने की आदत में भी भिन्नता होती है। उच्च सामाजिक आर्थिक स्तरवाले परिवार के बच्चों में प्रायः आत्म-दिशा (Self direction) एवं आत्म-नियंत्रण (Self control) सिखाने पर जोर दिया जाता है, जबकि कम सामाजिक-आर्थिक स्तर के परिवार बच्चों में अनुरूपता (Conformity) एवं आज्ञा पालन (Obeying), जैसा कहें वैसा करो, सिखाने पर अधिक बल दिया जाता है।

अतः स्कूल में शिक्षा प्रदान करने के उद्देश्य से कम सामाजिक-आर्थिक स्तर वाले परिवार से आनेवाले बच्चों को शिक्षक से ज्यादा देख-रेख एवं अभिप्रेरणात्मक समर्थन की आवश्यकता पड़ती है। उनको वर्ग की शिक्षा एवं बाहरी दुनिया के जीवन के बीच के सम्बन्धों को दर्शाने की आवश्यकता पड़ती है।

4. लिंग (Sex)

वर्ग में शिक्षक का महिला तथा पुरुष, छात्रों का सामना होता है। किसी कक्षा में सिर्फ छात्राएँ होती हैं, तो किसी में सिर्फ छात्र, जबकि बहुत सी कक्षाओं में छात्र तथा छात्राओं, दोनों का मिश्रण होता है। लिंग पढ़ाई को कैसे प्रभावित करता है, इसका ज्ञान एवं संवेदनशीलता शिक्षकों के लिए आवश्यक है।

महिला तथा पुरुष लिंग के छात्रों में केवल रूप-रंग का ही अन्तर नहीं होता है, बल्कि उनके सोचने-समझने, व्यवहार करने के तौर-तरीके के साथ ही उनके खिलौने एवं पोशाक में भी भिन्नता होती है।

(क) **विकास की दर में भिन्नता :** लड़कियों के मौखिक तथा क्रियात्मक विकास की दर (Rate of verbal and motor development) जीवन की प्रारम्भिक अवस्था में, लड़कों की तुलना में अधिक होती है। परन्तु उनकी उपलब्धि लड़कों की तुलना में बाद के वर्षों में उस अनुपात में नहीं रह पाती है। इसके प्रमुख कारणों में एक कारण महिलाओं के प्रति समाज का उपेक्षित दृष्टिकोण एवं उन्हें शैक्षिक विकास के समुचित अवसर से वंचित रखना है।

(ख) **विभेदपूर्ण उपेक्षित दृष्टिकोण :** परिवार एवं समाज के लोगों का दृष्टिकोण एवं उनका बर्ताव महिलाओं के प्रति सदियों से विभेदपूर्ण रहा है। उन्हें इस पुरुष-प्रधान समाज में आर्थिक-सामाजिक, राजनीतिक, धार्मिक एवं व्यावसायिक सभी क्षेत्रों में द्वितीय स्तर का सामाजिक स्थान प्रदान किया जाता रहा है।

आज के विकासोन्मुख भारतीय समाज में स्त्रियों के सामाजिक-आर्थिक स्थिति का अंदाजा इसी से लगाया जा सकता है कि लड़कियों एवं उनके परिवार वालों को शादी के लिए दहेज की त्रासदी झेलनी पड़ रही है। लड़कियों की इसी उपेक्षित सामाजिक स्थिति के कारण उनके माता-पिता अपने ही गर्भ में पल रहे मादा भ्रूण की हत्या तक करवा देते हैं। बालिका भ्रूण-हत्या, यदि रोका न गया तो, प्राकृतिक असंतुलन का खतरा उत्पन्न कर आनेवाली पीढ़ी के लिए एक भयावह चुनौती सिद्ध होने जा रही है।

(ग) **निम्न आत्म-सम्मान एवं कुंठा :** स्कूल में लड़कियों की सहभागिता भी उनके निम्न आत्म-सम्मान के भाव एवं मनोदशा के कारण निम्न स्तर की होती है। सामाजिक-आर्थिक कारणों से लड़कियों के स्कूल त्यागने की संख्या लड़कों से अधिक होती है। महिलाओं को पढ़ने-लिखने के अवसरों से वंचित रखना, उनकी भूमिका बच्चे पैदा करने एवं घर के काम-काज तक सीमित मानना, विज्ञान एवं गणित में कमजोर मानकर उन्हें इसकी पढ़ाई से वंचित रखना, महिलाओं की शैक्षिक प्रगति को अवरुद्ध करता रहा है। परन्तु, भारत जैसे देश में जहाँ महिलाओं की जनसंख्या सम्पूर्ण जनसंख्या की लगभग आधी है, उनकी प्रगति के बिना विकासशील समाज की कल्पना नहीं की जा सकती है।

शिक्षकों को बालिकाओं की मानसिक अवस्थाओं के प्रति संवेदनशील होकर, उन्हें शिक्षा के लिए प्रेरित करना चाहिए। निम्न आत्म-सम्मान एवं कुंठा से उबारने के लिए शैक्षिक एवं अन्य क्रियाकलापों में उनकी सहभागिता बढ़ाना चाहिए, जिससे उनके व्यक्तित्व विकास को सुनिश्चित किया जा सके। कहा भी जाता है–

"यदि एक लड़का शिक्षित होता है, तो एक व्यक्ति शिक्षित होता है,
जबकि यदि एक लड़की शिक्षित होती है, तो एक पीढ़ी शिक्षित होती है।"

आइए, हम लड़कियों को भी लड़कों के समान सीखने का अवसर देकर उनका सशक्तीकरण करें। इनकी पढ़ाई में अपनी सहभागिता सुनिश्चित कर भारत की भावी माताओं का मान बढ़ाएँ और भारत माँ के गौरव को बढ़ाने का प्रण लें।

छात्रों में विभिन्नता सम्बन्धी उपरोक्त ज्ञान प्रदान करने का उद्देश्य शिक्षकों को किसी पूर्वाग्रह से ग्रसित करना नहीं है, अपितु उनके बीच एक प्रकार की समझदारी विकसित करना है, ताकि वे बच्चों की समस्याओं के प्रति संवेदनशील होकर अपने ज्ञान एवं अनुभव को बढ़ा सकें एवं उनका उचित मार्गदर्शन कर सकें। साथ ही, शिक्षक ऐसे बच्चों के माता-पिता को भी इन विभिन्नताओं के प्रति संवेदनशील बना सकते हैं ताकि बच्चों के बौद्धिक एवं व्यक्तित्व विकास में उनकी भी सहभागिता सुनिश्चित हो सके। विगत दशकों में सामाजिक एवं राजनीतिक दृष्टिकोण से महिलाओं के प्रति इन धारणाओं में परिवर्तन तो आया है परन्तु अपेक्षित बदलाव के लिए और अधिक ठोस प्रयास की आवश्यकता है।

सारांश

शिक्षा प्रदान करने के लिए बच्चों में पाई जानेवाली विभिन्नताओं का ज्ञान शिक्षकों के लिए अत्यावश्यक है। इन विभिन्नताओं की व्याख्या परिपक्वता, बुद्धि, मनोअवराधकों, सामाजिक-आर्थिक स्तर तथा लिंग इन पाँच आधारों पर की जा

सकती है। परिपक्वता के आधार पर **विकास की अवस्थाओं को चार भागों में बाँटकर** वर्णन किया गया है–

प्रथम अवस्था के.जी. से कक्षा 2 तक–बच्चों के प्रत्यक्षण में आत्मकेन्द्रितता, तार्किकता की क्षमता का अभाव, ध्यान विस्तार में चंचलता, बेचैनी इत्यादि के लक्षण पाए जाते हैं, फिर भी इनमें आज्ञापालन का गुण भी रहता है।

द्वितीय अवस्था, कक्षा 3 से 6 तक–इस अवस्था में बच्चों में परिश्रमी होने, जोड़ने, तोड़ने, उल्टा करने, संगठित करने तथा विकल्प ढूँढने की तार्किक क्षमता विद्यमान होती है। इन्हें शिक्षकों से प्यार पाने, नियमों की आवश्यकता को समझने तथा नियम बनाने की प्रक्रिया में शामिल होने में प्रसन्नता का अनुभव होता है।

तृतीय अवस्था, कक्षा 7, 8 एवं 9 तक- संज्ञानात्मक विकास की इस अवस्था में शारीरिक, बौद्धिक एवं संवेगात्मक विकास में क्रमबद्ध चिन्तन के अतिरिक्त परिकल्पनात्मक अमूर्त चिन्तन क्षमता का होना भी पाया जाता है। परन्तु, दोस्तों के प्रति अत्यधिक लगाव, दिवा-स्वप्न देखना, जिज्ञासु स्वभाव, अपनी पहचान के लिए उलझन, विद्रोहात्मक एवं मनमौजीपूर्ण व्यवहार इत्यादि लक्षण पाए जाते हैं।

चतुर्थ अवस्था, कक्षा 10 और उससे ऊपर के बच्चों के व्यवहार तुलनात्मक रूप से स्थायी एवं जिम्मेवारी लेने योग्य परन्तु वे भविष्य के लिए चिन्तित होते हैं।

बुद्धिलब्धि के आधार पर सात भागों–अतिउत्कृष्ट, उत्कृष्ट, औसत से अधिक, औसत, सीमारेखा एवं मानसिक दुर्बलता में बाँटा गया है। सम्पूर्ण जनसंख्या का एक बहुत बड़ा भाग औसत या सामान्य बुद्धि का है। पढ़ाई-लिखाई में अच्छे प्रदर्शन में बुद्धि का अहम योगदान है।

मानसिक दुर्बलता के आधार पर बच्चों की पहचान-माइल्ड, मोडरेट, सिवियर, प्रोफाउंड–इन चार श्रेणियों में बाँटकर किया गया है। कुल मानसिक दुर्बल बच्चों में सबसे अधिक संख्या माइल्ड श्रेणी की है। इन्हें 6 से 7वें वर्ग तक की शिक्षा दी जा सकती है। बाकी श्रेणी के बच्चों को विशेष प्रकार के प्रशिक्षण देकर स्वावलम्बी बनाने का प्रयास करना होता है। सिवियर श्रेणी के बच्चों को जीवनपर्यंत दूसरों पर आश्रित रहना पड़ता है।

उपरोक्त के अतिरिक्त सामाजिक-आर्थिक स्तर के आधार पर, जैसे–सांस्कृतिक पूँजी, अन्तःक्रिया, मनोवृत्ति तथा मूल्य एवं लिंग के आधार पर विभिन्नता के शिक्षण पर होनेवाले प्रभाव की विस्तृत चर्चा की गई है, ताकि शिक्षण पर उनके प्रभाव का अनुश्रवण शिक्षक के द्वारा किया जा सके और उनके ऋणात्मक प्रभाव को कम किया जा सके।

अध्याय-2

सीखना बाधित करनेवाले कारक

[Factors that Impede Learning]

इस अध्याय के मनन से जानने योग्य बातें :

- विद्यार्थियों के बीच पाए जानेवाले सीखने सम्बन्धी अयोग्यताओं का ज्ञान,
- इसकी पहचान करने तथा उन्हें दूर करने की लाभप्रद युक्तियाँ।

'सीखना' बड़ा ही व्यापक शब्द है। यह जीवनपर्यन्त चलनेवाली क्रिया है, जिसके लिए परिपक्वता के अतिरिक्त अभ्यास या अनुभव की आवश्यकता पड़ती है। सीखने से व्यवहार में होनेवाले परिवर्तनों का उपयोग हम भविष्य की समस्याओं के समाधान में करते हैं।

सीखना दो प्रकार का होता है। मौखिक सीखना तथा क्रियात्मक सीखना। पढ़ाई-लिखाई सीखना मौखिक सीखने का उदाहरण है, जबकि हाथ पैर से क्रिया कर सीखना, मसलन—साइकिल चलाना, टाइप करना या किसी मशीन पर काम करना क्रियात्मक सीखने का उदाहरण है।

सीखने के लिए बौद्धिक क्षमता के अतिरिक्त एकाग्रता या ध्यान, पूर्व से ज्ञात विषय के ज्ञान को नए विषय से जोड़कर समझने की क्षमता का होना भी आवश्यक है। वैसे तो चिकित्सकीय दृष्टिकोण से बच्चों में कई प्रकार की मनोवैज्ञानिक बीमारियाँ पाई जाती हैं, जो सीखने में बाधा उपस्थित कर सकती है। परन्तु, यहाँ हम सिर्फ उन्हीं अवरोधकों की चर्चा करेंगे, जो प्रायः उनके पालन-पोषण एवं पढ़ाई-लिखाई के त्रुटिपूर्ण होने के कारण उत्पन्न होकर उनकी शैक्षिक प्रगति को प्रभावित करते हैं तथा जिसके उपचार तथा रोकथाम में शिक्षक एवं अभिभावक योगदान दे सकते हैं।

जब सामान्य या सामान्य से अधिक बुद्धिलब्धि होने के बावजूद किसी बच्चे का प्रदर्शन पढ़ाई-लिखाई में उसके अन्दर निहित क्षमता के अनुरूप नहीं हो पाता है तब शिक्षकों को इन अवरोधों का पता उनके लक्षणों के आधार पर लगाकर उनकी सहायता करनी चाहिए। छात्रों में सीखने की क्षमता को प्रभावित करनेवाले अवरोधकों को मुख्य रूप से निम्नांकित तीन भागों में बाँटा जा सकता है :

1. सीखना बाधित करनेवाले कारक,
2. सीखना बाधित करनेवाले संवेगात्मक कारक,
3. सीखना बाधित करनेवाले आचरण या व्यवहार सम्बन्धी कारक।

यदि किसी बच्चे का प्रदर्शन पढ़ाई-लिखाई में अच्छा नहीं होता है तब भी उसमें संवेगात्मक एवं व्यवहार सम्बन्धी परेशानियाँ उत्पन्न हो जाती हैं। इसके विपरीत यदि व्यवहार सम्बन्धी या संवेगात्मक कारक विद्यमान हों तब भी पढ़ाई-लिखाई में इनका प्रदर्शन खराब हो जाता है। अर्थात्, पढ़ाई-लिखई में होनेवाले खराब प्रदर्शन का व्यवहार पर तथा व्यवहार में होनेवाले खराब प्रदर्शन का प्रभाव पढ़ाई-लिखाई पर पड़ता है। पढ़ाई-लिखाई की उपलब्धि में पीछे रहने के परिणामस्वरूप ऐसे बच्चों में आत्म-सम्मान का भाव घटता है, माता-पिता, शिक्षकों एवं मित्रों से इन्हें सम्मान के बदले तिरस्कार मिलता है, जिससे इनमें दूसरे प्रकार के व्यवहारात्मक या संवेगात्मक प्रबन्धन की समस्याएँ उत्पन्न हो जाती हैं।

प्रायः बच्चों में विद्यमान इन अवरोधों को या तो हम बचपना या अपरिपक्वता के कारण होनेवाले व्यवहार मानकर नजरअन्दाज कर देते हैं अथवा यह मान लेते हैं कि उम्र बढ़ने के साथ ये परेशानियाँ स्वतः समाप्त हो जाएँगी। जबकि वास्तव में प्रायः ऐसा नहीं होता है। होता यह है कि पढ़ने-लिखने में विद्यमान ये परेशानियाँ समय के साथ और बढ़ जाती हैं और कुछ नई समस्याएँ जन्म ले लेती हैं। अतः जैसे ही किसी बच्चे की पढ़ाई अथवा व्यवहार में कोई समस्या दिखाई पड़ती हो, वैसे ही यथाशीघ्र इन अवरोधों को दूर करने की दिशा में पहल करनी चाहिए, ताकि ये समस्याएँ और जटिल होकर परेशानी का सबब न बन जाएँ।

सीखना बाधित करनेवाले कारक

सीखने को बाधित करनेवाले कारकों में पढ़ने-लिखने के लिए आवश्यक भाषा के ज्ञान एवं कौशल के अतिरिक्त उपयुक्त मनोवृत्ति का होना आवश्यक है।

सीखने की अयोग्यता के अन्तर्गत उन अयोग्यताओं को रखा गया है जिसके कारण बच्चों की पढ़ाई-लिखाई तथा परीक्षा में प्रदर्शन अपेक्षा के अनुरूप नहीं हो पाता है। इनको सुधारने का उपाय यदि समय रहते नहीं किया जाए, तो यही स्थिति युवावस्था तक बनी रह जाती है तथा रोजगार के अवसर को भी बाधित करती है। सीखने की चार प्रमुख अयोग्यताओं का विस्तृत वर्णन आगे किया जा रहा है :

(क) ध्यान का अभाव एवं अत्यधिक क्रियाशीलता सम्बन्धी कारक,
(ख) पठन कौशल का अभाव,
(ग) लेखन कौशल का अभाव,
(घ) गणितीय कौशल का अभाव

(क) ध्यान का अभाव एवं अत्यधिक क्रियाशीलता सम्बन्धी कारक
(Attention Deficit/Hyperactivity Related Factors)

पढ़ाई में पिछड़ेपन के कई कारणों में ध्यान अथवा एकाग्रता की कमी तथा अत्यधिक क्रियाशीलता एक प्रमुख कारण है, जो पढ़ाई के कार्य में कठिनाई उत्पन्न करती है। ऐसे बच्चे वैसे तो किसी ऐसे काम को करने में, जिसमें एकाग्रता की आवश्यकता होती है, अच्छे प्रदर्शन नहीं कर पाते हैं। चूँकि पढ़ाई के कार्य में सिर्फ देखने की क्रिया ही नहीं होती है बल्कि सोचना समझना भी निहित होता है, अतः पढ़ाई के कार्य में ऐसे बच्चों का प्रदर्शन विशेष रूप से प्रभावित होता है।

सीखे गए विषय को मस्तिष्क में धारण (Retention) करने के लिए बहुत सारी प्रक्रियाओं से गुजरना पड़ता है, ताकि पढ़े गए विषय का भविष्य में उपयोग हो सके। धारण करने के लिए जिस एकाग्रता की आवश्यकता होती है, उसके अभाव के कारण ये पढ़ाई-लिखाई में पिछड़ जाते हैं।

ऐसे बच्चों की पहचान निम्नांकित लक्षणों के आधार पर की जा सकती है—

- ऐसे बच्चों में ध्यान का अभाव अथवा जल्दबाजी करने और आवेगी होने के गुण पाए जाते हैं।
- कुछ बच्चों में सिर्फ ध्यान के अभाव के लक्षण, तो कुछ में सिर्फ आवेगी होने के, परन्तु कुछ में दोनों के मिश्रित लक्षण भी पाए जाते हैं।

ध्यान के अभाव के लक्षण : किसी बच्चे को ध्यान के अभाव से ग्रसित मानने के लिए टेबल संख्या 6 में दिए गए निम्नांकित लक्षणों में से कम-से-कम छह लक्षणों का छह माह तक एक से अधिक परिस्थितियों में विद्यमान रहना आवश्यक है :

टेबल-6

1. वे प्रायः किसी विषय के विस्तार पर ध्यान देने में असफल होते हैं और असावधानी वाली गलतियाँ (Careless mistakes) करते हैं।
2. उन्हें बातचीत में अथवा खेल के कामों में भी ध्यान को केन्द्रित करने में कठिनाई होती है।
3. जब कोई बात सीधे उनसे कही जाती है, तब भी उसे वे ठीक से सुनते प्रतीत नहीं होते हैं।
4. निदेशों के अनुरूप स्कूल के कार्य नहीं कर पाते हैं।
5. उन्हें अपने विभिन्न क्रियाकलापों को संगठित करने में कठिनाई होती है।
6. प्रायः वैसे काम, जिनमें लगातार मानसिक क्रिया करनी हो, जैसे—स्कूल के कार्य इत्यादि, ये नापसंद करते हैं तथा इनसे दूर भागते हैं।
7. वे स्कूल के वर्ग-कार्य, पेन्सिल, कलम, किताब इत्यादि चीजों को अक्सर खो देते हैं।
8. बाहरी कारकों से इनका ध्यान आसानी से भंग हो जाता है।
9. दैनिक कार्यकलापों में ये भुलक्कड़ प्रवृत्ति के होते हैं।

अत्यधिक क्रियाशीलता/आवेगी : किसी बच्चे को अत्यधिक क्रियाशीलता अथवा आवेगी होने रूपी अवरोधक से ग्रसित मानने के लिए निम्नांकित टेबल संख्या-7 में दिए गए लक्षणों में से कम-से-कम छह लक्षणों का छह माह तक एक से अधिक परिस्थितियों में विद्यमान रहना आवश्यक है :

टेबल-7

1. वे प्रायः अपने हाथ-पैर हिलाते रहते हैं और बेचैन दिखाई पड़ते हैं।
2. वर्ग में या अन्य स्थानों पर, जब बैठना जरूरी हो तब भी, वे अपने स्थान को छोड़ देते हैं।
3. दौड़-धूप मचाना, ऊँचे स्थानों पर चढ़ना, खेल-कूद में भी शान्ति से हिस्सा नहीं लेना, इत्यादि इनके प्रमुख लक्षण होते हैं।
4. इन्हें खेलने में एवं फुरसत का समय बिताने में भी कठिनाई होती है।
5. ऐसे बच्चे अत्यधिक चंचल, व्याकुल एवं चलायमान होते हैं, जैसे उनमें कोई मोटर फिट हो।
6. वे बहुत ही अधिक बातूनी होते हैं।
7. वे प्रश्न पूरा होने के पहले ही उत्तर देने की जल्दबाजी करते हैं।
8. इन्हें किसी काम को करने में अपनी पारी का इन्तजार करने में कठिनाई होती है।
9. दूसरों की बातों में बीच में ही टपक पड़ना इनका स्वभाव होता है।

कुछ बच्चों में सिर्फ ध्यान के अभाव के लक्षण तो कुछ में अत्यधिक क्रियाशीलता/आवेगी होने के लक्षण पाए जाते हैं जबकि कुछ में दोनों के मिले-जुले लक्षण विद्यमान रह सकते हैं।

यदि किसी बच्चे में 7 वर्ष की उम्र के पहले कम-से-कम छह माह तक ये लक्षण विद्यमान रहें और उसके शैक्षिक प्रदर्शन एवं सामाजिक क्रियाकलापों को कम से कम दो स्थानों, जैसे स्कूल में तथा घर पर, प्रभावित करता रहे, तभी उस बच्चे को इस अयोग्यता से ग्रसित मानना चाहिए। इन लक्षणों को कम करने के प्रयास निम्नांकित युक्तियों के सहारे करना चाहिए :

लाभप्रद युक्तियाँ

इसके निदान हेतु शिक्षकों को ऐसे बच्चों की विशेष देख-रेख की आवश्यकता पड़ती है। शिक्षक ऐसे बच्चों को सुधारने के लिए निम्नांकित टेबल संख्या-8 में दिए गए युक्तियों का उपयोग कर सकते हैं—

टेबल-8

1. इन्हें शिक्षक अपने करीब बैठाएँ ताकि वे शिक्षक की बातों को नजरअन्दाज नहीं कर पाएँ।
2. उनकी कॉपी पर यह विशेष रूप से ध्यान दिया जाना चाहिए कि वे गृह-कार्य (home work) को ठीक-ठीक उतार पाए हैं।
3. ऐसे बच्चों से लिखवाने के लिए शिक्षक को शब्दों को ब्लैकबोर्ड पर लिखकर यह सुनिश्चित करना चाहिए कि उन्होंने इसे ठीक-ठीक उतार लिया है।
4. इन्हें सुस्पष्ट साप्ताहिक रूटीन देना चाहिए।
5. इनका मजाक नहीं उड़ाना चाहिए तथा इनकी आलोचना भी नहीं करनी चाहिए।
6. उनके अन्दर होनेवाले हर धनात्मक परिवर्तनों पर ध्यान देना चाहिए एवं उनको वर्ग के सामने लाना चाहिए।
7. उनकी छोटी-मोटी गलतियों को वर्ग के सामने नहीं लाना चाहिए।
8. ऐसे बच्चे यदि अपने द्वारा किए गए किसी अच्छे कार्य को शिक्षक के सामने शुद्धि के लिए लाते हैं, तो उसे देखना चाहिए तथा सही उत्तर की प्रशंसा करनी चाहिए।
9. ऐसे बच्चों को पुरस्कारस्वरूप बाहर जाने की थोड़ी आजादी देनी चाहिए।
10. ऐसे बच्चों को खेलने का समुचित अवसर देना चाहिए, ताकि इनके भीतर एकत्रित असीमित ऊर्जा खर्च हो सके।

उपचार के दृष्टिकोण से उपरोक्त सुझावों के अतिरिक्त योगाभ्यास, रिलैक्सेशन, मेडिटेशन इत्यादि का नियमित रूप से अभ्यास करवाना चाहिए। ऐसे बच्चों के माता-पिता को भी इस बात से अवगत करवाना चाहिए कि यह एक प्रकार की अयोग्यता है, न कि बच्चे के द्वारा जान-बूझकर किया गया व्यवहार। अतः उन्हें भी बच्चे के साथ अपने व्यवहार में यथोचित सुधार लाना चाहिए। सुधार के लिए धैर्य की आवश्यकता होती है, क्योंकि कोई भी सुधार चन्द दिनों में नहीं हो सकता, बल्कि कुछ महीने अथवा वर्षों का समय भी लग सकता है। आवश्यकतानुसार, चिकित्सकीय सहायता के लिए मनोचिकित्सक या नैदानिक मनोवैज्ञानिक से सम्पर्क करना चाहिए।

आत्मविमोह (Autism) : कुछ बच्चों में पाई जानेवाली यह एक जटिल मानसिक बीमारी है, जिसमें बच्चे अपनी अलग दुनिया में रहते हैं। ये अपने आपमें व्यस्त रहते हैं वे वातावरण के किसी व्यक्ति या वस्तु से अनजान एवं बेखबर रहते हैं। ये बात करते समय दूसरों की आँखों में नहीं देखते हैं। इनकी रुचि व्यक्ति से ज्यादा वस्तु में होती है। इनके साथ आत्मीय सम्बन्ध स्थापित करना कठिन होता है। यह एक मानसिक रोग है, जिसकी पहचान जितनी जल्दी कर ली जाए उतना ही अच्छा है। पता लगने पर इन्हें दवा के लिए मनोचिकित्सक, मनोवैज्ञानिक सहायता

के लिए नैदानिक मनोवैज्ञानिक तथा स्पीच थैरेपिस्ट इत्यादि के द्वारा सामूहिक प्रयास करने की आवश्यकता पड़ती है।

(ख) पठन कौशल का अभाव (Lack of reading skills)

पढ़ना विद्यार्थियों के लिए सीखने एवं ज्ञान अर्जित करने का सबसे सशक्त माध्यम है। वर्ग के शुरू के वर्षों में, वर्ग तीन के पहले तक, विद्यार्थी पढ़ने का कौशल सीखते हैं और उसके बाद क्रमशः पढ़ने के इस कौशल का उपयोग विभिन्न विषयों का ज्ञान अर्जित करने के लिए करते हैं।

पढ़ने की अक्षमता से ग्रसित बच्चों में उन बच्चों को रखा जाता है जिनका प्रदर्शन उनकी उम्र, शिक्षा एवं बौद्धिक स्तर के लिए अपेक्षित क्षमता से कम होता है। इन्हें शब्दों को पहचानने, पढ़ने तथा समझने में कठिनाई होती है। ये बहुत ही धीरे-धीरे तथा अशुद्ध पढ़ते तथा समझते हैं। प्रायः ऐसे बच्चों की बुद्धिलब्धि औसत या औसत से अधिक होती है तथा इनमें स्नायु सम्बन्धी कोई रोग भी नहीं होते है। प्रायः ऐसे बच्चों में पढ़ने के अतिरिक्त लिखने की अभिव्यक्ति, गणितीय तथा संवाद सम्बन्धी अक्षमताएँ भी पाई जाती हैं।

ऐसे बच्चों के बचपन के इतिहास को यदि देखें, तो पाएँगे कि इनमें बचपन से ही प्रायः बोली, भाषा एवं वर्णविन्यास (Spelling) के विकास सम्बन्धी दुर्बलतायें विद्यमान थीं। स्कूल जानेवाले विद्यार्थियों में लगभग 4 प्रतिशत बच्चों में यह समस्या पाई जाती है। इसके कारणों के बारे में मनोवैज्ञानिकों में मतैक्य नहीं है। मूर्च्छा, सेरेब्रल पाल्ज़ि, दृष्टि तथा श्रवण क्षमता में कमी इत्यादि से ग्रसित सामान्य बुद्धि के ज्यादातर बच्चे तो इसके शिकार होते ही हैं। परन्तु, इन जैविक कारणों के अतिरिक्त पढ़ाई के कौशल का अभाव, अभिप्रेरणा का अभाव, अनुपयुक्त मार्गदर्शन, संवेगात्मक एवं आचरण सम्बन्धी त्रुटियों के कारण भी यह अयोग्यता विकसित हो जाती है।

लक्षण

यह अक्षमता 6 वर्ष (पहले या दूसरे वर्ग) से लेकर 9 वर्ष (पाँचवें या छठे वर्ग) के बीच कभी भी परिलक्षित हो सकती है।

1. ऐसे बच्चे वाचिक (Vocal) पढ़ाई में बहुत अधिक गलतियाँ करते हैं।
2. इनकी पढ़ाई में शब्दों को छोड़ देना, जोड़ देना एवं तोड़-मरोड़कर पढ़ना पाया जाता है।

3. प्रायः ऐसे सभी बच्चों में वर्णविन्यास (Spelling) सम्बन्धी विसंगतियाँ भी पाई जाती हैं।
4. पढ़ाई में इनकी रुचि बिल्कुल नहीं होती है। ये पढ़ना नहीं चाहते हैं और पढ़ाई के काम से भागते हैं।
5. पढ़ाई के प्रति इस अरुचि के कारण ही इनका प्रदर्शन और खराब होता जाता है।
6. पढ़ाई में होनेवाले खराब प्रदर्शन के कारण इनमें अनेक प्रकार की मनोवैज्ञानिक समस्याएँ, जैसे—शर्मिन्दगी, उदासी तथा आत्म-सम्मान के भावना की कमी आदि के लक्षण भी परिलक्षित होने लगते हैं।

इस अक्षमता से ग्रसित होने की सबसे अधिक आशंका किंडरगार्टेन एवं कक्षा 1 तक रहती है। यदि वर्ग 3 तक सुधार की दिशा में कोई ठोस प्रयास नहीं किया गया तो वयस्क होने तक इस अक्षमता के बरकरार रहने का खतरा रहता है।

पढ़ने की अयोग्यता को दूर करने की लाभप्रद युक्तियाँ : पढ़ने की अयोग्यता से ग्रसित बच्चों को निम्नांकित युक्तियों के द्वारा मुक्त करने का प्रयास किया जा सकता है :

- ध्वनि के साथ उच्चारण करवाना,
- शब्दों एवं वाक्यों को इकाई के रूप में उपयोग करवाना,
- पढ़ाई के कार्य में एक से अधिक ज्ञानेन्द्रियों के शामिल होनेवाले कार्य करवाना, एवं पढ़ाई के कौशल का प्रशिक्षण देना लाभदायक सिद्ध होता है।
- पढ़ाई के कौशल के विकास के साथ-साथ बच्चे में विद्यमान संवेगात्मक एवं व्यवहार सम्बन्धी समस्याओं को कम करने का प्रयास करना भी आवश्यक होता है।

पढ़ना सीखना : पढ़ाई के कौशल का प्रशिक्षण

ऐसे विद्यार्थी, जो पढ़ने के कौशल में अच्छे नहीं होते हैं, उन्हें पाठ्य पुस्तक के साथ संघर्ष करना पड़ता है। पढ़ना, अक्षरों तथा प्रतीकों को विचारों तथा भाषा में अनुवाद कर विषय का अर्थ समझने की कला है। पढ़ने और समझने की इस प्रक्रिया का विकास क्रमशः समय के साथ होता है। पढ़ना सीखने का निर्माण मुख्य रूप से दो तत्त्वों पर निर्भर करता है :

1. पृष्ठभूमि ज्ञान (Background knowledge),
2. भाषा-मूलक ज्ञान (Language ability)

1. पृष्ठभूमि ज्ञान (Background knowledge) : पृष्ठभूमि ज्ञान से तात्पर्य किसी खास विषय पर विद्यमान ज्ञान से है। बच्चा जन्म के बाद से ही विकास के क्रम में विभिन्न वस्तुओं, परिस्थितियों तथा लोगों के सम्पर्क में आता है। वह उनके बारे में अपने अनुभव एवं ज्ञान को प्रत्यय (Concept) के रूप में निर्मित करता है। जितना समृद्ध उसका अनुभव होता है, उतना ही समृद्ध उसका पृष्ठभूमि ज्ञान होता है।

बच्चों में यह पृष्ठभूमि ज्ञान पढ़ने के लिए नींव का काम करता है। उदाहरणस्वरूप, किसी बच्चे के लिए कार टिन के किसी बड़े डिब्बे के अतिरिक्त कुछ भी नहीं है, जब तक कि बच्चा उसे चलते नहीं देखे या उसमें घूमने नहीं जाए। परन्तु, जब एक बार वह कार के बारे में जान जाता है तो पार्टियों में जाने के लिए कार की बात करने लगता है।

भाषा का समृद्ध अनुभव भाषा-सम्बन्धी ज्ञान को प्रभावित करता है। अपने से बड़ों एवं सहपाठियों के साथ होनेवाली बातचीत के माध्यम से बच्चों को शब्द एवं भाषा किस प्रकार काम करती है, यह सीखने का अवसर प्राप्त होता है।

बातचीत के अतिरिक्त अक्षरों तथा प्रतीकों के माध्यम से भी भाषा विकसित होती है। पुस्तकों एवं छपाई के दूसरे माध्यमों, मसलन—अखबार, पत्र-पत्रिका, इत्यादि भाषा के ज्ञान को विकसित करने में महत्त्वपूर्ण भूमिका निभाते हैं। प्रतीकों के रूप में सड़कों पर लगे ट्रैफिक के लाइट एवं चिह्नों की समझदारी भी भाषा को विकसित करती है। जिससे यह ज्ञान होता है कि किस प्रकार प्रतीकों, आवाजों इत्यादि से अर्थ निकाला जा सकता है। उपरोक्त स्रोतों, बातचीत, छपाई एवं प्रतीकों के द्वारा क्रमशः पृष्ठभूमि ज्ञान बृहत् होता जाता है।

पहली कक्षा तक के बच्चों में शब्दों का अच्छा खासा भंडार होता है, जिसकी बदौलत वे अपने अनुभवों को एकत्रित करते हैं। उम्र बढ़ने के साथ-साथ उनका अनुभव और ज्ञान क्रमशः बृहत् एवं गहन होता जाता है। पृष्ठभूमि ज्ञान इस बात को निर्धारित करता है कि पढ़ते समय किन बातों को ढूँढ़ना है और किस प्रकार पढ़े गए विषय का अर्थ प्राप्त करना है।

शिक्षक को किसी नए विषय को पढ़ाने के पहले कठिन अनुच्छेदों तथा विषय का पृष्ठभूमि ज्ञान विद्यार्थियों को प्रदान करना चाहिए ताकि विषय को समझने में उन्हें सहायता मिल सके। किसी नए विषय को सिखाने में यदि शिक्षक इस बात ध्यान रखें कि वह बच्चों के पृष्ठभूमि ज्ञान के अनुरूप परोसा जाए, तो विषय को समझने में उन्हें आसानी होती है। जैसे पृथ्वी दोनों ध्रुवों पर चिपटी है, कैसी चिपटी जैसी नारंगी। यदि बच्चा नारंगी के स्वरूप से अवगत हो तो उसे पृथ्वी की बनावट को समझने में आसानी होगी।

पृष्ठभूमि ज्ञान पर सामाजिक-आर्थिक स्तर के प्रभाव की चर्चा हम प्रथम अध्याय में कर चुके हैं। निर्विवादित रूप से इस बात को स्वीकारा जा सकता है कि पृष्ठभूमि ज्ञान बच्चे के पढ़ना-लिखना सीखने का एक प्रमुख स्रोत है।

2. भाषामूलक ज्ञान (Language ability) : हर भाषा की अभिव्यक्ति की एक अलग शैली एवं नियम होता है जिसका ज्ञान उस भाषा को पढ़ने-समझने के लिए नितान्त आवश्यक है। पढ़ना सीखने में कुछ प्रमुख भाषामूलक तत्त्वों का ज्ञान, जिसका विस्तृत वर्णन नीचे किया जा रहा है, आवश्यक है :

(अ) *छपाई की जानकारी (Print awareness)* : प्रत्येक भाषा में शब्दों तथा प्रतीकों के माध्यम से ही विचारों को व्यक्त किया जाता है। भाषा के अन्तर्गत निहित शब्दों एवं प्रतीकों को पहचानना तथा समझना आवश्यक है। जैसे Teacher's का अर्थ Teachers से भिन्न क्यों है? यहाँ सिर्फ एक चिह्न ही भाषा के अर्थ को बदल रहा है, जैसे–एक का अर्थ 'शिक्षक का' है, तो दूसरे का अर्थ 'शिक्षकों' से है।

(ब) *लेखाचित्र की जानकारी (Graphic awareness)* : विभिन्न शब्दों के स्वरूप एवं आकृति भिन्न होते हैं। उदाहरणस्वरूप–'क' 'च' से अपने स्वरूप में भिन्न है। अक्षरों के मिलने से शब्द तथा शब्दों के मिलने से वाक्य बनते हैं। शब्दों तथा चिह्नों को पहचाने बिना भाषा के ज्ञान का होना कठिन ही नहीं, बल्कि असंभव है।

(स) *ध्वनिग्रामिक जानकारी (Phonemic awareness)* : शब्दों में बहुत सारी आवाजें या ध्वनियाँ निहित होती हैं। ध्वनियों या आवाजों को पहचान कर हम उस शब्द के अर्थ को जान पाते हैं। भाषा की समझदारी की क्षमता का विकास ध्वनि के ज्ञान के बिना संभव नहीं है। ध्वनि का ज्ञान, जिसके अन्तर्गत आवाज के पैटर्न तथा नियम का ज्ञान आता है, बच्चों की पढ़ाई को गति प्रदान करता है। विभिन्न अक्षरों के ध्वनि के पैटर्न तथा नियमों का ज्ञान बच्चों को ध्वनि के प्रति सजग बनाता है। ध्वनि के प्रति यह सजगता उनको शब्दों के उपयोग में दक्ष बनाता है। स, श, ष ये तीनों ही एक अक्षर के तीन रूप हैं, जिसकी पहचान इसकी ध्वनि के द्वारा की जा सकती है। दूसरे उदाहरणस्वरूप निम्नांकित को पढ़ें :

"जबहमकिसीव्यक्तिकोबातकरतेहुएसुनतेहैंतोआवाजलगातारआतीहुई प्रतीतहोतीहै।"

जब हम उपरोक्त वाक्य को पढ़ते हैं तो इससे अर्थ निकालने में जब तक सक्षम नहीं हो पाते हैं जब तक हम ध्वनि के आधार पर इन्हें शब्दों में बाँटकर निम्नांकित वाक्य के रूप में नहीं पढ़ें :

"जब हम किसी व्यक्ति को बात करते हुए सुनते हैं तो आवाज लगातार आती हुई प्रतीत होती है।"

यदि हम इस वाक्य को अन्यत्र किसी स्थान से तोड़कर पढ़ें तो इसका अर्थ निकालना कठिन हो जाएगा।

ध्वनि के आधार पर शब्दों को पहचानने की क्षमता वर्णविन्यास (Spelling) सम्बन्धी त्रुटियों को भी कम कर देती है, जिससे पढ़ाई के कार्य में दक्षता आती है।

(द) *व्याकरणसम्मत ज्ञान (Syntactic awareness)* : प्रत्येक भाषा में वाक्य की बनावट के कुछ नियम होते हैं, जिसे व्याकरण कहते हैं। वाक्य की बनावट में एक शब्द या चिह्न का स्थान बदलना, वाक्य के अर्थ को बदल डालता है। जैसे—He is reading a book का अर्थ है 'वह एक किताब पढ़ रहा है' Is he reading a book? का अर्थ है—'क्या वह एक किताब पढ़ रहा है?' उपरोक्त वाक्य में क्रिया के स्थान परिवर्तन से वाक्य के अर्थ में बदलाव आ गया है।

उपरोक्त भाषामूलक तत्त्वों के अतिरिक्त पढ़ना सीखने में पढ़ने के उद्देश्य का महत्त्वपूर्ण योगदान है, क्योंकि पढ़ने की अभिप्रेरणा उसके उद्देश्य से ही उत्पन्न होती है।

पढ़ने का उद्देश्य (Goal of Studies)

पढ़ने का उद्देश्य किसी विषय के अर्थ को समझना होता है। विषय के ज्ञान की अभिव्यक्ति मौखिक या लिखित भाषा अथवा संकेतों (कोडों) के माध्यम से हो सकती है। भाषा की तीन मुख्य विशेषताएँ हैं :

1. भाषा चिन्तन करने तथा अपने अनुभवों को लिखित एवं वाचिक रूप से व्यक्त करने में एक पुल के समान कार्य करती है।
2. यह दूसरों से संवाद स्थापित करने में सहायक होती है।
3. यह विषय-वस्तु को जोड़ती है।

भाषा को व्यक्त करने का एक माध्यम संकेत तथा चिह्न भी है। गूँगे एवं बहरे लोगों को संकेतों के माध्यम से ही पढ़ाया-सिखाया जाता है। यदि हम उद्देश्य के अनुसार पढ़ने पर विचार करें तो पढ़ने में दो भिन्न बातों पर जोर देते हैं—

1. अर्थ समझने पर जोर (Meaning emphasis)
2. संकेत समझने पर जोर (Code emphasis)

1. अर्थ समझने पर जोर (Meaning emphasis) : यह पढ़ाई या ज्ञान प्राप्त करने के **क्रियात्मक पक्ष** पर बल देता है। अर्थात् सीखने में अर्थ समझने की प्रक्रिया मुख्य रूप से भाषा, अनुभव एवं ज्ञान पर निर्भर करती है :

पहला, भाषा अनुभव के द्वारा (Language experience) : जब बच्चे मौखिक रूप से दूसरे व्यक्तियों के द्वारा कहे गए शब्दों को सुनकर भाषा से अर्थ निकालना

सीखते हैं। जैसे बच्चे के द्वारा गाँ या दादी की गोद में बैठकर कहानियाँ सुनकर भाषा सीखना।

दूसरा, सम्पूर्ण भाषा ज्ञान (Whole language experience) : जब बच्चे विभिन्न प्रकार के अनुभवों, मसलन—बोलने, सुनने, लिखने तथा पढ़ने को एक साथ मिलाकर भाषा सीखते हैं।

2. संकेत समझने पर जोर (Code emphasis) : यह अक्षर तथा आवाज के बीच के सम्बन्ध को सीखने पर बल देता है। एक स्थान पर सीखा गया संकेत अथवा कोडिंग दूसरी परिस्थिति में सहायता करता है।

जब विद्यार्थियों को शब्दों को डिकोड करने और अर्थ समझने में निपुणता हासिल हो जाती है, तो उन्हें पढ़ते समय शब्दों तथा अक्षरों को पहचानने के लिए ज्यादा संघर्ष करने की आवश्यकता नहीं पड़ती है और वे अपनी सम्पूर्ण शक्ति का उपयोग विषय-वस्तु को समझने में कर पाते हैं।

सीखने के लिए पढ़ने का मूल उद्देश्य समझना है, जिसकी रणनीति निम्नांकित है :

समझने की रणनीति (Comprehension strategies)

समझने के लिए मुख्य रूप से निम्नांकित तीन रणनीतियाँ महत्त्वपूर्ण हैं, जो सीखने को विद्यार्थियों के लिए अर्थपूर्ण एवं आनन्ददायक बनाती हैं—

1. संक्षेपण (Summarising)
2. स्वयं से प्रश्न पूछने की कला (Self questioning)
3. मेटाकॉगनिशन (Metacognition)

1. संक्षेपण (Summarising) : संक्षेपण समझने का एक अतिविशिष्ट कौशल है। अर्थपूर्ण पढ़ाई के लिए महत्त्वपूर्ण सूचनाओं को समझना एवं मुख्य तथ्यों को अपने शब्दों में व्यक्त करना संक्षेपण है। इस कौशल का विकास क्रमशः उम्र एवं वर्ग के साथ अभ्यास के फलस्वरूप होता है। इसके अभाव में पढ़ाई के लिए किए गए प्रयासों को कौशलपूर्ण नहीं कहा जा सकता है।

बच्चों में पढ़ने की क्षमता का विकास क्रमशः तीसरे वर्ग से शुरू होता है। जबकि पढ़े गए विषय के निचोड़ को अपने शब्दों में व्यक्त करने की दक्षता प्रायः 5वें वर्ग से शुरू होकर 9वें-10वें वर्ग तक परिपक्वता प्राप्त कर लेती है। निम्नांकित टेबल के माध्यम से बच्चों के पढ़ने की क्षमता के विकास के क्रम को प्रस्तुत किया गया है :

टेबल-9

वर्ग	*क्षमता*
प्रथम	अक्षर को पहचानने एवं शब्दों के निर्माण करने की क्षमता का विकास
द्वितीय एवं तृतीय	वाक्यों के निर्माण करने की क्षमता का विकास
तीसरे से पाँचवें	विषय का अर्थ समझकर अपने शब्दों में व्यक्त करने की क्षमता का विकास
5वें से 9वें वर्ग	विषय के निचोड़ या सारांश को अपने शब्दों में व्यक्त करने की दक्षता का विकास

विद्यार्थियों के 5वें वर्ग से 10वें वर्ग के अलग-अलग समूह पर किए गए एक प्रयोग में बच्चों को निर्धारित समय में एक अनुच्छेद का संक्षेपण लिखने के लिए दिया गया। फिर उन्हीं बच्चों के समूह को निर्धारित समय में अनुच्छेद लिखने के बाद, अनुच्छेद की गुणवत्ता बढ़ाने के लिए कुछ अधिक समय दिया गया। अनुच्छेद का संक्षेपण लिखने के लिए निर्धारित समय से अधिक समय देने के बाद भी निचले वर्ग के बच्चों के संक्षेपण में कोई गुणात्मक सुधार दिखाई नहीं पड़ा, जबकि ऊँचे वर्ग के बच्चों को जब निर्धारित समय से अधिक समय दिया गया तो उनका प्रदर्शन क्रमशः अच्छा होता गया। सुविधा के दृष्टिकोण उपरोक्त तथ्य को निम्नांकित टेबल में सजा कर स्पष्ट किया गया है :

टेबल-10

वर्ग	*क्षमता*
5वें वर्ग तक	कोई दर्शनीय गुणात्मक सुधार नहीं
7वें वर्ग तक	मामूली गुणात्मक सुधार
8वें वर्ग से ऊपर के छात्रों में	बहुत अधिक गुणात्मक सुधार।

बच्चों के अनुच्छेद लेखन के प्रदर्शन में उपरोक्त भिन्नता का कारण यह है कि प्रारम्भिक अवस्था में बच्चों में पृष्ठभूमि ज्ञान तथा भाषामूलक ज्ञान, दोनों ही अविकसित अवस्था में होता है। अतः इनका ज्यादा समय तथा श्रम विचारों की जगह शब्दों तथा वाक्यों को समझने में लग जाता है।

संक्षेपण के कौशल का विकास करने में समय तथा श्रम तो लगता है परन्तु यह समझदारी बढ़ाने का अचूक मंत्र है। शिक्षक अपने छात्रों में समझदारी को बढ़ाने के लिए निम्नांकित युक्तियों का सहारा ले सकते हैं :

1. वे उस खास अनुच्छेद पर विशेष प्रकाश डालें, जिसमें मुख्य विचार निहित हों।
2. विद्यार्थियों को पढ़े गए विषय को अपने शब्दों में व्यक्त करने के लिए प्रेरित करें।
3. शिक्षक नमूने के उत्तर प्रतिदर्श के रूप में प्रस्तुत करें, ताकि विद्यार्थी यह जान पाएँ कि कैसे किसी प्रत्यय (Concept) को रेखाचित्र (Concept mapping) एवं मुख्य बिन्दुओं को रेखांकित करके समझा जा सकता है।
4. विद्यार्थियों को इन युक्तियों का उपयोग पठन-पाठन में करने के लिए प्रेरित करें।

संक्षेपण की क्षमता को विकसित करने के अतिरिक्त शिक्षक विद्यार्थियों में पढ़े गए विषय से सम्बन्धित स्वयं से प्रश्न पूछने के कौशल को सीखने में निम्नांकित विधि से सहायता कर सकते हैं :

2. स्वयं से प्रश्न पूछना (self-questioning) : स्वयं से प्रश्न पूछना भी सीखने की एक शक्तिशाली विधि है, जिसके द्वारा पढ़े गए विषय से अर्थ प्राप्त करने का प्रयास किया जाता है। इस विधि में विद्यार्थी समय-समय पर अपने आपसे विषय से सम्बन्धित प्रश्न पूछते हैं। इसके अन्तर्गत वे अनुमान लगाने, विभिन्न तत्त्वों के बीच के सम्बन्धों की पहचान करने, उदाहरण प्रस्तुत करने, एवं पढ़े जानेवाले विषय के प्रभाव की पहचान करने को सम्मिलित करते हैं। प्रश्न करने की तीन प्रभावशाली युक्तियाँ हैं :

1. पढ़े जानेवाले विषय से सम्बन्धित अन्य उदाहरण क्या हो सकते हैं?
2. वर्तमान प्रसंग पूर्व के अध्याय से किस प्रकार समान अथवा भिन्न है?
3. वर्तमान प्रसंग किसका हिस्सा है?

विस्तार से स्वयं से प्रश्न पूछने की कला नई सूचनाओं एवं पहले से विद्यमान दीर्घकालिक याददाश्त में संचित पृष्ठभूमि ज्ञान के बीच एक कड़ी का काम करती है, जिससे समझने तथा सीखने में सहायता मिलती है।

3. मेटाकॉगनिशन (Metacognition) : सीखने के लिए विभिन्न प्रकार की मानसिक प्रक्रियाओं को करना पड़ता है, मसलन—समझना, व्यवस्थित करना एवं अनुश्रवण इत्यादि, जिसे सामूहिक रूप से मेटाकॉगनिशन कहते हैं। इन प्रक्रियाओं के द्वारा विद्यार्थी सीखने के लिए विषय को समझता है, उसको व्यवस्थित करता अथवा सजाता है तथा उसका अनुश्रवण (monitoring) करता है, अर्थात् यह देखता है कि उसमें कोई त्रुटि तो नहीं है। समझने के लिए इन मानसिक प्रक्रियाओं को करने की क्षमता का विकास क्रमशः होता है, जिसको आगे बढ़ाने में शिक्षक विद्यार्थियों की सहायता कर सकते हैं।

परस्पर शिक्षण (Reciprocal teaching)

परस्पर शिक्षण वह कौशल है, जिसका उपयोग शिक्षक विद्यार्थियों में आपसी सहयोग के द्वारा विषय की समझदारी को बढ़ाने के लिए करते हैं। इनमें निम्नांकित चार प्रक्रियाओं का विशेष रूप से उपयोग करते हैं :

संक्षेपण : मुख्य विचारों को जानने के लिए।

प्रश्न : विषय के सार को जानने के लिए।

स्पष्टता : वैसे तथ्य जो स्पष्ट नहीं हों, स्पष्ट करने के लिए।

भविष्यवाणी : लेखक अगले अनुच्छेदों में क्या कहने जा रहा है, यह जानने के लिए।

पठन कौशल रणनीति (Strategies for Reading Skills)

नीचे पढ़ने की कुछ रणनीतियों का वर्णन कर रहे हैं, जिसका उपयोग कर विद्याथियों को उनकी पढ़ाई को प्रभावकारी ढंग से सम्पादित करने में सहायता मिलेगी :

- **एम.यू.आर.डी.ई.आर.** (MURDER)
- **एस.क्यू.4आर.** (SQ4R) और
- **प्रोफ्रो** (PROFRO)
- **तीव्र गति से पढ़ना** (Speed Reading)

- **एम.यू.आर.डी.ई.आर. (MURDER) :** पढ़ने के कौशल की एक रणनीति को अंग्रेजी के छह अक्षरों को मिलाकर परिवर्णी शब्द MURDER के रूप में व्यक्त किया गया है। इसके प्रत्येक अक्षर की व्याख्या निम्नांकित है :

मूड (Mood) : प्रायः विद्यार्थी यह कहते हुए पाए जाते हैं कि अभी पढ़ने का मूड नहीं है। पढ़ने की योजना एवं दिनचर्या बनाना तथा पढ़ते समय अपने ध्यान का अनुश्रवण कर यह सुनिश्चित करना कि ध्यान पढ़ाई के अतिरिक्त कहीं और तो नहीं है। इन दो क्रियाओं को करने से उनमें पढ़ाई की इच्छा जागती है एवं पढ़ने की प्रेरणा उत्पन्न करने में सहायता मिलती है।

समझदारी (Understanding) : पढ़ना निष्क्रिय न होकर एक सक्रिय क्रिया है। पढ़ने का उद्देश्य विषय के अर्थ को समझना होता है। पढ़ते समय यदि उस विषय के 'कठिन' एवं 'महत्त्वपूर्ण' तथ्यों की पहचान करने की चेष्टा करते हैं तो इससे पढ़े जा रहे विषय की समझदारी बढ़ती है।

प्रत्याहन (Recall) : पढ़ने का उद्देश्य पढ़े गए विषय का भविष्य में उपयोग करना है। ऐसा करना तभी संभव हो पाता है जब पढ़े गए विषय की याददाश्त मस्तिष्क में रहे। इसके लिए पढ़े गए विषय के मुख्य विचारों का मानचित्र

बनाना एवं उन्हें अपने शब्दों में लिखकर अथवा बोलकर व्यक्त करना सहायक सिद्ध होता है।

पचाना (Digest) : पढ़ने एवं सीखने का काम निरन्तर चलता रहता है। हम नित्य नए-नए विषयों को सीखते जाते हैं, जो हमारे अन्दर समाहित होता जाता है। जिस प्रकार खाना पचने के बाद रक्त बनकर हमारी धमनियों में दौड़ता है, ठीक उसी प्रकार पढ़ा गया विषय समझदारी और ज्ञान बनकर हमारे मन-मस्तिष्क का हिस्सा बन जाता है और सीखने से मानसिक बदलाव आता है। इसके लिए विषय में चिह्नित मुख्य एवं कठिन बिन्दुओं के बारे में सोचना, नए विचारों को पहले से ज्ञात जानकारी से जोड़कर स्पष्ट अर्थ प्राप्त करना इत्यादि सिखाना अच्छा है।

विस्तारित करना (Expand) : पढ़ना निरर्थक न होकर एक अर्थपूर्ण क्रिया है। हम प्राकृतिक ज्ञान को पढ़ाई के माध्यम से प्राप्त करते हैं। पढ़ा गया विषय हमारे जीवन के किस क्षेत्र में उपयोगी होगा, यही ज्ञान को विस्तारित करने का उदाहरण है। अपने आपसे यह सवाल पूछना कि अभी पढ़े जानेवाले विषय की उपयोगिता वास्तविक जीवन में कहाँ, कब, कैसे और क्यों है, पढ़ाई की समझदारी को मजबूत बनाता है।

पुनरवलोकन (Review) : हम जो भी सीखते हैं, वह त्रुटि रहित हो, अच्छी पढ़ाई-लिखाई एवं सीखने के लिए यह आवश्यक है। हम जो सीखते हैं, उसमें त्रुटियों का होना स्वाभाविक है। अपनी त्रुटियों का वाद-विवाद एवं प्रश्नों के माध्यम से विश्लेषण करना तथा पढ़े गए विषय की त्रुटियों को सुधारना अच्छी पढ़ाई के लिए आवश्यक है।

कॉलेज छात्रों पर किए गए शोधों से ज्ञात हुआ है कि उपरोक्त विधि से प्रशिक्षित विद्यार्थियों को पढ़ाई करने में 30 प्रतिशत ज्यादा अंक प्राप्त हुए। नीचे टेबल में इसे दर्शाया गया है—

टेबल-11

मूड (Mood)	कार्य योजना बनाना, ध्यान का अनुश्रवण करना।
समझदारी (Understanding)	कठिन एवं महत्त्वपूर्ण तथ्यों की पहचान करना।
प्रत्याहन (Recall)	मुख्य विचारों का मानचित्र बनाना एवं उन्हें अपने शब्दों में व्यक्त करना।
पचाना (Digest)	विषय में चिह्नित मुख्य, कठिन एवं नए विचारों को पहले से ज्ञात जानकारी से जोड़कर अर्थ प्राप्त करना।
विस्तारित करना (Expand)	पढ़े गए विषय की उपयोगिता वास्तविक जीवन में समझना।
पुनरवलोकन (Review)	त्रुटियों को वाद-विवाद एवं विश्लेषण के द्वारा सुधारना।

पठन कौशल की दूसरी रणनीति SQ4R है, जिसका विस्तृत वर्णन निम्नांकित है :

- **एस.क्यू.4आर. (SQ4R) :** यह सीखने की सबसे पुरानी विधि SQ3R का परिमार्जित रूप है। यह पढ़ाई को समझने के उद्देश्य से पढ़ाई के कार्य को क्रमशः छह चरणों में सम्पादित करने की एक विधा है; अर्थात् शुरुआत 'एस' अर्थात् सर्वेक्षण से करते हैं तथा अन्त 'आर' या पुनरवलोकन से।

1. **सर्वेक्षण (Survey)** · किसी अध्याय को पढ़ने की शुरुआत सर्वेक्षण से करते हैं। प्रायः विद्यार्थी किसी अध्याय को खोलकर पहली लाईन से ही पढ़ना शुरू कर देते हैं। यह पढ़ने की उचित विधि नहीं है। सर्वेक्षण के अन्तर्गत विषय-वस्तु का परिचय प्राप्त करने के उद्देश्य से, सबसे पहले उस पूरे अध्याय की विषय सामग्री के मुख्य शीर्षकों पर एक सरसरी निगाह (bird's eye view) डालते हैं। सर्वेक्षण से विषय की लम्बाई चौड़ाई एवं मुख्य बातों की एक मोटी जानकारी मिल जाती है। ऐसा करना सीखने में सहायता पहुँचाता है। किसी अध्याय के अन्त में यदि सारांश दिए गए हों, तो उनको पढ़ना भी सर्वेक्षण का ही हिस्सा है।
2. **प्रश्न (Question) :** यह पढ़ने का दूसरा चरण है। इसके अन्तर्गत पढ़े जानेवाले विषय से सम्बन्धित प्रश्नों को अपने मन में ही निर्मित करना अथवा किसी अध्याय के अन्त में दिए गए प्रश्नों को पढ़ना आता है। विषय को पढ़ने के पहले प्रश्नों की जानकारी कर लेने से पढ़ाई को एक दिशा मिल जाती है। अर्थात्, पहले ही यह जानकारी मिल जाती है कि किसी अध्याय को पढ़ने से क्या-क्या ज्ञान प्राप्त होनेवाला है। ऐसा करने से पढ़ने में रुची भी बढ़ती है क्योंकि किसी अध्याय को क्यों पढ़ा जा रहा है, इसका स्पष्ट उत्तर विद्यार्थी के पास होता है, जो पढ़ने की अभिप्रेरणा उत्पन्न करता है।
3. **पढ़ना (Read) :** पढ़ाई के तीसरे चरण में प्रश्नों को मार्गदर्शक मानकर विस्तार से विषय को पढ़ना शुरू करना आता है। पढ़ते समय पढ़ने योग्य मनोवृत्ति बनाए रखने के लिए कुछ बातों पर ध्यान देना बहुत जरूरी है, जैसे—
   - पढ़ते समय अपने मन को प्रसन्न रखना।
   - मन में यह विचार करना कि पढ़ाई ज्ञान प्राप्त करने और कुछ नई चीजों को जानने-समझने के लिए की जा रही है।
   - पढ़ाई कोई सजा नहीं है, बल्कि यह अपने आपको समृद्ध बनाने का एक उपाय है, विषय से प्राप्त ज्ञान प्रसन्नता का स्रोत होगा।

- पढ़ाई करते समय किसी विषय में दिए गए ग्राफ तथा टेबल की अनदेखी नहीं करना क्योंकि ग्राफ तथा टेबल के माध्यम से विषय को स्पष्ट रूप से समझना आसान हो जाता है।
- यदि सम्भव हो तो एक ही विषय पर एक से अधिक लेखक की किताबें पढ़ना ताकि विभिन्न लेखक का विषय को स्पष्ट करने के अलग-अलग तरीके से समझाने से सीखने को सरल बनाया जा सकता है। इसके लिए विद्यार्थियों को किसी पुस्तकालय का सदस्य बनने और किताबों को घर पर लाकर पढ़ने या वहीं बैठकर पढ़ने की सलाह देना।

4. **मन ही मन दोहराना (Reflect) :** पढ़े गए विषय के बारे में सोचना एवं नए विचारों को पहले से ज्ञात जानकारी से जोड़ना। पढ़ाई करते समय हर पैराग्राफ पर थोड़ी देर के लिए रुककर, आँखें मूँदकर उस पैराग्राफ की पढ़ी हुई बातों को अपने मस्तिष्क पटल पर लाने का प्रयास करने से याददाश्त बढ़ाने में भी सहायता मिलती है।
5. **वर्णन करना (Recite) :** पढ़ने के पाँचवें चरण में शीर्षक के अनुरूप विचारों को जोड़कर प्रश्नों का उत्तर देने की शुरुआत करना आता है।
6. **पुनरवलोकन (Review) :** पढ़े गए विषय की सूचनाओं को संगठित करना, उनमें आवश्यकतानुसार संशोधन करना तथा संशोधित किए गए एवं कठिन विषय को पुनः पढ़ना।

- **प्रोफ्रो (Profro) :** पढ़ाई को स्वयं निर्देशित करने के लिए विद्यार्थियों को उन विधियों की जानकारी देना; जो सम्पूर्ण पढ़ाई को प्रभावित करेगा, सहायक होगा। इसके लिए प्रोफ्रो के प्रत्येक अक्षर के द्वारा एक विशेष क्रिया को दर्शाया गया है–

P (Planning) योजना : अच्छी पढ़ाई करने के लिए पहला सूत्र योजना का निर्माण है। विद्यार्थी को योजना निर्माण का विस्तृत ज्ञान देना आवश्यक है। इस बात को उसके मन में बैठाना कि समय प्रबन्धन के दृष्टिकोण से योजना बड़ा ही महत्त्वपूर्ण है, **पढ़ाई के बिना योजना निरर्थक सिद्ध होती है जबकि योजना बिना पढ़ाई के घातक।** योजना निर्माण के लिए विद्यार्थियों को निम्नांकित क्रम में पूरा कर सकने में विद्यार्थियों की सहायता करें :

- अपने विभिन्न कार्य कलापों में होनेवाले समय को जानना।
- समय प्रबन्धन के लिए समय के अपव्यय को ज्ञात करना।
- समय की बचत के लिए अपव्यय को रोकना।
- वास्तविक कार्य अवधि का निर्धारण करना।

- उद्देश्य के अनुरूप उपलब्ध समय में दैनिक, साप्ताहिक, मासिक योजना बनाना।
- योजना के अनुरूप कार्य को पूरा करना।
- नियन्त्रण चार्ट के द्वारा योजना का अनुश्रवण करना (monitor)।
- शुरू में योजना के छोटे-छोटे उद्देश्यों को निर्धारित कर उनको पूरा करना :

R (Reading) पढ़ना : प्रोफ्रो के दूसरे क्रम में पढ़ने के विभिन्न चरणों की व्याख्या SQ4R में विस्तार से चर्चा की गई है कि पढ़ाई कैसे शुरू की जाए और कैसे अन्त किया जाए। साथ ही पढ़ने की रफ्तार बढ़ाने का ज्ञान देना एवं ऐसा करने के लिए प्रेरित करना।

O (Organising) संगठित करना : पढ़ाई करते समय पढ़े जानेवाले विषय को संगठित करना आवश्यक है। जब हम किसी अध्याय को पढ़ते हैं तो उस खास अध्याय में विषय की मुख्य बातें कई मुख्य शीर्षकों में बँटी हुई होती हैं। उदाहरणस्वरूप, यदि भारत की जनसंख्या पर आधारित कोई अध्याय पढ़ा जा रहा हो तो उस अध्याय में जनसंख्या सम्बन्धी मुख्य बातें क्रमबद्ध रूप से विभिन्न मुख्य शीर्षकों में बँटी हुई होती हैं—जैसे भारत में जनसंख्या की आजादी के पूर्व की स्थिति, वर्तमान स्थिति, जनसंख्या वृद्धि के मुख्य कारण, जनसंख्या के कुप्रभाव, जनसंख्या नियन्त्रण के विभिन्न उपाय इत्यादि सूचनाएँ बिखरी पड़ी रहती हैं। इन बिखरी पड़ी सूचनाओं को एकत्रित कर भारत की जनसंख्या के विभिन्न पहलुओं की जानकारी प्राप्त की जाती है, इसे ही पढ़े गए विषय को संगठित करना कहेंगे।

F (Feedback) पुनर्निवेशन : प्रोफ्रो की चौथी कड़ी फीडबैक या पुनर्निवेशन है। अर्थात्, जब हम किसी विषय को सीखने के बाद लिखकर या बोलकर यह देखना चाहते हैं कि वह विषय याद हुआ अथवा नहीं और यदि याद हुआ है तो कितना तो यही क्रिया पुनर्निवेशन कहलाती है।

R (Review) समीक्षा : पुनर्निवेशन के पश्चात् अर्थात् सीखे गए विषय को लिखने के पश्चात उसकी त्रुटियों को सुधारना समीक्षा है।

O (Overlearning) अतिरिक्त सीखना : प्रोफ्रो की अन्तिम कड़ी 'अतिरिक्त सीखना' है। अर्थात् समीक्षा के पश्चात् उस त्रुटिरहित शिक्षण सामग्री को और अधिक पढ़ना और याद करना अतिरिक्त सीखना है।

यहाँ एक बात जानने योग्य है कि जब खाने-पीने की बात हो तो पेट से अधिक भोजन करना पाचन तन्त्र पर बोझ बढ़ाने के कारण हानिकारक माना जाता है। परन्तु, जब पढ़ने-लिखने की बात हो तो याद किए गए विषय को और अधिक पढ़ना और याद करने के लिए अभ्यास बढ़ाना याद्दाश्त को मजबूत बनाती है।

पढ़ने की विधि (Method of study)

पढ़ना भी एक कौशल है। प्रायः तीसरी कक्षा तक बच्चे पढ़ना सीखते हैं, उसके बाद पढ़ने के उस कौशल का उपयोग विभिन्न विषयों को सीखने के लिए करते हैं। प्रायः विद्यार्थी अपने माता-पिता से बोलकर, जोर से पढ़ने की सलाह पाते रहते हैं। मौन पढ़ाई से कुछ लोग ध्यान भंग होने की शिकायत भी करते हैं। वे यह जानना चाहते हैं कि मौन पढ़ाई अथवा वाचिक (बोलकर) पढ़ने में बेहतर पढ़ने का तरीका कौन सा है। तो आइए, इस पर थोड़ा विचार करें कि दोनों विधियों में कौन सी विधि अच्छी है और क्यों? अतः आँख की गति, समझदारी तथा तीव्र गति से पढ़ने पर विचार करें।

- **तीव्र गति से पढ़ना (Speed Reading)** : जब बच्चे को अक्षरों को पहचानने के लिए संघर्ष करने की आवश्यकता नहीं होती है अर्थात्, वह अच्छी तरह पढ़ना सीख लेता है, जो प्रायः छठे वर्ग में पहुँचने के बाद हो पाता है, तब उसे लम्बे-लम्बे अध्याय को पढ़ना पड़ता है। उसे तीव्र गति से पढ़ने का प्रशिक्षण देना पढ़ाई को अग्रसर करने में सहायक सिद्ध होता है। तीव्र गति से पढ़ने की कुछ भ्रान्तियाँ हैं, जिनको जानना एवं तीव्र गति से पढ़ने के कौशल के ज्ञान से पढ़ने की गति को आवश्यकता अनुसार बढ़ाना संभव हो पाता है। अतः तीव्र गति से पढ़ने के कौशल को विकसित करने का विस्तृत वर्णन किया जा रहा है।

तीव्र गति से पढ़ने की भ्रान्तियाँ : नीचे हम उन भ्रान्तियों (दोषपूर्ण धारणाओं) की, जो तीव्र गति से पढ़ने में अवरोधक हैं, पर चर्चा करेंगे। साथ ही उसके सही स्पष्टीकरण से भी अवगत करवाएँगे :

1. एक बार में एक ही अक्षर को पढ़ना चाहिए। यह एक गलत धारणा है क्योंकि पढ़ने का उद्देश्य विषय का अर्थ प्राप्त करना है, न कि सिर्फ अक्षर को जानना।
2. 500 अक्षर प्रति मिनट से अधिक की रफ्तार से पढ़ना असंभव है। यह भी एक गलत धारणा है। सत्य तो यह है कि हम छह शब्दों के समूह को अपनी आँखों से एक बार में देख सकते हैं और एक सेकेंड में ऐसे शब्दों के चार समूहों को। अतः 1000 शब्द प्रति मिनट की रफ्तार से पढ़ना बिलकुल संभव है।
3. तेज रफ्तार से पढ़ने से विषय को समझने में कठिनाई होती है। यह धारणा भी गलत है। वास्तव में तेज रफ्तार से पढ़नेवाले विद्यार्थी को विषय के अर्थ को समझने में आसानी होती है, उसकी एकाग्रता भी अधिक होती है, उसके पास पढ़े गए विषय के महत्त्वपूर्ण एवं रुचिपूर्ण तथ्यों को पुनः पढ़ने के लिए पर्याप्त समय रहता है।

4. अधिक रफ्तार से पढ़ने से एकाग्रता घट जाती है, यह भी एक गलत धारणा है। वास्तव में जितनी तेज रफ्तार से हम पढ़ते हैं उतना ही अधिक प्रेरणा उत्पन्न होता है, परिणामस्वरूप हम अधिक एकाग्रचित्त हो पाते हैं।
5. पढ़ने की औसत रफ्तार ही सबसे अच्छी है और तेज रफ्तार से पढ़ना स्वाभाविक भी नहीं है, यह धारणा भी गलत है। सच तो यह है कि मन्द गति से पढ़ना उपयुक्त प्रशिक्षण के अभाव तथा आँख एवं मस्तिष्क के कार्य करने के तरीके के ज्ञान के अभाव के कारण होता है।

तेज रफ्तार से पढ़ने के लाभ : तेज रफ्तार से पढ़ने का एक लाभ यह है कि आँखों को हर पन्ने पर कम श्रम करना पड़ता है। एक मन्द गति से पढ़नेवाले विद्यार्थी की आँखों को यदि प्रति पन्ना 500 बार ठहरना पड़ता है, तो तेज रफ्तारवाले विद्यार्थी की आँखों को 100 बार ही ठहरना पड़ता है, जिससे आँखों की मांशपेशियाँ कम थकती हैं।

दूसरा लाभ यह है कि तेज रफ्तार से पढ़नेवाले विद्यार्थी की पढ़ाई एक लय में तेज धार के समान बहती हुई होती है, जिससे पढ़ाई आराम से अर्थ समझते हुए आगे बढ़ती जाती है। जबकि मन्द गति से पढ़नेवाले विद्यार्थी की पढ़ाई धक्के खाते हुए, रुक-रुककर होती है जिससे जल्दी ही थक जाने, ऊब जाने, ध्यान भंग होने एवं ध्यान भटकने की घटनाएँ घटित होती हैं। इससे पढ़े जानेवाले विषय के अर्थ को समझने में कठिनाई होती है।

ऊपर के वर्णन से स्पष्ट होगा कि तीव्र गति से पढ़ना, पढ़ने का सर्वथा उपयुक्त कौशल है, जिसे थोड़े से अभ्यास से विकसित किया जा सकता है। परन्तु विषय की जटिलता, महत्त्व के हिसाब से पढ़ने की गति में परिवर्तन करने की सलाह दी जाती है।

तीव्र गति से पढ़ने की अभिप्रेरणा (Motivation for Speed Reading) : इसके पहले कि हम तीव्र गति से पढ़ना सीखने के अभ्यास की विधि पर चर्चा करें, सबसे पहले यह जानना आवश्यक है कि ज्यादातर पढ़ाई हम आराम से निस्तेज (बिना उत्साह) होकर करते हैं। तेज गति से पढ़ने के अभ्यास के फलस्वरूप पढ़ने की गति प्रति अभ्यास 10-20 शब्द प्रति मिनट की दर से बढ़ सकती है, बशर्ते कि विद्यार्थी में अपनी गति को बढ़ाने की जिज्ञासा एवं अभिप्रेरणा हो।

अभिप्रेरणा को एक उदाहरण से समझा जा सकता है। यदि कोई भैंसा किसी व्यक्ति को खदेड़े तो वह 100 मीटर की दौड़ 10 सेकेंड में ही लगा सकता है तथा छह फीट ऊँची चारदीवारी को छलाँग लगाकर फाँद सकता है। यह आश्चर्यजनक क्रिया वह इसलिए कर पाता है क्योंकि उसमें जान बचाने की अभिप्रेरणा होती है। उसी प्रकार यदि विद्यार्थी में यह निश्चय पैदा किया जाए कि उसे अपने पढ़ने की गति को बढ़ाना है तो अभ्यास के द्वारा उसकी धीमी गति अप्रत्याशित रूप से बढ़ने लगती है। पढ़ने की गति को बढ़ाने के लिए नीचे दिए गए विधि के अनुरूप प्रयास करवाने से सफलता मिलेगी :

1. *पढ़ने की वर्तमान गति का निर्धारण*
(Determination of Present Reading Speed)

- पढ़े जानेवाले विषय की तीन लाइन के शब्दों को गिनकर, औसत शब्द प्रति लाइन निर्धारित करना।
- तीनों लाइन के कुल शब्दों में तीन से भाग देकर औसत शब्द प्रति लाइन निर्धारित करना।
- पढ़ने के लिए एक मिनट का समय निर्धारित करना।
- पढ़ना शुरू करने के पहले पढ़े जानेवाले विषय को जहाँ से शुरू किया हो, चिह्नित कर लेना और पढ़ना समाप्त करने पर जहाँ तक पढ़ा गया हो, नोट कर लेना।
- अब जहाँ से शुरू किया और जहाँ समाप्त किया है, उसके बीच की लाइनों को गिन लेना।
- अब औसत शब्द प्रति लाइन को अपने द्वारा पढ़े गए शब्द प्रति लाइन से गुणा कर प्रति मिनट पढ़ने की गति को जान लेना।
  प्रति मिनट गति = कुल पढ़े गए शब्दों की औसत संख्या ÷ पढ़ने में लगनेवाला कुल समय।

2. *आँख की क्रिया की समझ (Eye Movement)*

आँख की क्रिया करने का ज्ञान भी पढ़ने की गति को बढ़ाने में सहायक होता है। यदि पढ़े जानेवाले विषय की प्रत्येक लाइन के साथ अपनी अँगुलियों को ले जाते हैं तो पाएँगे कि आपकी अंगुलियाँ बाएँ से दाएँ जाती हैं और लाइन के अन्त में एक झटके से कूदकर फिर बाईं ओर आती है, जिसमें सामान्यतया चौथाई से एक सेकेंड प्रति लाइन का समय लगता है। चित्र संख्या 3 के माध्यम ये इसे दर्शाने का प्रयास किया गया है।

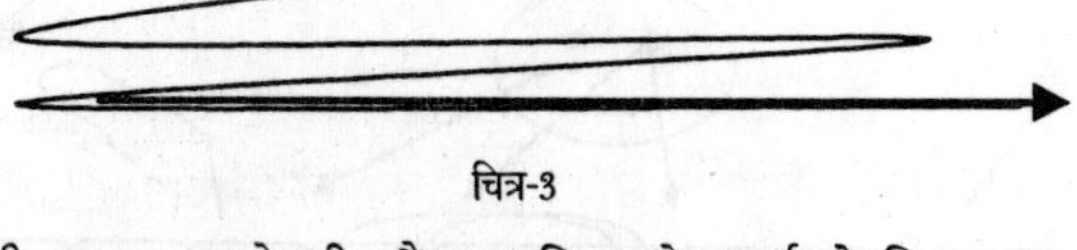

चित्र-3

गति की समझ : पढ़ने की औसत गति हल्के पढ़ाई के लिए 240 शब्द प्रति मिनट होता है। आँखें स्पष्ट रूप से तभी देख पाती हैं जब उन्हें स्थिर कर दिया जाए। किसी स्थिर वस्तु को देखने के लिए आँखों को स्थिर रहना पड़ता है और यदि वस्तु चलायमान हो तो उन्हें स्पष्ट रूप से देखने के लिए आँखों को भी चलायमान होना

पड़ता है। यदि किसी मित्र से अपनी अँगुली की नोक पर देखने के लिए कहें और उसकी आँखों में देखें, आप पाएँगे कि उसकी आँखें स्थिर रहती हैं। इसके विपरीत यदि आप अपनी उँगलियों को ऊपर-नीचे, दाहिने-बाएँ हिलाएँ तो आपके मित्र की आँखें भी उँगलियों की दिशा में ही घूमती नजर आएँगी।

स्थिर करना (Fixations) प्रति एक-चौथाई से डेढ़ सेकेंड

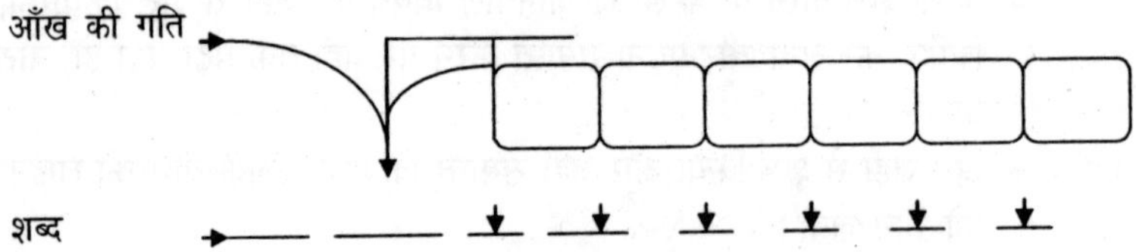

चित्र-4

रुकना : प्रत्येक शब्द पर रुकने से स्थिर होने के कारण कम-से-कम एक चौथाई से डेढ़ सेकेंड (¼ से 1½) का समय लग जाता है।

पीछे लौटना तथा ध्यान भटकना : एक व्यक्ति जो एक बार में एक ही शब्द पढ़ता है और लौटकर पिछले शब्दों पर आ जाता है तो पढ़ने की गति कम हो जाती है। आँखों के साधारण गणित के हिसाब से यदि पढ़ने की गति 100 शब्द प्रति मिनट से कम होती है तो उसे पढ़े गए विषय की अधिक मात्रा को पढ़ने एवं समझने में भी कठिनाई होगी। इसके अतिरिक्त यदि पढ़नेवाले व्यक्ति का ध्यान पढ़ाई से अलग कहीं अन्यत्र भटक जाता है तो इससे भी पढ़ने की रफ्तार कम होती है।

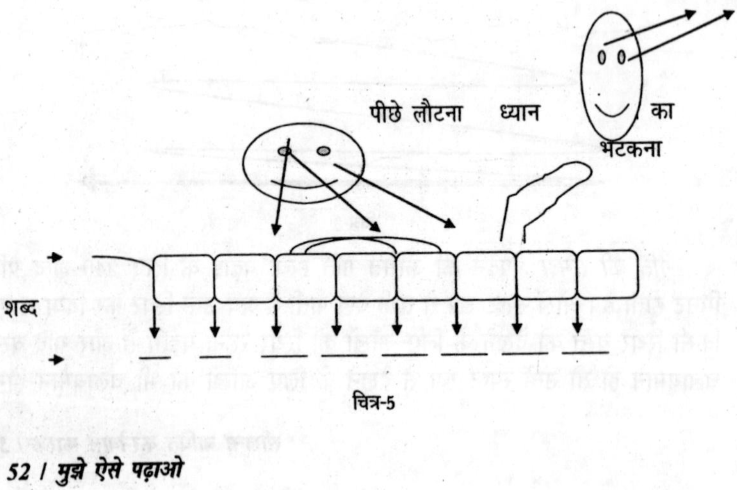

चित्र-5

पढ़ने की गति बढ़ाने की युक्ति

तीव्र गति से पढ़ना कोई फैशन की बात नहीं है बल्कि यह प्रभावकारी पठन-पाठन की एक जरूरत है। जैसे-जैसे विद्यार्थी उच्च वर्ग में बढ़ते जाते हैं, उन्हें विविध विषयों पर ढेर सारी पढ़ाई करनी पड़ती है। यदि वे अपनी बढ़ी हुई पढ़ाई की जरूरत को पूरा करने के लिए आवश्यकतानुसार अपनी गति को नहीं बढ़ा पाते हैं तो पढ़ाई-लिखाई में पिछड़ने लगते हैं। निम्नांकित विधि से हम पढ़ने की गति को बढ़ा सकते हैं

1. पीछे लौटकर देखने की आदत को बदलकर : पढ़ते समय पीछे लौटकर देखने की आदत हमारे पढ़ने की गति को कम करती है। पिछे लौटकर शब्दों को देखने की आदत को छोड़कर हम गति को बढ़ा सकते हैं। पीछे लौटकर देखने के कारणों में 90 प्रतिशत मामलों में हमारे भीतर एक अवास्तविक भय का होना है कि हम शब्दों को नहीं समझ पाए हैं। जबकि वास्तव में हम सिर्फ 10 प्रतिशत मामलों में ही शब्दों को नहीं समझ पाते हैं। अतः पढ़ते समय हमें आगे बढ़ते रहना चाहिए और 10 प्रतिशत शब्दों को, जिन्हें हम वास्तव में नहीं समझ पाते हैं, उन्हें माइंड मैपिंग के द्वारा चिह्नित कर समझने का प्रयास करना चाहिए। चित्र-5 में इस आशय को स्पष्ट किया गया है।

2. प्रत्येक शब्दों पर रुकने की आदत को बदलकर : पढ़ते समय प्रत्येक शब्दों पर रुक-रुककर पढ़ने से पढ़ने में बहुत अधिक समय लग जाता है। यदि इससे बचा जाए तो प्रति फिकसेशन समय को ¼ सेकेंड तक कम किया जा सकता है। पढ़नेवाले को इस बात से नहीं डरना चाहिए कि कम समय में भला कैसे पढ़ा जा सकता है? क्योंकि वास्तव में हमारी आँखें तो एक सेकेंड के 100वें हिस्से में भी एक साथ पाँच शब्दों को दर्ज करने की क्षमता रखती हैं।

3. शब्दों के समूह को एक साथ देखकर : हम पढ़ने की अपनी गति को प्रति फिकसेशन तीन से पाँच शब्द तक बढ़ा सकते हैं। शुरू में यह असंभव प्रतीत हो सकता है। परन्तु यदि मस्तिष्क के स्वभाव को एवं पढ़ने के उद्देश्य को समझें तो यह संभव प्रतीत होता है। हमारे पढ़ने का उद्देश्य शब्दों को समझना नहीं बल्कि हम विचार को समझने के लिए पढ़ते हैं। उदाहरणस्वरूप, **the cat sat on the road**—इसे अलग-अलग पढ़ना-समझना ज्यादा कठिन है बजाय इसके कि इसे एक साथ समूह में पढ़ा जाए **"the cat sat on the road"**

मन्द गति से पढ़नेवाले एक पाठक को तेज रफ्तार से पढ़नेवाले पाठक की तुलना में विषय को समझने में ज्यादा मानसिक क्रियाएँ करनी पड़ती हैं क्योंकि विषय को समझने के लिए उसे अलग-अलग शब्दों को जोड़कर समझना पड़ता है।

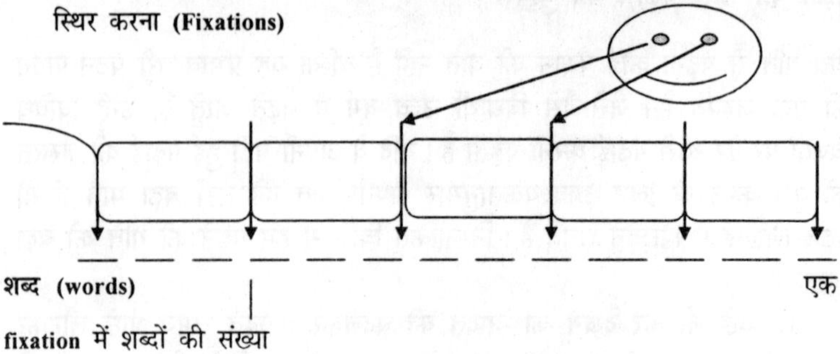

चित्र-6

4. दृष्टि सहयोग विधि (Visual Aid Technique) : जब बच्चे पढ़ना सीखते हैं तब वे अपनी उँगलियों को शब्द के नीचे रखकर पढ़ते हैं, जिसके लिए हम उन्हें मना करते हैं। परन्तु, ऐसा करना लाभप्रद है, हमें तो उन्हें सिर्फ अँगुलियों को तीव्र गति से आगे बढ़ाने के लिए प्रेरित करना चाहिए। तीव्र गति से पढ़ने के अभ्यास की शुरुआत इसी विधि से करते हैं।

प्रथम अभ्यास : तीव्र गति से पढ़ने के प्रथम अभ्यास में पढ़ते समय शब्दों के नीचे उँगली या पेन्सिल रखकर उसको आगे सरकाते हुए आँखों को उसके साथ-साथ सरकने दीजिए। धीरे-धीरे पेन्सिल या उँगली के सरकने की गति को बढ़ाना एवं आँखों को उसके साथ-साथ ले चलने का अभ्यास करवाते हैं। इस अभ्यास को पूरा कर लेने के लगभग एक सप्ताह बाद दूसरा अभ्यास करना उचित है।

दूसरा अभ्यास : तीव्र गति से पढ़ने के दूसरे अभ्यास में अपनी पेन्सिल या उँगली को किसी वाक्य के शुरू के दो अक्षरों के बाद और अन्तिम दो अक्षरों के पहले रखकर, रखी गई उँगली के पहले के दो और बाद के दो अक्षरों को एक साथ आँखों से निगलने की कोशिश करवाइए। ऐसा करने से आँखों की पुतलियों को कम क्रिया करनी होगी, परिणामस्वरूप आँखें कम थकेंगी।

तीसरा अभ्यास : तीसरे अभ्यास में आँखों को किसी वाक्य के बीच में स्थिर कर पूरी लाईन को एक साथ देखने की कोशिश करने का प्रयास करवाना चाहिए।

इस प्रकार यदि मौन स्वाध्याय से प्रयास करने में सफलता मिल जाती है, तो कम-से-कम समय में ज्यादा-से-ज्यादा विषय को पढ़ने और समझ सकने में सफलता मिलेगी।

उपचारात्मक दृष्टिकोण से विशेष कार्यक्रम के अनुरूप छात्रों एवं उनके माता-पिता को, काउंसॅलिंग, साइकोथैरेपी, के द्वारा सहायता की जा सकती है। उपचारात्मक दृष्टिकोण से शैक्षिक प्रशिक्षण के अतिरिक्त बच्चे में विद्यमान

संवेगात्मक एवं व्यवहार सम्बन्धी त्रुटियों को दूर करने का प्रयास भी साथ-साथ करना आवश्यक होता है।

(ग) लेखन कौशल का अभाव (Lack of skills for written expression)

लिखना वह जटिल संज्ञानात्मक क्षमता है, जिसके लिए गहन चिन्तन तथा प्रयास की आवश्यकता होती है। लिखने के लिए व्यक्ति अपने चिन्तन एवं विचारों को एकत्र कर, अक्षरों, शब्दों तथा वाक्यों के रूप में--कलम के माध्यम से--कागज पर उतारने का कार्य करता है। बिना लिखने की क्षमता के शैक्षिक प्रदर्शन ऋणात्मक रूप से प्रभावित होता है। बहुत अच्छा जाननेवाला विद्यार्थी भी लिखित परीक्षा में अनुतीर्ण हो जाता है, यदि वह लिखने की अभिव्यक्ति सम्बन्धी अक्षमता से ग्रसित हो। स्कूल जानेवाले 3 से 10 प्रतिशत बच्चों में यह अक्षमता पाई जाती है।

लक्षण :

1. इस अक्षमता से ग्रसित बच्चों के लिखने की क्षमता उसकी उम्र, बौद्धिक क्षमता तथा शिक्षा के स्तर से कम विकसित रहती है।
2. अपनी इस अक्षमता के कारण पढ़ाई में अथवा वैसे किसी कार्य में जहाँ लिखने की आवश्यकता हो, इनका प्रदर्शन औसत से खराब हो जाता है।
3. जब लिखने के कार्य में लगातार खराब प्रदर्शन हो रहा हो।
4. लिखावट में व्याकरण सम्बन्धी एवं वर्णविन्यास (spelling) सम्बन्धी अशुद्धियाँ बहुत अधिक मात्रा में हो रही हों।
5. उनके अनुच्छेदों में संगठन का सर्वथा अभाव हो।
6. उच्च कक्षा में होने के बाद भी इनकी लिखावट, विषय-वस्तु एवं शैली (contents and style) के दृष्टिकोण से निम्न कक्षा के बच्चों जैसी हो।

उपचारात्मक शिक्षा

लिखने की दक्षता विकसित करने के लिए शिक्षकों में उन तत्त्वों का ज्ञान आवश्यक है, जिसके द्वारा वे अपने छात्रों की सहायता लिखित अभिव्यक्ति के दोष से मुक्त करवाने में कर सकते हैं।

लिखने को प्रभावित करनेवाले तत्त्व : लिखने की प्रक्रिया दो तत्त्वों से प्रभावित होती है :

(क) कार्य वातावरण एवं

(ख) ज्ञान।

लिखने का कार्य क्रमशः तीन चरणों में सम्पादित होता है। चित्र के माध्यम से दर्शाने के बाद इसका विस्तृत वर्णन आगे किया जा रहा है।

लिखने का चरण : प्रभावकारी लेखन क्षमता के विकास के लिए लेखन क्रिया को निम्नांकित तीन चरणों में सम्पादित करना चाहिए :

1. योजना बनाना,
2. अनुवाद करना एवं
3. संशोधन करना,

निम्नांकित रेखाचित्र के द्वारा इसे दर्शाया गया है :

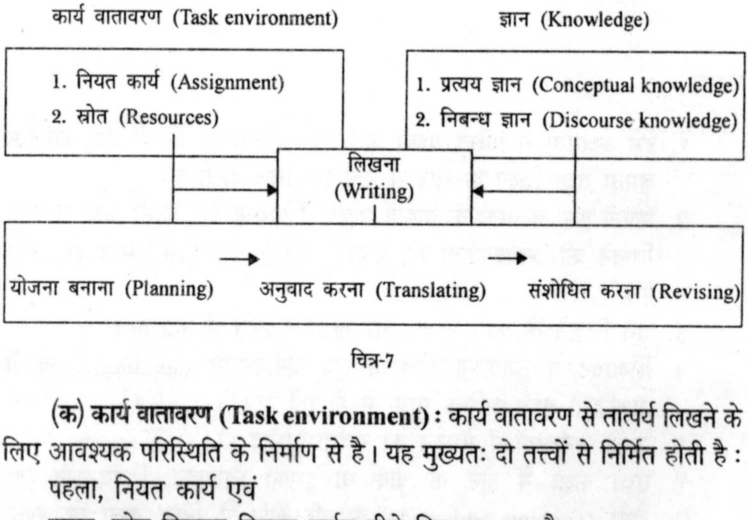

चित्र-7

(क) कार्य वातावरण (Task environment) : कार्य वातावरण से तात्पर्य लिखने के लिए आवश्यक परिस्थिति के निर्माण से है। यह मुख्यतः दो तत्त्वों से निर्मित होती है :

पहला, नियत कार्य एवं

दूसरा, स्रोत जिसका विस्तृत वर्णन नीचे दिया जा रहा है :

पहला, नियत कार्य (Assignment) : नियत कार्य से तात्पर्य इस बात के ज्ञान से है कि किस विषय पर लिखना है और क्यों। इसका महत्त्व मनोवैज्ञानिक दृष्टिकोण से बहुत अधिक है, क्योंकि यह लिखने वाले में लिखने की अभिप्रेरणा को उत्पन्न करता है। लिखे जानेवाले विषय का जितना अधिक महत्त्व लिखनेवाले की नजर में होगा, लिखने के कार्य में वह उतनी ही अधिक रुचि लेगा।

दूसरा, स्रोत (Resources) : लिखने के लिए यह भी आवश्यक है कि लिखनेवाला लिखे जानेवाले विषय से सम्बन्धित पृष्ठभूमि ज्ञान रखता हो। पृष्ठभूमि

ज्ञान की प्राप्ति उसे विभिन्न आवश्यक पठन सामग्रियों तथा स्रोतों से होता है, मसलन—शिक्षक, माता-पिता, पुस्तक, पत्र-पत्रिका, इंटरनेट इत्यादि।

विद्यार्थी लिखने के लिए विभिन्न स्रोतों से प्राप्त सूचनाओं में से लिखे जानेवाले विषय की आवश्यकता के अनुरूप सामग्रियों को छाँट लेते हैं। लिखने के लिए जितने अधिक स्रोत उपलब्ध होंगे, उन्हें सूचनाओं को एकत्र कर पृष्ठभूमि ज्ञान को समृद्ध बनाने में उतनी ही सहायता मिलेगी और लेखन की गुणवत्ता बढ़ेगी।

(ख) ज्ञान (Knowledge) : लिखने की क्षमता के विकास के लिए दो प्रकार के ज्ञान, प्रत्ययात्मक या क्षेत्र ज्ञान तथा दूसरा, निबन्ध ज्ञान की आवश्यकता होती है, जिसका विस्तृत वर्णन नीचे किया जा रहा है :

पहला, प्रत्ययात्मक या क्षेत्र ज्ञान (Conceptual or domain specific) : लिखने की क्षमता के विकास में प्रत्ययात्मक या क्षेत्र ज्ञान का होना आवश्यक है, जिसके बिना लिखना संभव नहीं है। प्रत्ययात्मक ज्ञान से तात्पर्य लिखे जानेवाले विषय से सम्बन्धित तथ्य, नियम, सिद्धांत की समझदारी के अतिरिक्त उसके प्रयोग, विश्लेषण, संश्लेषण तथा मूल्यांकन करने की क्षमता का होना है।

दूसरा, निबन्ध ज्ञान (Discourse knowledge) : निबन्ध ज्ञान से तात्पर्य लिखावट के माध्यम से संवाद स्थापित करने के लिए भाषा के उपयोग करने की विधा के ज्ञान से है। दूसरे शब्दों में यह लिखने की प्रकिया (procedure) का ज्ञान है।

लेखन कौशल विकसित करने की रणनीति (Strategies for improving writing skill) : लेखन कौशल से तात्पर्य लिखने की गुणवत्ता सुनिश्चित करने के लिए उन चरणों का वर्णन है, जिसके अनुरूप लिखने का कार्य किया जाना चाहिए। मुख्य रूप से इन चरणों को क्रमशः निम्नांकित तीन भागों में बाँटा जा सकता है :

1. **योजना बनाना** (Planning),
2. **अनुवाद करना** (Translating),
3. **संशोधित करना** (Revising)।

1. *योजना बनाना (Planning)*

लिखने के लिए सबसे पहले प्रयोजन के अनुरूप लक्ष्य का निर्धारण करते हैं। उसके बाद उस विषय से सम्बन्धित विचारों को उत्पन्न कर उन्हें संगठित करने का कार्य करते हैं। विचारों को उत्पन्न करना एक आन्तरिक मानसिक प्रक्रिया है, जो लिखने के लिए कच्चा माल (raw material) के समान है। इसमें हम मुख्य रूप से दो प्रकार की क्रियाएँ करते हैं।

पहला, विचारों का मंथन करना तथा

दूसरा, विचारों को संगठित करना।

लिखने के लिए सबसे पहले बाहरी स्रोतों जैसे—पुस्तक, शोध-पत्र, ई-मेल इत्यादि से प्राप्त सूचनाओं को एकत्र कर उन्हें सुसंगत रूप से संगठित करते हैं।

बिना योजना के लिखावट की गुणवत्ता को सुनिश्चित नहीं किया जा सकता है। वास्तविकता तो यह है कि अच्छे लेखक अपना दो-तिहाई श्रम एवं समय लिखने की योजना बनाने में लगाते हैं, जबकि अकुशल लेखक बिना योजना के लिखना शुरू करते हैं और अपनी लेखनी में वाक्यों को जोड़ते जाते हैं।

पाँच और छह वर्ष के बच्चों का पृष्ठभूमि ज्ञान सीमित होता है, जिसके कारण उन्हें विचारों को उत्पन्न अथवा विचारों का मंथन करने में कठिनाई होती है, जिससे उनके लिखने की क्षमता प्रभावित होती है।

जबकि, आठ से बारह वर्ष के बच्चों को विषय-वस्तु का मूल्यांकन करने तथा संगठित करने की क्षमता सीमित होती है, जिसके कारण उन्हें योजना बनाकर लिखने में कठिनाई होती है।

योजना के कौशल में प्रशिक्षित कर शिक्षक बच्चों की लेखन क्षमता को विकसित कर सकते हैं। वे बच्चों को सबसे पहले विचारों को सूचीबद्ध करने, फिर प्रयोजन के अनुरूप उन विचारों को संगठित करने की कला में निपुण बनाकर उनमें लिखने की दक्षता विकसित कर सकते हैं।

योजना के अभाव में लिखना इसलिए भी कठिन हो जाता है, क्योंकि योजना के द्वारा सूचना को संसाधित (process) किया ज़ाता है। यदि बिना योजना बनाए ही लिखने का कार्य किया जाता है तो लिखते समय मस्तिष्क के क्रियात्मक याददाश्त (working memory) पर बोझ बढ़ जाता है, क्योंकि उसे एक साथ दो प्रकार का कार्य, योजना बनाना तथा अनुवाद करना, करना पड़ता है।

2. *अनुवाद करना (Translating)*

योजना बनाने के बाद लिखने के दूसरे चरण में अनुवाद करना आता है। किसी विषय का अनुवाद करने के क्रम में विचार तथा शब्द आपस में क्रियात्मक याददाश्त (working memory) में अन्तःक्रिया करते हैं। उसके बाद संवाद के उद्देश्य से कागज पर चिह्नों के माध्यम से लिखावट के रूप में अवतरित होते हैं।

यदि विचारों को भाषा में अनुवाद करने की क्षमता नहीं हो तो लिखना असम्भव हो जाता है। लिखनेवाले में यदि अनुवाद के दौरान निम्नांकित कौशल हों तो वह दूसरों के द्वारा समझने में सहायक होती है। जिन्हें हम लिखनेवाले की चुनौतियों के रूप में नीचे वर्णन कर रहे हैं :

लिखनेवाले की चुनौतियाँ : लिखावट के लिए यदि लिखनेवाले में निम्नांकित चार भाषायी ज्ञान नहीं हो अर्थात् उसमें लेखाचित्र, वाक्य रचना, अर्थगत तथा शब्दगत ज्ञान एवं कौशल का अभाव हो तो लिखावट दोषपूर्ण हो जाती है :

पहला, अक्षर ज्ञान : लिखनेवाले के अक्षर इतने स्पष्ट एवं सुपाठ्य हों, जिसे पाठक सुगमता से, बिना किसी कठिनाई के पढ़ सकें।

दूसरा, व्याकरण तथा विरामचिह्न : लिखावट में व्याकरण तथा विराम चिह्न-विधान (punctuation) का समुचित उपयोग किया गया हो।

तीसरा, अर्थ : विचारों को इस प्रकार व्यक्त किया गया हो, जिसका अर्थ पाठक समझ सकें।

चौथा, तारतम्यता : वाक्यों तथा अनुच्छेदों को इस प्रकार सजाया गया हो कि उनमें तारतम्यता हो तथा पूर्णता की झलक मिलती हो।

प्रारम्भ के वर्षों में बच्चे लिखने के क्रम में लेखाचित्र एवं वाक्य रचना, इन दो प्रकार के कार्यों में, क्रियात्मक याददाश्त इतना व्यस्त रहता है कि उन्हें शब्दों एवं वाक्यों के अर्थ को समझने के लिए संघर्ष करना पड़ता है।

अतः पहली कक्षा से तीसरी कक्षा के विद्यार्थियों में शिक्षकों को ज्यादा ध्यान बच्चों की लिखावट अथवा लेखाचित्र के कौशल को विकसित करने पर देना चाहिए, ताकि उनमें लेखन क्षमता का विकास हो सके।

लेखाचित्र की चुनौतियों को दूर करने के लिए चौथे से छठे वर्ग के विद्यार्थियों को श्रुतलेखन (dictation) का अभ्यास करवाना चाहिए।

पाँचवाँ, अशुद्धियों को नजरअन्दाज करना : वाक्य की रचना सम्बन्धी चुनौतियों को दूर करने के लिए प्रारम्भिक अवस्था में बच्चों को अशुद्ध ही सही, लिखने के लिए प्रेरित करना चाहिए। इस अवस्था में बच्चे लिखने के क्रम में बहुत सारी व्याकरण सम्बन्धी अशुद्धियाँ करते है। साथ ही उनके द्वारा वैसे स्वनिर्मित शब्दों का उपयोग भी किया जाता हैं, जो उस भाषा में होते ही नहीं हैं। लिखने की क्षमता को विकसित करने के लिए शिक्षक को यथासंभव विद्यार्थियों की इन त्रुटियों को नजरअन्दाज करना चाहिए और लिखने के लिए प्रेरित करना चाहिए। क्योंकि उनकी लेखनी में बहुत अधिक लाल स्याही लगाने से वे हतोत्साहित हो जाएँगे और लिखने को एक जोखिम भरा कार्य समझने लगेंगे।

बच्चों पर किए गए एक प्रयोग में देखा गया है कि जिन बच्चों को लिखने के लिए प्रेरित करने हेतु उत्साहवर्धक शब्दों, जैसे—तुम "बहुत अच्छा कर रहे हो", "अब आगे तुम क्या करना चाहोगे?" इत्यादि का प्रयोग किया गया तो उनके लेख, दूसरे वैसे बच्चों की तुलना में 50 प्रतिशत अधिक लम्बे थे, जिन्हें कोई भी प्रोत्साहित करनेवाले शब्द नहीं कहे गए। लिखना छोटा ही क्यों न हो, बच्चों के लिए अत्यन्त

ही स्मारकीय अनुभव (monumental experience) देता है। शिक्षक का समर्थन एवं प्रोत्साहन उनके लिए संवेगात्मक सहारा देता है।

3. *संशोधित करना (Revising)*

संशोधन लेखनी की गुणवत्ता को उत्कृष्ट बनाता है। प्रारम्भिक अवस्था में, बच्चों की लेखनी में सुधार लाने का प्रयास निम्नांकित तीन कारणों से महत्त्वपूर्ण है :

1. लिखावट के ढाँचे तथा संगठन में सुधार लाने के लिए।
2. वाक्यों तथा अनुच्छेदों के अर्थ को स्पष्ट करने के लिए।
3. वर्णविन्यास (spelling) तथा व्याकरण सम्बन्धी त्रुटियों को दूर करने के लिए।

बच्चों के लेखों को सुधारने के उपाय

बच्चों के लेखों को निम्नांकित तीन माध्यमों से सुधारा जा सकता है :

1. लेखों को इस प्रकार संगठित किया जाए कि उसमें शुरू से अन्त तक एक तार्किक प्रवाह हो।
2. लेखनी के विषय-वस्तु को इस प्रकार प्रस्तुत किया जाए कि पाठक को उसमें वर्णित तथ्यों को समझने में कठिनाई नहीं हो।
3. वर्णविन्यास (spelling) तथा विरामचिह्न (Punctuation) उपयुक्त एवं स्पष्ट हों ।

संशोधन के कुछ सामान्य तथ्य निम्नांकित हैं :

1. दक्ष लेखक लिखने के दौरान व्याकरण तथा वर्णविन्यास की तुलना में अपना ज्यादा समय विषय को संगठित करने में लगाते हैं।
2. दक्ष लेखक अपना ज्यादा समय संशोधन में लगाते हैं।
3. दक्ष लेखकों को भी अपनी गलतियों को जानने में कठिनाई होती है।

बच्चों को छठे वर्ग से अपनी लेखनी को काटने, छाँटने, जोड़ने, पुनः व्यवस्थित कर सुधारने का प्रशिक्षण देना चाहिए, क्योंकि इस अवस्था से उनमें विश्लेषणात्मक संज्ञानात्मक क्षमता का अपेक्षाकृत अधिक विकास होता है।

लिखने की क्षमता विकसित करने के लिए उपचारात्मक शिक्षा प्रदान करने के साथ-साथ विद्यार्थी की संवेगात्मक एवं व्यवहार सम्बन्धी समस्याओं को दूर करने के लिए छात्र एवं उनके माता-पिता के काउंसॅलिंग की भी आवश्यकता पड़ती है।

(घ) *गणितीय कौशल का अभाव*
(Lack of Mathematics Solving skills)

गणितीय अक्षमता से ग्रसित होने का तात्पर्य बच्चों का गणितीय कौशल इनकी उम्र, शैक्षिक स्तर तथा बौद्धिक क्षमता के अनुरूप न होकर कम होने से है। स्कूल जानेवाले लगभग 6 प्रतिशत बच्चों में यह समस्या पाई जाती है। यह अक्षमता पहले वर्ग से लेकर पाँचवें वर्ग के बीच कभी भी परिलक्षित हो सकती है।

लक्षण :

1. इनमें मुख्य रूप से भाषा को समझकर उनको गणितीय प्रतीकों (symbols) में बदलने की कला का अभाव होता है।
2. इनमें प्रत्यक्षात्मक कौशल की कमी होती है, जिसके कारण वे संख्या तथा प्रतीकों को पहचानने, समझने तथा उसका उपयोग करने में भूल कर बैठते हैं।
3. इनमें अंकगणित को सरल करने की आधारभूत प्रक्रियाओं, जोड़ने, घटाने, गुणा करने तथा भाग देने तथा उनको क्रमवार ढंग से सम्पादित करने के कौशल का अभाव भी पाया जाता है।
4. ध्यान की कमी के कारण ये अंकों तथा प्रतीकों को ठीक-ठीक नहीं उतार पाते हैं।
5. स्कूल में इनके प्रदर्शन के खराब इतिहास से भी इसका पता लगाया जाता है।
6. इन्हें आधारभूत गणनसंख्या (cardinal system) तथा क्रमसूचक संख्या (ordinal system) को समझने में कठिनाई होती है, जिसके कारण वे अंकगणितीय क्रियाओं को करने में कठिनाई का अनुभव करते हैं।
7. विभिन्न वस्तुओं को समूह में बाँटने की क्षमता का भी अभाव होता है।
8. कोडिंग/डिकोडिंग (coding, decoding) करने में भी इन्हें कठिनाई होती है।

कारण :

इसके कारणों के बारे में मनोवैज्ञानिकों में मतैक्य नहीं है, परन्तु स्नायु-सम्बन्धी दोषों के अतिरिक्त कई अन्य कारणों में परिपक्वता का अभाव संवेगात्मक, संज्ञानात्मक एवं सामाजिक तथा आर्थिक कारणों को जिम्मेवार माना गया है।

गणित के प्रति भ्रान्तियाँ : गणित के प्रति कुछ भ्रामक एवं अनुत्पादक विश्वास निम्नांकित हैं :

1. गणित सीखने का वास्तविक जीवन से कोई सम्बन्ध नहीं है।
2. गणित के प्रश्नों को हल करने की क्षमता जन्मजात होती है, जो कुछ ही लोगों में विद्यमान है, सब लोगों में नहीं।
3. गणित की समस्या यदि कुछ मिनटों में हल नहीं होती है, तो उनको हल करना असम्भव होता है।
4. गणित मुख्य रूप से नियमों तथा प्रक्रियाओं का ज्ञान है, जिसे रटने की आवश्यकता होती है।
5. गणित की समस्या को हल करने का एक ही उपयुक्त तरीका होता है, और
6. हल करने का उद्‌देश्य सही उत्तर प्राप्त करना होता है।

अनुपयुक्त एवं सतही रणनीति : प्रायः विद्यार्थी गणित की समस्याओं को हल करने के लिए कुछ अनुपयुक्त एवं सतही रणनीति बनाते हैं। इसके अन्तर्गत वे गणित की समस्याओं को हल करने के लिए कुछ शाब्दिक कुंजियों को चुन लेते हैं, जिसका उपयोग वे हल ढूँढ़ने में करते हैं। उदाहरणस्वरूप, यदि वाक्य में 'कुल कितने' हो तो जोड़ना, 'कितना अधिक' हो तो घटाना इत्यादि। जबकि वास्तव में उन्हें गणित की समस्याओं का हल ढूँढ़ने में प्रश्नों को सम्पूर्ण रूप से समझने का प्रयास करना चाहिए। उदाहरणस्वरूप, चौथी कक्षा के विद्यार्थियों को जब यह समस्या दी गई कि यदि 140 बच्चों के एक समूह को किसी स्थान पर पिकनिक के लिए जाना हो और एक बस में कुल 40 बच्चों के बैठने की व्यवस्था हो, तो पिकनिक पर जाने के लिए कुल कितनी बसों की आवश्यकता होगी? प्रायः बच्चों का उत्तर साढ़े तीन बस था। वास्तव में आधी बस की कल्पना निरर्थक है। सही उत्तर तो चार बस ही होगा। अतः बच्चों को इन सतही रणनीतियों को त्यागने का गुणारोपण कर ही गणित सिखाया जा सकता है।

उपचार :

गणित की अक्षमता को दूर करने के लिए संज्ञानात्मक, अभिप्रेरणात्मक एवं व्यवहारात्मक दृष्टिकोण से हस्तक्षेप करने की आवश्यकता पड़ती है। इसके लिए शिक्षकों को सबसे पहले विद्यार्थियों के मन से इन भ्रान्तियों को दूर करना—एवं उपयुक्त रणनीति बनाकर इस दिशा में प्रयास करना चाहिए :

1. गणित का प्रशिक्षण : गणित सीखने में शिक्षक एवं समाज के दूसरे लोगों के विचारों से बच्चे अछूते नहीं रह पाते हैं। अनकहे ही शिक्षक एवं अन्य लोग अपनी विचारधाराओं से बच्चों के मन-मस्तिष्क को दूषित कर देते हैं। यदि उनकी सोच

भ्रान्तिपूर्ण होती है तो इसका प्रभाव गणित सीखने में ऋणात्मक एवं अनुत्पादक होती है, क्योंकि प्रायः बच्चे भी गणित के प्रति वैसी ही धारणा बना लेते हैं, जैसा कि उनके शिक्षक, माता-पिता एवं समाज के दूसरे लोग रखते हैं। अतः गणित के प्रति दोषपूर्ण धारणा को दूर करने में उनकी सहायता करनी चाहिए।

2. संज्ञानात्मक परिवर्तन : गणित सीखने के लिए संज्ञानात्मक परिवर्तन अनिवार्य है। संज्ञानात्मक परिवर्तन से तात्पर्य बच्चे की गणित के प्रति उसकी सोच तथा नियमों एवं प्रक्रियाओं की समझदारी है। संज्ञानात्मक क्षमता गणित की जटिलताओं को सुलझाने में सहायक सिद्ध होती है। इसके अतिरिक्त सीखनेवाले में अभिप्रेरणा, धनात्मक विश्वास एवं सवाल हल करने की रणनीति गणित के सवालों को हल करने में सहायक सिद्ध होंगी।

गणित की शिक्षा प्रदान करने के लिए संज्ञानात्मक दृष्टिकोण से विद्यार्थियों में निम्नांकित विश्वासों को बढ़ाना अनिवार्य है—

1. गणित सीखना समस्या समाधान की एक विधि है, न कि मात्र नियमों तथा प्रक्रियाओं को अपनाने की कला।
2. गणित में तर्क एवं अनुमान पर अधिक बल की आवश्यकता होती है, न कि सिर्फ रटने की।
3. गणित निरर्थक नहीं, अपितु एक अर्थपूर्ण क्रिया है।
4. गणित भी भाषा के समान ही संवाद स्थापित करने का माध्यम है।
5. गणित की समस्याएँ भी दैनिक जीवन से सम्बन्धित होती हैं।

छात्रों को गणित की शिक्षा प्रदान करने में शिक्षकों को निम्नांकित चार प्रक्रियाओं को अपनाकर संज्ञानात्मक दृष्टिकोण में बदलाव लाने का प्रयास करना चाहिए। इससे तात्पर्य उन बातों पर जोर दिए जाने से है जो सीखनेवाले के त्रुटिपूर्ण विश्वास को दूर कर सके।

गणितीय योग्यता का विकास बहुत हद तक सिखाने के कौशल तथा मात्रा पर निर्भर करता है।

1. सूत्रों एवं प्रतीकों को याद करवाने के लिए उन्हें सूत्रों को अलग-अलग ढंग से समझाना एवं अभ्यास करवाना चाहिए।
2. इन्हें एक साथ पूरे अध्याय को समाप्त करने का अभ्यास करवाना चाहिए।
3. अभ्यास के दौरान होनेवाली त्रुटियों के लिए उनका मजाक उड़ाने के बजाय उनको अच्छा करने के लिए प्रोत्साहित करना चाहिए। इसके अतिरिक्त—
4. उन्हें गणित का विशेष प्रशिक्षण देने, साइकोथैरैपी तथा काउंसलिंग एवं माता-पिता के काउंसलिंग की भी आवश्यकता पड़ती है।

गणित का विशेष प्रशिक्षण देने के लिए शिक्षक को उपरोक्त के अतिरिक्त निम्नांकित चार बातों पर ध्यान देना चाहिए :

1. समस्या समाधान पर बल (Focus on problem solving) : कई बार समस्या के समाधान का कोई एक ही तरीका उपयुक्त नहीं होता है और समस्या के समाधान के लिए छात्रों को अपनी ओर से नई रणनीति का चुनाव करना पड़ता है, जैसे बसवाले उदाहारण में। ऐसे अवसर भी आते हैं जब समस्या के समाधान के लिए एक रणनीति प्रयुक्त नहीं होती है और भिन्न एवं एक से अधिक रणनीतियों का प्रयोग करना पड़ता है। अतः छात्रों का इस यथार्थ से परिचय करवाना आवश्यक है।

2. वास्तविक जीवन में उपयोग (Real life application) : वास्तविक जीवन की समस्या के परिपेक्ष्य में सीखना विषय को अर्थपूर्ण बना देता है। इससे सीखनेवाले में रुचि तथा आन्तरिक अभिप्रेरणा का जन्म होता है। शिक्षकों को छात्रों के मन में पल रहे गणित के प्रति अनुत्पादक विचारों से मुक्त करवाना चाहिए एवं इसके बदले उपयुक्त विचारों को भरना चाहिए।

3. तर्क पर बल (Emphasis on reasoning) : शिक्षकों को विद्यार्थियों में गणित के सवालों को हल करने के लिए **सतही रणनीति** को त्यागकर तर्क पर अधिक बल देकर समाधान ढूँढ़ने की विधि से अवगत करवाना चाहिए।

4. उच्च स्तर की अन्तःक्रिया करना (High level of intereaction) : गणित सीखने में छात्रों तथा शिक्षकों के बीच अन्तःक्रिया अति महत्त्वपूर्ण है। अन्तःक्रिया से तात्पर्य शिक्षक तथा छात्र का शिक्षण के दौरान समस्या से सम्बन्धित विचारों का आपसी आदान-प्रदान है। इस दौरान छात्र क्रियात्मक भूमिका (active role) निभा पाते हैं। वे अपने विचारों को शिक्षक के समक्ष प्रस्तुत करते हैं और शिक्षक की बातों को सुनते-समझते हैं। इससे शिक्षक को छात्रों के चिन्तन का पता चलता है और तदनुरूप वे उनका उचित मार्गदर्शन कर पाते हैं।

यहाँ पुनः यह बताना अनिवार्य है कि शिक्षक इन लक्षणों के आधार पर बच्चों में किसी बीमारी का नाम देने का काम नहीं करें। बल्कि यदि किसी बच्चे में इस तरह की समस्या हो, तो उन्हें तिरस्कार या उपेक्षित नजरों से न देखकर, उनके आत्म-सम्मान की रक्षा करें एवं प्रोत्साहित करें, ताकि वे अपनी कमजोरियों पर काबू पाने का प्रयास कर सकें। शिक्षक एवं माता-पिता को ऐसे बच्चों को हतोत्साहित होने से बचाना चाहिए। इसके लिए उन्हें बच्चे को तिरस्कार या उपेक्षा के बदले प्रोत्साहित करने का प्रयोग करना चाहिए।

एक-दूसरे से जुड़ी हुई उपरोक्त चारों प्रकार की अक्षमताएँ, ध्यान भंग एवं अतिक्रियाशीलता, पढ़ाई, लिखने की अभिव्यक्ति, गणितीय अक्षमताओं में से किसी एक के भी विद्यमान रहने से दूसरे के प्रभावित होने का खतरा बना रहता है। आवश्यक होने पर मनोवैज्ञानिक, काउंसॅलर या मनोचिकित्सक की सहायता प्राप्त करें, जिससे समय रहते इस समस्या के निदान की दिशा में ठोस कदम उठाया जा सके।

सारांश

सीखने सम्बन्धी अक्षमताओं के कारण सामान्य तथा सामान्य से अधिक बुद्धिलब्धि होने के बावजूद, पढ़ाई-लिखाई में इन अक्षमताओं से ग्रसित बच्चों का प्रदर्शन अपेक्षा के अनुरूप नहीं हो पाता है। इन अवरोधकों में मुख्य रूप से चार प्रकार की अक्षमताओं की चर्चा की गई है। पहली, ध्यान के अभाव अथवा अत्यधिक क्रियाशीलता सम्बन्धी अक्षमता, दूसरी, पढ़ने सम्बन्धी अक्षमता, तीसरी, लिखने की अभिव्यक्ति सम्बन्धी अक्षमता; एवं चौथी, गणितीय अक्षमता।

ध्यान के अभाव अथवा अत्यधिक क्रियाशीलता सम्बन्धी अयोग्यता से ग्रसित बच्चे में एकाग्रता के अभाव एवं जल्दीबाजी करने और आवेगी होने के गुण पाए जाते हैं। इनमें पाई जानेवाली बेचैनी एवं छटपटाहट के कारण ही पढ़ाई-लिखाई में इनका प्रदर्शन खराब होता है। ऐसे बच्चों को सुधारने के लिए उपचारात्मक प्रयास कर शिक्षक एवं माता-पिता उनको सुधारने का प्रयास कर सफल हो सकते हैं।

सीखने की दूसरी अक्षमता पढ़ने सम्बन्धी है। इस अक्षमता से ग्रसित बच्चों की वाचिक पढ़ाई में बहुत अधिक त्रुटियाँ होती हैं। ये पढ़ने के क्रम में विषय को तोड़-मरोड़ एवं छोड़ देने से विषय को ठीक-ठीक नहीं समझ पाते हैं। इन्हें उपचारात्मक शिक्षा देने की आवश्यकता पड़ती है। इनके पृष्ठभूमि ज्ञान को विकसित करना एवं भाषामूलक ज्ञान, जैसे—छपाई, लेखाचित्र, ध्वनिग्रामिक एवं व्याकरण सम्बन्धी ज्ञान को विकसित करने की आवश्यकता पड़ती है। पढ़ाई के उद्देश्य के प्रति इनकी रुचि जगाने के लिए उनमें पढ़े जानेवाले विषय के अर्थ एवं संकेतों को समझने की क्षमता विकसित करना आवश्यक है। अर्थ समझने के लिए संक्षेपण, स्वयं से प्रश्न पूछना एवं मेटाकौगनिशन अथवा विषय को मन में व्यवस्थित करने एवं अनुश्रवण करने के कौशल को विकसित करना आवश्यक है। उपरोक्त के अतिरिक्त परस्पर अन्तःक्रिया से भी पढ़ना सीखना अग्रसर होता है। इसके अतिरिक्त समझने की रणनीति के तहत एस. क्यू. 4आर. तथा मर्डर तथा प्रोफो विधि की चर्चा की गई है, जो शिक्षण की क्षमता को 30 प्रतिशत तक बढ़ा देती है।

सीखने सम्बन्धी अक्षमताओं में लिखने की अभिव्यक्ति सम्बन्धी अक्षमता भी आती है। इसके अन्तर्गत विद्यार्थी पढ़े गए विषय को अपनी लेखनी में व्यक्त करने में असफल होने के कारण पिछड़ जाते हैं। स्कूल जानेवाले 3 से 10 प्रतिशत बच्चों में यह समस्या पाई जाती है। इसके लिए बच्चों की लेखन क्षमता को उनकी उम्र के हिसाब से विकसित करते हैं। इसके लिए कार्य-वातावरण तथा ज्ञान की आवश्यकता पड़ती है। कार्य-वातावरण के निर्माण के लिए किसी विषय का नियत कार्य, अर्थात् क्या लिखना है एवं स्रोत, विषय की जानकारी कहाँ से प्राप्त करना है, इसकी आवश्यकता पड़ती है। जबकि ज्ञान के लिए किसी विषय का प्रत्यय ज्ञान एवं निबन्ध ज्ञान की आवश्यकता पड़ती है। लिखने में दक्षता लाने के उद्देश्य से इस क्रिया को

तीन चरणों में क्रमशः योजना बनाने, अनुवाद करने तथा संसोधित करने, प्रतिपादित करना सिखाते हैं। उनमें लिखने सम्बन्धी चुनौतियों को दूर करने के उद्‌देश्य से लेखाचित्र, वाक्य-रचना, अर्थगत एवं शाब्दिक त्रुटियों से बचने की क्षमता का विकास करने का प्रयत्न भी करते हैं।

गणितीय अक्षमता सीखने सम्बन्धी एक ऐसी अयोग्यता है, जिसमें बच्चे गणित सम्बन्धी सवालों को हल करने में अपनी बुद्धि, उम्र एवं शैक्षिक स्तर से कम क्षमता का प्रदर्शन करते हैं। इसका कारण संज्ञानात्मक, सोचने-समझने का दोष या त्रुटिपूर्ण विश्वास, व्यवहारात्मक, सीखनेवाले में अभिप्रेरणा का अभाव एवं गणित हल करने की रणनीति का अभाव हो सकता है। इसे दूर करने के उद्‌देश्य से शिक्षक सीखनेवाले की सतही रणनीति में परिवर्तन लाकर, संज्ञानात्मक क्षमता विकसित कर, गणित के पढ़ाने की विधियों में समस्या समाधान, वास्तविक जीवन में इसकी उपयोगिता, तर्क एवं छात्रों के साथ उच्च स्तर की अन्तःक्रिया को बढ़ाकर गणित की अक्षमता से मुक्त करवाने का प्रयास कर सकते हैं।

उपरोक्त सभी प्रकार की अक्षमताओं से ग्रसित बच्चों के खोए हुए आत्म-सम्मान को बढ़ाना, प्रोत्साहित करना एवं धैर्यपूर्वक उनकी समस्या के कारणों को जानकर दूर करने का प्रयास करना आवश्यक है।

अध्याय-3

सीखना बाधित करनेवाले संवेगात्मक कारक
[Emotional Factors that Impede Learning]

इस अध्याय के मनन से जानने योग्य बातें :

- सीखने को बाधित करनेवाले संवेगात्मक कारकों का ज्ञान एवं उन्हें दूर करने की लाभप्रद युक्तियाँ।

सीखने सम्बन्धी अक्षमताओं के अतिरिक्त कुछ बच्चे संवेगात्मक कारणों से भी पढ़ने-लिखने में पिछड़ जाते हैं। बच्चों के संवेगात्मक कारकों की पहचान एवं उपचार हेतु उनका क्रमबद्ध विस्तृत वर्णन नीचे किया जा रहा है, ताकि शिक्षक ऐसे बच्चों की पहचान कर सकें और उनके पुनर्वास में अपनी भूमिका सुनिश्चित कर सकें।

चिन्ता : सामान्य या किसी विशेष परिस्थिति से।

भय : किसी वस्तु अथवा परिस्थिति से।

अत्यधिक संवेदनशीलता : अपनी आलोचना नहीं सहन कर पाना और ऐसा होने पर अप्रत्याशित प्रतिक्रिया व्यक्त करना।

शर्मीलापन और अकेलापन : प्रश्न का उत्तर जानते हुए भी उत्तर नहीं बता पाना।

अन्तर्वैयक्तिक कठिनाइयाँ : दोस्तों या भाई-बहन के साथ मेल-जोल से नहीं रह पाना।

मूड में अत्यधिक उतार-चढ़ाव : एक पल में खुश, दूसरे पल उदास।

उदासी : नजरे चुराकर बातें करना, मुँह लटकाए अकेले शान्त बैठना।

दिवास्वप्न : खयाली पुलाव पकाना, जो युवा अवस्था के लिए सामान्य लक्षण है।

दाँतों से नाखून काटना, अँगूठा चूसना तथा अजीब मुखाकृति बनाना जलनशीलता।

चिन्ता

चिन्ता एक मानसिक प्रक्रिया है। मनुष्य में चिन्तन करने की अपूर्व क्षमता होती है, जो बाकी जीवों से उसे उत्कृष्ट बनाती है। परन्तु, जब यही चिन्तन ऋणात्मक एवं निराशावादी हो जाता है तो अनुत्पादक हो जाता है और इसका दुष्प्रभाव व्यक्ति पर पड़ने लगता है, जिसे दुश्चिन्ता कहते हैं।

दुश्चिन्ता से ग्रसित बच्चे में बहुत सारे शारीरिक लक्षण दिखाई पड़ते हैं—मसलन, हाथ-पैर के तलवे से पसीना आना, हृदय की धड़कन तेज हो जाना, रात में चीखकर उठना, बेचैनी प्रदर्शित करना इत्यादि इसके अतिरिक्त भूख, नींद, लोगों से मिलने-जुलने की इच्छा में कमी, इत्यादि व्यवहार प्रदर्शित करते हैं।

बच्चों में चिन्ता के अनेक कारण हो सकते हैं। इनमें प्रमुख कारण माता-पिता और बच्चों के बीच समुचित प्यार का अभाव, माता-पिता के आपसी सम्बन्ध का खराब होना तथा मित्रों से सम्बन्ध में तारतम्यता का अभाव होना, परिवार के माहौल का कलहपूर्ण एवं तनावपूर्ण होना इत्यादि हो सकते हैं।

दुश्चिन्ता किसी भी घटना अथवा विषय की व्याख्या करने का त्रुटिपूर्ण तरीका है। दुश्चिन्ता से उबारने के लिए बच्चों के साथ आत्मीय सम्बन्ध स्थापित कर उनके दृष्टिकोण को जानना तथा उसको बदलने में सहायता करना चाहिए। बच्चों के प्रति माता-पिता के दृष्टिकोण में बदलाव लाना एवं परिवार के माहौल को सामंजस्यपूर्ण बनाकर चिन्ता को दूर करने का प्रयास किया जा सकता है। इसके अतिरिक्त शवासन तथा मेडिटेशन जैसी यौगिक क्रियाओं से यथोचित सुधार किया जा सकता है।

भय

वैसे तो बच्चों में अँधेरा, ऊँचे स्थान, बंद स्थान तथा तेज आवाज से डर लगना सामान्यतया पाया जाता है, परन्तु कभी-कभी यह भय वास्तविक न होकर अवास्तविक होता है,—जैसे किसी वस्तु या घटना की कल्पना या तस्वीर से डर जाना तथा उस डर के फलस्वरूप उस परिस्थिति का सामना करने से दूर भागना तथा बेचैन एवं व्यग्र होकर कई प्रकार के शारीरिक लक्षणों को उत्पन्न करना हो सकता है। बच्चों में परीक्षा तथा स्कूल से भय के भी अनेक उदाहारण मिलते हैं।

परीक्षा का भय : कुछ बच्चों में परीक्षा के प्रति अप्रत्याशित भय उत्पन्न हो जाता है। परीक्षा के प्रति इस अप्रत्याशित डर का पता तब चलता है, जब बच्चे परीक्षा भवन में पहुँचते ही इतने व्याकुल एवं असन्तुलित हो जाते हैं कि जिन प्रश्नों का उत्तर वे जानते होते हैं तथा जिसका सही-सही उत्तर वे घर पर दे पाते हैं, उसका उत्तर भी परीक्षा भवन में सही-सही नहीं दे पाते हैं। कभी-कभी कुछ विद्यार्थियों में

तो डर इस स्तर तक बढ़ जाता है कि परीक्षा के दिनों में वे पेट दर्द, पेट खराब होने, नींद एवं भूख के पूर्णतया लुप्त हो जाने जैसे लक्षण प्रदर्शित करते हैं।

परीक्षा के प्रति भय उत्पन्न करने में माता-पिता की भूमिका महत्त्वपूर्ण होती है। यदि वे बच्चे में यह भय दिखाने लगें कि परीक्षा के परिणाम के खराब होने पर तुम्हें घर से निकाल दिया जाएगा, यदि अंको के अच्छे प्रतिशत नहीं आए, तो हमें तुम्हारी जरूरत नहीं है, इस प्रकार के निर्देशन बच्चों में अच्छे प्रदर्शन के लिए इतना दबाव बना देते हैं कि उन्हें परीक्षा के नाम से ही डर लगने लगेगा।

स्कूल का भय

कुछ विद्यार्थियों में स्कूल के प्रति अप्रत्याशित भय उत्पन्न हो जाता है और वे स्कूल जाने से कतराते हैं। स्कूल जाने के पहले उन्हें उलटी, शौच, पेट-दर्द की शिकायत शुरू हो जाती है।

इस प्रकार के भय का कारण उनका किसी शिक्षक के द्वारा दिए गए गृह-कार्य को पूरा नहीं कर पाना अथवा किसी शिक्षक के अत्यधिक दंडित करने, अपने सहपाठियों के साथ झगड़ा अथवा अन्तर्वैयक्तिक सम्बन्धों में खटास हो सकता है।

एक केस स्टडी

पाँच वर्ष का एक बच्चा सुबह उठते ही यह कहना शुरू कर देता था कि आज मैं स्कूल नहीं जाऊँगा। घर के लोगों के दबाव देने पर उसे उलटी शुरू हो जाती थी। ऐसे में कभी-कभी तो उसे स्कूल जाने से रोक दिया जाता था। वह स्कूल के दूसरे बच्चों के साथ खेलता-कूदता भी नहीं था एवं वर्ग में शिक्षक के प्रश्नों का जवाब भी नहीं देता था। उसका स्वास्थ्य लगातार गिरता जा रहा था। जब दवा के बाद भी उसकी हालत में कोई सुधार नहीं हुआ तो स्कूल के प्रति उसके भय को कम करने के लिए उसकी मनोवृत्ति को काउंसलिंग के द्वारा बदला जा सका एवं उसका व्यवहार प्रबलित नहीं हो सके, इसके लिए उसके परिवार के सदस्यों की भी काउंसलिंग की गई तब बच्चा स्वस्थ हो पाया।

कारण

भय के अनेक कारण हो सकते हैं। कई बार माता-पिता एवं शिक्षक पालन-पोषण एवं देख-रेख के क्रम में बच्चे से अपनी किसी बात को स्वीकार करवाने के लिए किसी वस्तु अथवा परिस्थिति के प्रति डर उत्पन्न कर देते हैं, जैसे—यदि तुमने अमुक कार्य नहीं किया तो इसके ये परिणाम होंगे।

एक केस स्टडी

एक पिता अपनी तीसरी कक्षा में पढ़नेवाली बच्ची को पढ़ाई में रुचि नहीं दिखाने एवं खराब प्रदर्शन के लिए प्रायः अपने तीन मंजिले भवन की छत पर ले जाते थे और उसे छत से नीचे फेंक देने की धमकी देते थे। उस बच्ची पर इसका इतना अधिक कुप्रभाव पड़ा कि उसकी पढ़ाई में तो कोई सुधार नहीं हुआ बल्कि उसे डर की बीमारी लग गई। इस बच्ची के डर को उसके एवं माता-पिता के यथोचित काउंसलिंग, पढ़ाई के कौशल के ज्ञान, रुचि उत्पन्न करने के विभिन्न धनात्मक उपायों से ही दूर किया जा सका।

उपचार

हमें सबसे पहले इस बात को समझना होगा कि किसी प्रकार के भय को उत्पन्न कर हम समस्या के समाधान को नहीं, बल्कि समस्या को जन्म देते हैं। माता-पिता को बच्चे में उत्पन्न किसी वस्तु, स्थान अथवा परिस्थिति के प्रति अनुचित डर को कम करने के लिए बच्चे को अपने साथ लेकर उस वस्तु, स्थान अथवा परिस्थिति के समीप जाना चाहिए तथा यह इत्मीनान दिलाना चाहिए कि इसमें डरनेवाली कोई बात नहीं है।

परीक्षा के प्रति भय को कम करने के लिए माता-पिता एवं शिक्षक को पढ़ाई की योजनाबद्ध तरीके से समुचित तैयारी को प्रोत्साहित करना चाहिए। विषय के प्रति रुचि उत्पन्न करने के लिए उस विषय को पढ़ने-समझने में हो रही कठिनाइयों को चिह्नित कर उसे दूर करने में बच्चे की सहायता करनी चाहिए। क्या यह सच नहीं कि आप किसी घोड़े को जबर्दस्ती भय दिखाकर तालाब तक ले जा सकते हैं, परन्तु भय दिखाकर उसे पानी नहीं पिला सकते हैं, जब तक कि घूँट भरने की इच्छा उसमें नहीं हो "You can take a horse to the pond but you can't make him drink water"। प्रायः माता-पिता, जो अपने जीवन में नहीं कर पाते हैं, उसे अपने बच्चों पर थोपने का प्रयास करते है। हमें अपनी अपेक्षाओं को बच्चों पर थोपने के बजाय उनकी क्षमता को विकसित करने का धनात्मक प्रयास करना चाहिए।

अत्यधिक संवेदनशीलता

प्रत्येक बच्चे की संवेदनशीलता में अन्तर होता है। आलोचना किसी भी व्यक्ति को पसंद नहीं होती है। अत्यधिक संवेदनशील बच्चे अपनी आलोचना सुनने के बाद अपना आपा खो बैठते हैं। प्रतिक्रियास्वरूप वे या तो शान्त और उदास होकर अकेले बैठ जाते हैं या उत्पात मचाने लगते हैं।

उपचार

ऐसे बच्चों के अच्छे कार्यों की प्रशंसा तो करनी चाहिए, परन्तु आलोचना योग्य कार्यों को यथासम्भव नजरअंदाज करना चाहिए। यदि उनके किसी गलत कार्य के लिए उनका ध्यान आकृष्ट करना हो, तो शब्दों को सजाकर कहना चाहिए, जैसे—तुमने वैसे तो अपने दृष्टिकोण से ठीक ही किया होगा, परन्तु अमुक कार्य को इससे अलग अमुक तरीके से किया जाता तो इसके परिणाम अच्छे होते। चूँकि हमारा उद्‌देश्य बच्चों के व्यवहार को सुधारना होता है, न कि उग्र बनाना, अतः अपने द्वारा उपयोग किए जानेवाले शब्दों में यह ध्यान रखना आवश्यक है कि हम अपनी बातों को कहने में उनकी भावना को बिना आहत किए ऐसा करें।

शर्मीलापन और अकेलापन

शर्मीलापन (shyness) बहुत सारे बच्चों का स्वभाव बन जाता है। शर्मीले बच्चे प्रायः नए व्यक्तियों से मिलने में कतराते हैं। वे पार्टियों में या अन्य वैसे स्थानों पर नहीं जाना चाहते हैं, जहाँ इन्हें लोगों से मिलना-जुलना पड़ सकता हो। ऐसे बच्चे अपने इस स्वभाव के कारण, कई बार वर्ग में शिक्षक के द्वारा पूछे गए प्रश्नों का उत्तर इसलिए नहीं दे पाते हैं क्योंकि वे शर्मा जाते हैं।

आज के औद्योगिक (Corporate) युग में विभिन्न कम्पनियाँ औद्योगिक सफलता के लिए वैसे लोगों को रोजगार हेतु चयनित करना चाहती हैं, जो बुद्धिमान तो हों, साथ ही उनमें हाजिरजवाब होने के गुण भी हों। हो भी तो क्यों न! आप कितना जानते हैं, यह जानने के लिए आप में बताने की क्षमता तो होनी ही चाहिए।

उपचार

ऐसे बच्चों से वर्ग में शिक्षक को प्रश्न पूछने तथा बताने के लिए उचित अवसर देना चाहिए तथा इसके लिए प्रोत्साहित करना चाहिए। वाद-विवाद एवं अन्य सामूहिक कार्यों में इनकी सहभागिता सुनिश्चित करनी चाहिए। माता-पिता को इन्हें अपने साथ पार्टियों तथा सामाजिक कार्यकलापों में ले जाकर हिस्सा लेने के लिए प्रोत्साहित करना चाहिए।

अन्तर्वैयक्तिक सम्बन्ध

प्रायः कटुता, बेरुखाई, झगड़ालूपन, एवं स्वार्थपरकता के कारण अन्तर्वैयक्तिक सम्बन्ध बिगड़ते हैं। ऐसे बच्चे भाई-बहन एवं सहपाठियों के साथ मेल-जोल से नहीं रह पाते हैं और सबसे इनका झगड़ा हो जाता है।

मनुष्य एक सामाजिक प्राणी है, जो प्रायः अपनी समस्त आवश्यकताओं के लिए आजीवन लोगों की सहायता पर निर्भर करता है। ऐसे में हम लोगों से अलग-थलग रहकर भला कैसे उन्नति कर सकते हैं एवं खुश रह सकते हैं?

कुछ माता-पिता यह सोचकर कि बुरे लड़कों की संगति में उनका बच्चा खराब हो जाएगा, अपने बच्चे को दूसरे बच्चों के साथ मिलने-जुलने एवं खेलने पर प्रतिबंध लगा देते हैं। वस्तुतः हम इस बात को अस्वीकार करते हैं कि हमारे अच्छे लड़के की संगति में बुरे लड़के अच्छे हो जाएँगे। क्यों, हम यह मान लें कि बुरे की संगति का असर अच्छे पर होगा लेकिन अच्छे का बुरे पर नहीं। हम अपने बच्चे के लिए बुरे लड़कों को मिटा तो नहीं सकते। उन्हें जिस समाज में रहना है, उसमें तो हमेशा से बुरे और अच्छे दोनों प्रकार के ही लोग रहते रहे हैं और रहेंगे भी। यदि हम बुरे नहीं हुए तो हमारा बच्चा बुरा क्यों हो जाएगा? हमारे बच्चे पर हमारे संस्कारों का भी तो असर है । हमें उन्हें अच्छाई और बुराई के बीच के फर्क को बताना होगा, ताकि उनमें खराब लड़कों की संगति में नहीं रहने की इच्छा जाग सके, न कि प्रतिबन्ध लगाकर उन्हें रोकना। प्रतिबन्ध लगाने पर बच्चा आपसे नजरें बचाकर मिलना जारी रख सकता है।

आपसी सहयोग तथा दूसरों के प्रति सम्मान, मधुरता, व्यवहार में शालीनता दूसरे के सुख-दुख में हिस्सा बँटाने जैसे संस्कार या समझदारी विकसित कर हम बच्चों के अन्तर्वैयक्तिक सम्बन्धों को सँवार सकते हैं, न कि कटुता एवं आक्रोश से। आपसी सहयोग से बच्चे को पढ़ाई-लिखाई में सहायता मिल सकती है। अतः कटुता के बदले आपसी सम्बन्धों में सरसता एवं तारतम्यता अन्तर्वैयक्तिक सम्बन्धों को मजबूती प्रदान करते हैं।

मूड

कहते हैं चेहरा मनोभाव का आईना होता है। बच्चे भी इसके अपवाद नहीं होते हैं। बच्चों के कोमल हृदय पर उनके प्रति किए गए अच्छे-बुरे व्यवहारों का उतना ही असर पड़ता है जितना कि बड़ों पर। परिवार के सदस्यों एवं शिक्षकों के द्वारा यदि उन्हें प्रताड़ित किया जाता है, तो वे भले ही अपनी प्रतिकारात्मक भावना को व्यक्त नहीं कर पाएँ, परन्तु इसके कुप्रभाव से वे अछूते नहीं रह पाते हैं।

शिक्षकों एवं माता-पिता का बच्चे के प्रति किए गए व्यवहारों के पीछे मकसद उनको सुधारना एवं उनमें अच्छे गुणों को विकसित करना एवं उन्हें निखारना होता है। अतः हमें उनके मनोभाव को बढ़ाए रखने का प्रयास करना चाहिए।

उदासी

लक्षण : उदासी एक ऋणात्मक मनोदशा है, जिससे ग्रसित बच्चों में निम्नांकित लक्षण पाए जाते है :

- नजरें चुराकर बातें करना
- मुँह लटकाए, लोगों से अपने आपको अलग कर, अकेले शान्त बैठे रहना।
- उनमें बचपन की मस्ती का दिखाई नहीं पड़ना।
- उनकी दिनचर्या, खाने, सोने, शौच एवं अन्य नित्य-क्रिया में भी परिवर्तन दिखाई पड़ना।
- शारीरिक कष्टों, जैसे—सिर दर्द या पेट दर्द की शिकायत करना।
- उनकी व्यक्तिगत साफ-सफाई की आदतों में भी परिवर्तन दिखाई पड़ना, जैसे उनके पोशाक केश इत्यादि अव्यवस्थित एवं गन्दे हो सकते हैं।
- कमजोरी का अनुभव भी हो सकता है।
- उनके मन में ऋणात्मक विचार एवं भाव का घर कर लेना, मसलन—मैं अच्छा नहीं हूँ, मुझे लोग नहीं चाहते है, मैं अच्छा नहीं कर पाऊँगा इत्यादि।
- आत्महत्या के विचार आना और कभी-कभी आत्महत्या के प्रयास भी करना।

निराशा की यह अवस्था जब अपने हद को पार कर जाती है और बच्चे को यह लगने लगता है कि वह बेकार है, उसकी जरूरत ही नहीं हैं तो ऐसे ही बच्चे आत्महत्या जैसे अशोभनीय कदम उठा लेते हैं।

कारण : निराशा के कई कारण हो सकते हैं—

- परिवार में निराशा का इतिहास।
- किसी अप्रिय घटना का घट जाना, मसलन—परीक्षा में फेल हो जाना।
- किसी प्रिय खिलौने का गुम हो जाना या टूट जाना।
- माता-पिता में से किसी एक कि मृत्यु या तलाक के कारण अनुपस्थिति।
- घर में छोटे भाई-बहन का जन्म होना।
- स्कूल के या पास-पड़ोस के किसी मित्र का आकस्मिक निधन हो जाना।
- यौन उत्पीड़न का शिकार हो जाना।

यदि इस तरह की घटनाओं की पहचान की जा सकती हो और बच्चा प्रोत्साहित करने पर अपनी भावना व्यक्त कर सकता हो तो वह उदासी का शिकार नहीं है, थोड़े समय के बाद वह ठीक हो जाएगा।

उपरोक्त कारणों के अतिरिक्त निराशा के कुछ सम्भावित कारणों में माता-पिता में से किसी का भी इस बीमारी से ग्रसित होना, परिवार के माहौल का तनावपूर्ण होना, बच्चे को उसकी पढ़ाई में खराब अथवा अपेक्षा के अनुरूप प्रदर्शन नहीं होने के लिए प्रताड़ित करना, उसके आत्म-सम्मान को ठेस पहुँचाते रहना इत्यादि हो सकता है।

जो बच्चे प्रायः बहुत उत्साहित रहते हैं, उनमें कभी-कभी थोड़े समय के लिए शान्त हो जाने की प्रवृत्ति पाई जाती है। जो बच्चे पहले से ही शान्त प्रवृत्ति के हों और जब और अधिक शान्त हो जाते हैं तो इसे ज्यादा गम्भीर समस्या मानना चाहिए।

परन्तु, जब ऐसे लक्षण दो सप्ताह या उससे ज्यादा समय तक उपस्थित रहें, तो निश्चित ही दूर करने की दिशा में चिकित्सकीय सहायता लेनी चाहिए।

उपचार

उदासी के उपचार के लिए निम्नांकित हस्तक्षेप प्रकियाओं को अपनाना श्रेयस्कर होता है :

1. **मजाक नहीं उड़ाना :** माता-पिता एवं शिक्षक को बच्चे की उदासी की अवस्था को गम्भीरता से लेना चाहिए। उन्हें उसका मजाक नहीं उड़ाना चाहिए। इससे उसकी भावना को ठेस पहुँचती है।
2. **सफलता एवं उपलब्धियों को सराहना :** उदासी से ग्रसित बच्चे को उन क्रियाओं को करने के लिए प्रेरित करना चाहिए, जिसको वह सहजता से कर लेता हो और जिसमें उसे आनन्द की अनुभूति होती हो। फिर भी उसके ऊपर किसी तरह का कोई दबाव नहीं बनाना चाहिए। उसकी सफलता एवं उपलब्धियों को सराहकर उसके आत्म-सम्मान के भाव को बढ़ाना चाहिए।
3. **बच्चे को इसे समझने में सहायता करना :** यदि माता-पिता उसके उदासी को पहचान लेते हैं तो बच्चे को भी इसे समझने में सहायता करनी चाहिए। इस बात को बच्चे से स्पष्ट रूप से बताना चाहिए कि आप इस बात को समझते हैं कि वह उदास महसूस कर रहा है।
4. **सुरक्षा एवं प्यार देना :** बच्चे में सुरक्षा के भाव एवं प्यार के भाव को जगाने से उसकी उदासी को कम की जा सकती है। इसके लिए उनसे स्पष्ट रूप से यह कहना चाहिए कि हम समझते हैं कि आप अच्छा महसूस नहीं कर रहे हैं, हम आपकी सहायता के लिए सक्षम हैं और सहायता करेंगे। हम आपको प्यार करते हैं।

   जैसा कि हम पहले ही चर्चा कर चुके हैं, हर बच्चे की मानसिक क्षमता एक समान नहीं होती है। प्रत्येक बच्चे को सीखने के अवसर भी समान रूप से नहीं मिलते है। कुछ बच्चों को स्कूल में अच्छे शिक्षक मिल जाते हैं, तो कुछ को नहीं, जिसका प्रभाव उनके प्रदर्शन पर पड़ता है।
5. **दूसरों से तुलना नहीं करना :** कुछ माता-पिता अपने बच्चों की तुलना दूसरे अच्छे प्रदर्शन करनेवाले बच्चों से करते रहते हैं, जिससे उनमें हीन-भावना जन्म लेती है। वे चिन्तित एवं तनावग्रस्त रहने लगते हैं। पढ़ाई में प्रदर्शन का अत्यधिक दबाव एवं तनाव उनके प्रदर्शन को और अधिक खराब कर देता है। यह बात सिद्ध हो गई है कि सामान्य स्तर का तनाव प्रदर्शन को

सुधारता है, परन्तु ज्यादा एवं लगातार बने रहनेवाला तनाव कार्यक्षमता को ऋणात्मक रूप से प्रभावित करता है।

6. **अंको के प्रतिशत का दबाव नहीं देना :** कुछ माता-पिता अपने बच्चे पर परीक्षा में अंक के प्रतिशत का दबाव इतना अधिक बढ़ा देते हैं कि उसे चिन्ता एवं उदासी घेर लेती है।

   अंकों के प्रतिशत का दबाव बढ़ाने के बजाय माता-पिता एवं शिक्षकों को बच्चों के खराब प्रदर्शन के कारणों को समझने का प्रयास करना चाहिए। तदनुरूप, योजना के अनुरूप पढ़ाई करवाने और पढ़ाई में होनेवाली कठिनाइयों को दूर करने में उनकी सहायता करनी चाहिए। उनको समय के प्रबन्धन एवं विषय को समय सीमा के अन्दर पूरा करने के लिए प्रोत्साहित करना चाहिए। तुम अच्छा कर सकते हो, प्रयास करो। हमें अपनी कठिनाइयों से अवगत कराओ! हमें बताओ, हम तुम्हारी सहायता कैसे कर सकते हैं? ऐसे विचारों से उसके आत्मविश्वास को बढ़ाना चाहिए।

7. **आशावादी विचारों को भरना :** असफल होनेवाले विद्यार्थियों को भी उनकी असफलता के कारणों को ढूँढ़ने तथा उनको दूर करने में सहायता करनी चाहिए। उनके मन में यह विश्वास भरना चाहिए कि असफलता से सबक सीखकर उसे सफलता की सीढ़ी के रूप में उपयोग करना चाहिए। उनके भीतर विश्वास एवं आशावादी विचारों को पैदा करना चाहिए, ताकि वे हिम्मत हारकर आत्महत्या के प्रयास करने के बदले, कर्म की वेदी पर न्योछावर होने की योजना बनाएँ और उसका कार्यान्वयन कर पाएँ।

8. **मनोचिकित्सकीय सहायता :** उदासी सहायता के लिए होती है। जब व्यक्ति किसी नुकसान, असमर्थता, अव्यक्त क्रोध इत्यादि से ग्रसित होता है, तब उदास हो जाना एक स्वाभाविक मानसिक प्रतिक्रिया है। माता-पिता एवं शिक्षक को इस व्यवहार के प्रति संवेदनशील होकर यह निर्णय लेना चाहिए कि बच्चा इससे खुद उबरने में सक्षम है अथवा इसे किसी सहायता की आवश्यकता है। बच्चे को किसी गहरी दबी हुई भावना के कारण को बताने के लिए बाध्य नहीं करना चाहिए, जब तक कि आप उसे सँभालने में सक्षम नहीं हों। ऐसी स्थिति में किसी मनोचिकित्सक अथवा मनोवैज्ञानिक से चिकित्सकीय सहायता लेनी चाहिए। माता-पिता एवं शिक्षक को किसी परामर्शी से सहायता प्राप्त करने में नहीं हिचकिचाना चाहिए बल्कि मनोवैज्ञानिक अथवा मनोचिकित्सक की सहायता लेकर अपनी पीड़ा को सहभागी के समान बाँटना चाहिए ताकि बच्चे के व्यक्तित्व को बिखरने से बचाया जा सके।

दिवास्वप्न

खयाली पुलाव पकाना किशोरावस्था के लिए एक सामान्य लक्षण है। प्रायः 11 वर्ष से लेकर 18 वर्ष के बच्चों में दिवा-स्वप्न देखने की प्रवृत्ति विशेष रूप से पाई जाती है। इस अवस्था में प्रायः बच्चे अपने भविष्य के बारे में बड़ी-बड़ी सोच रखते हैं। उनमें से ज्यादातर बच्चे पायलट बनने तथा डॉक्टर, इंजीनियर इत्यादि बनने की सोच रखते हैं। वे इस कल्पना में डूब जाते हैं कि वे अपने निर्दिष्ट पेशे में प्रवेश कर चुके हैं।

माता-पिता जब बच्चों के इस प्रकार की सोच के बारे में जानते हैं और उनके आचरण में उसके अनुसार श्रम करने की प्रवृत्ति नहीं देखते हैं, तो क्षोभ का अनुभव करते हैं।

इस प्रकार की सोच से विचलित होने के बजाय माता-पिता एवं शिक्षक को उसके उद्‌देश्य को जानकर उसकी पूर्ति के लिए आवश्यक पात्रता की शर्तों से अवगत करवाना एवं उद्‌देश्य से सम्बन्धित आवश्यक सूचनाओं को उपलब्ध करवाना चाहिए। अर्थात् उनके निर्दिष्ट उद्‌देश्य के लिए किस कोर्स को करना होता है, उससे सम्बन्धित परीक्षा कब होती है; कैसे-कैसे सवाल पूछे जाते हैं, सम्बन्धित ज्ञान के स्रोत इत्यादि।

यदि विद्यार्थी में खयाली पुलाव पकाने की क्षमता है, तो हम उसको अमली जामा पहनाने में उनकी सहायता कर सकते हैं। सच तो यह है कि जो ख्वाब नहीं देख सकते वे भला प्राप्त क्या करेगें? मनुष्य ने यदि यह नहीं सोचा होता कि वह चिड़िया की तरह आकाश में उड़ेगा तो वह हवाई जहाज का निर्माण नहीं कर पाता और चाँद की सैर भी नहीं कर पाता।

दाँतों से नाखून काटना, अँगूठा चूसना तथा अजीब मुखाकृति बनाना

ये घबराहट के कारण होनेवाले स्नायविक बीमारी के लक्षण हैं। इसका अर्थ यह लगाया जा सकता है कि बच्चा आन्तरिक रूप से व्याकुल, घबराया हुआ तथा चिन्तित है। उसके भीतर की घबराहट, बेचैनी एवं व्याकुलता के कारणों को जानना आवश्यक है। कभी-कभी यह देखा-देखी सीखा गया व्यवहार भी होता है।

बच्चे के इस व्यवहार को कम करने के लिए उम्र के हिसाब से अलग-अलग हस्तक्षेप की प्रविधियाँ भी होती हैं। कुछ लोग ऐसे बच्चों के व्यवहार को सुधारने के लिए ऋणात्मक उपायों, मसलन—हाथ को रस्सी से बाँध देना, हाथ में मिर्ची लगा देना, सजा देना इत्यादि को करते हैं।

छोटे बच्चों की इस आदत को कम करने के लिए ऋणात्मक उपायों एवं सजा के बदले उनके हाथ को यथा सम्भव रचनात्मक कार्यों में व्यस्त कर देना चाहिए।

सजा देना या मजाक उड़ाना प्रभावकारी नहीं होते हैं, ये बच्चों को इन समस्याओं से निजात नहीं दिलवा सकते हैं। उनके मनोभाव की व्यग्रता को जानने एवं उनको दूर करने का प्रयास करना चाहिए।

जलनशीलता

दूसरों की प्रगति अथवा उन्नति को देखकर या सुनकर असहज हो जाना और यह सोचना कि उसने ऐसा क्यों कर लिया, कैसे कर लिया और कभी-कभी दूसरों की प्रगति के मार्ग में बाधा उपस्थित करने का प्रयास करना इत्यादि जलनशीलता के उदाहारण हैं। यह एक ऋणात्मक मनोवृत्ति है, जो व्यक्ति के भीतर तनाव एवं बेचैनी को जन्म देती है।

इस प्रकार के भाव का कारण परिवार के सदस्यों की मनोवृत्ति, खासकर माता-पिता के व्यवहार का अनुकरण हो सकता है। जैसे जब माता-पिता किसी की प्रगति की बात सुनकर प्रसन्न होने के बजाय यह कहते देखे या सुने जाते हैं कि वह ऐसा नहीं कर सकता था, जरूर उसने बेईमानी की होगी। किसी की सफलता की सराहना नहीं कर, उसकी सफलता को संदिग्ध एवं उपहास की दृष्टि से देखना एवं विवेचना करना जलनशीलता के ज्वलन्त उदाहारण हैं।

किसी की सफलता से प्रेरणा लेकर हम उन्नति कर सकते हैं। मानवीय सम्बन्धों के रचनातन्त्र के अनुसार दूसरों से संवेगात्मक समीपता या सम्बन्धों की प्रगाढ़ता को मित्र भाव से विकसित किया जा सकता है। मित्र भाव के लिए दूसरे की विपत्ति या कष्ट अथवा उन्नति या खुशी में शामिल होकर उसकी हर सम्भव सहायता करनी पड़ती है। ये भाव जितने वास्तविक एवं स्वाभाविक होते हैं, मित्रता उतनी ही प्रगाढ़ होती है।

सफलता की चोटी पर पहुँचकर जो व्यक्ति परचम लहराता है, वहाँ तक पहुँचने का मार्ग एवं उसमें आनेवाली बाधाओं का वास्तविक ज्ञान एवं अनुभव उसे ही प्राप्त होता है। यदि वह अपने अनुभवों को किसी के साथ बाँटेगा, तो वह वही व्यक्ति हो सकता है, जिसे वह अपना मित्र समझेगा। उसके मन में मित्र भाव उसी के प्रति उत्पन्न होगा, जो उसकी खुशी में सच्ची प्रसन्नता व्यक्त करेगा। अतः शिक्षक अपने व्यवहार को विद्यार्थियों के लिए अनुकरणीय बनाकर एवं बच्चों के मन में दूसरों के प्रति धनात्मक भाव लाना सिखाकर जलनशीलता के भाव को नियन्त्रित कर सकेंगे।

सारांश

सीखने सम्बन्धी अवरोधकों के अतिरिक्त कुछ बच्चे संवेगात्मक विकार से भी ग्रसित हो जाते हैं। संवेगात्मक विकारों से ग्रसित रहने के कारण भी पढ़ाई-लिखाई में उनका

प्रदर्शन खराब हो जाता है। बच्चों में पाई जानेवाली कुछ प्रमुख संवेगात्मक विकारों में चिन्ता–सामान्य या किसी विशेष परिस्थिति से; डर–किसी वस्तु अथवा परिस्थिति से; अत्यधिक संवेदनशीलता–अपनी आलोचना नहीं सहन कर पाना और ऐसा होने पर अत्यधिक प्रतिक्रिया व्यक्त करना; शर्मीलापन और अकेलापन–प्रश्न का उत्तर जानते हुए भी उत्तर नहीं बता पाना; अन्तर्वैयक्तिक कठिनाइयाँ–दोस्तों या भाई-बहन के साथ मेल-जोल से नहीं रह पाना; मूड में अत्यधिक उतार चढ़ाव–एक पल में खुश, दूसरे पल उदास; उदासी–नजरें चुराकर बातें करना, मुँह लटकाए अकेले शान्त बैठना; दिवा-स्वप्न, खयाली पुलाव पकाना, जो युवावस्था के लिए सामान्य लक्षण है; दाँतों से नाखून काटना, अँगूठा चूसना तथा अजीब मुखाकृति बनाना, जलनशीलता प्रमुख हैं।

उपरोक्त संवेगात्मक अवस्थाओं की पहचान हेतु लक्षणों, सम्भावित कारणों की व्याख्या की गई है, साथ ही उनके उपचार हेतु विस्तृत उपाय भी सुझाए गए हैं, ताकि शिक्षक ऐसे बच्चों की न सिर्फ पहचान कर सकें बल्कि उनके पुनर्वास में भी अपनी भूमिका सुनिश्चित कर सकें।

माता-पिता एवं शिक्षकों को बच्चों के खराब प्रदर्शन के कारणों को समझने का प्रयास करना, योजना के अनुरूप पढ़ाई करवाना, पढ़ाई में होनेवाली कठिनाइयों को दूर करने के लिए समय प्रबन्धन, आवश्यक प्रोत्साहन एवं आशावादी विचारों का समावेश कर उसके आत्मविश्वास को बढ़ाना, एक स्वस्थ पारिवारिक परिवेश प्रदान करना इत्यादि सहायक सिद्ध होगा।

अध्याय-4

सीखना बाधित करनेवाले आचरण सम्बन्धी कारक
[Conduct/Behaviour that Impede Learning]

इस अध्याय के मनन से जानने योग्य बातें :

- विद्यार्थियों के बीच पाए जानेवाले आचरण सम्बन्धी अवरोधकों का ज्ञान एवं उन्हें दूर करने की लाभप्रद युक्तियाँ।

आचरण सम्बन्धी अवरोधकों से तात्पर्य बच्चों के व्यवहार में होनेवाली उन त्रुटियों से है, जिनके कारण उनका व्यवहार समाज में स्थापित नियम एवं व्यवस्था के अनुरूप नहीं होता है। उनके व्यवहार यदि अनियन्त्रित रह जाते हैं, तो उनके अपराधी होने की सम्भावना बढ़ जाती है। वे स्वयं के लिए या परिवार एवं समाज के लिए कष्ट के कारण बन सकते हैं। बच्चों में पाई जानेवाली आचरण सम्बन्धी मुख्य अवरोधक निम्नांकित हैं :

- झूठ बोलना तथा चोरी करना;
- जिद्दी होना,
- टेम्पर टैन्ट्रम,
- क्रोध,
- कर्तव्य-त्यागी,
- गैंग बनाना।

झूठ बोलना तथा चोरी करना

यह बच्चों में पाई जानेवाली आम समस्या है। सच तो यह है कि शायद ही कोई ऐसा व्यक्ति हो, जिसने अपने जीवन में कभी भी झूठ नहीं बोला हो अथवा चोरी नहीं की हो, भले ही वह छोटी-मोटी ही क्यों न हो। परन्तु एक-आध गलतियों के बाद उसने इससे बचना शुरू कर दिया होगा। जब यही व्यवहार एक आदत बन जाती है तो इसके दुष्परिणाम अविश्वास एवं साख की हानि के रूप में बच्चे को भुगतना पड़ता

है। माता-पिता को भी बच्चों के इस व्यवहार के लिए शर्मसार होना पड़ता है। अतः आइए, जानें कि बच्चे आखिर झूठ बोलते तथा चोरी करते ही क्यों हैं?

कारण

1. **दोषपूर्ण आदर्श (Poor Role Model) :** माता-पिता एवं शिक्षक बच्चों के लिए आदर्श होते हैं। उनके व्यवहार को बच्चे अपनाना चाहते हैं। बच्चे सिर्फ वही नहीं\सीखते हैं, जो हम उन्हें बताते हैं और सिखाना चाहते हैं। जो हम सिखाना तो नहीं चाहते हैं परन्तु जिस व्यवहार को करते हुए वे हमें देखते हैं, उसे भी वे सीख लेते हैं। आए दिन हम बच्चों से किसी को फोन पर यह कहलवा देते हैं, कि कह दो कि पापा/मम्मी घर पर नहीं हैं। वे हमें और बहुत से अवसरों पर झूठ बोलते पाते हैं या ऐसे व्यवहारों का अनुमान लगा लेते हैं कि शिक्षक या माता-पिता ने झूठ बोला या चोरी की। क्या किसी घूसखोर पिता के बच्चे को यह पता नहीं होता कि उसके पिता घूस लेते हैं। अच्छे गुणों के समान ही दुर्गुणों के सीखने का एक महत्त्वपूर्ण स्रोत माता-पिता एवं शिक्षक हो सकते हैं।
2. **सजा पाने का भय (Fear of punishment) :** ज्यादातर बच्चे माता-पिता एवं शिक्षक से झूठ इसलिए बोलते हैं, क्योंकि उन्हें यह भय रहता है कि यदि वे सच बता देंगे तो उन्हें सजा मिलेगी।
3. **मौन प्रश्रय (silent reinforcement) :** कई बार माता-पिता या शिक्षक अनचाहे बच्चों में झूठ बोलने तथा चोरी करने के व्यवहार को प्रश्रय देते हैं। उदाहरणस्वरूप, यदि बच्चा स्कूल से किसी बच्चे की कलम ले आता है, जिसकी माँग वह माता-पिता से पहले से ही कर रहा था और माता-पिता उसे नहीं खरीद पा रहे थे। जब बच्चे की उस कलम पर माँ-बाप की नजर पड़ती है तो बच्चा प्रायः यही कहता है कि उसे वह गिरी हुई मिली है। इस पर माता-पिता यह कहने के बजाय कि इसे स्कूल के कार्यालय में जमा कर देना, यदि यह कह देते हैं कि इसे स्कूल लेकर मत जाना, इससे घर पर ही लिखना, बच्चे के चोरी की क्रिया का मौन समर्थन तथा प्रश्रय है।
4. **अतृप्त यर्थाथ आवश्यकताएँ (Unmet legitimate demands) :** बच्चों की छोटी-बड़ी जरूरतों की पूर्ति माँ-बाप एवं शिक्षकों के द्वारा की जाती है। प्रायः बच्चों की आर्थिक जरूरतों की पूर्ति माँ-बाप के द्वारा की जाती है, जबकि बौद्धिक जरूरतों की पूर्ति शिक्षकों के द्वारा होती है। बच्चों की यथार्थ जरूरतों की पूर्ति होनी चाहिए। कभी-कभी हम उनकी यथार्थ आवश्यकताओं को बरबस दबा देना चाहते हैं, जिनकी पूर्ति के लिए बच्चे चोरी करते हैं या झूठ बोलते हैं।

उपचार

झूठ बोलने तथा चोरी करने की आदत को दूर करने के लिए हमें थोड़ा धैर्य से काम लेना पड़ता है।

1. बच्चे को दूसरों के सामने शर्मिंदा नहीं करना अथवा
2. उनके प्रति घृणा के बदले, उन्हें विश्वास में लेकर यह जानने की कोशिश करना कि उसने किन परिस्थितियों में चोरी की है या झूठ बोला है।
3. 'चोर' कहकर उसका निरादर करना उसके आत्म-सम्मान को ठेस पहुँचाता है, जिससे सुधार के बदले बिगड़ने की सम्भावना ही बढ़ती है।
4. उसके आत्म-सम्मान का रक्षायोग्य सम्बोधन व्यक्त करना मसलन–"आपके जैसे अच्छे बच्चे के लिए ऐसा गन्दा व्यवहार शोभा नहीं देता", "आपसे इस प्रकार के घटिया व्यवहार की आशा नहीं की जा सकती है", "इस प्रकार के व्यवहार आपके सम्मान को घटाएगा तथा आपके प्रति विश्वास को कम करेगा"। यानी बच्चे में यह भाव उत्पन्न हो सके वह तो अच्छा है, उसने काम खराब किया।
5. यदि बच्चा सच बोलता हो तो उसे क्षमा प्रदान कर आगे उसके व्यवहार पर नजर रखनी चाहिए। यदि वह गलती दोहराता है, तो बहुत ही कड़े शब्दों में उसका विरोध करना चाहिए।
6. चोरी के डर से चीजों को चुराकर रखने के बजाय, गिनकर रखना अच्छा है।
7. बच्चे से दूसरे के चूराकर लाए गए सामान को वापस करवाकर क्षमा माँगना सिखाना चाहिए, भले ही इसको लौटाने में शर्मिंदा होने का खतरा हो।
8. बच्चे को दूसरे से अपनी जरूरत के सामान माँगने का तरीका सिखाना चाहिए। उसे दूसरे बच्चे से बिना माँगे उसके खिलौने नहीं लेना अथवा बदले में अपने खिलौने देना।
9. उसे लेन-देन के नियमों से अवगत करवाना चाहिए अर्थात्, उधार लेना और उसे लौटाने के नियम बताना। बिना अनुमति के दूसरे का सामान नहीं लेना और लेने के बाद पुनः लौटाने का प्रशिक्षण देना चाहिए। उसे यह बताना कि किसी दुकान में किसी चीज को लेने की इच्छा होने पर सबसे पहले मुझे बताओ। यदि मैं 'हाँ' कहूँ तब भी तुम्हें तब तक इन्तजार करना चाहिए, जब तक मैं उसकी कीमत दुकानदार को नहीं चुका दूँ।
10. बच्चे को इन नियमों के औचित्य से अवगत करवाना भी आवश्यक है कि जिस प्रकार आप अपने सामान की रक्षा करते हैं, आपको दूसरे के सामान की रक्षा भी करना सीखना चाहिए।

जिद्दीपन

जिद्दीपन उस व्यवहार को कहेंगे, जिसमें बच्चा किसी काम को पूरा करने की हठ करता है। मना करने के बाद भी वह माता-पिता एवं शिक्षक की बात को नहीं मानता है। कभी-कभी वह किसी वस्तु को प्राप्त करने के लिए अनावश्यक दबाव बनाता है।

माता-पिता तथा शिक्षक कई बार बच्चों के हठ को इसलिए मान लेते हैं, क्योंकि बच्चा जिद्द कर रहा होता है।

बच्चे की जिद्द को पूरा करने से उसके इस व्यवहार के बढ़ने की आशंका रहती है। इसके लिए बच्चे की आवश्यकता को तौलें, यदि सही लगता हो तभी पूरी करें, न कि सिर्फ इसलिए कि उसने जिद्द की थी। उसके अनावश्यक दबाव के आगे झुकने से उसके आवेगी प्रवृत्ति के होने की सम्भावना बढ़ती है।

अतः बच्चे के आवेगपूर्ण व्यवहार को कम करने के लिए उसकी तुष्टीकरण में विलम्ब करने (delay in gratificatuion) के सिद्धांत को अपनाएँ, अर्थात् बच्चे को यह कहें कि "आप अमुक कार्य को कर लें, तब हम ऐसा करेंगे" अथवा हम इस काम को कर लेंगे, तब ऐसा करेंगे। उनमें धैर्य की प्रवृत्ति विकसित करें, ताकि वे आवेगी प्रवृत्ति के न हो पाएँ।

टेम्पर टैन्ट्रम

वैसे बच्चे, जो जिद्द पूरी नहीं होने पर व्यग्र होकर तोड़-फोड़ मचाने लगते हैं या जमीन पर लोटने लगते हैं, उनके इस व्यवहार को टेम्पर टैन्ट्रम की संज्ञा देते हैं।

प्रायः माता-पिता अथवा शिक्षक ऐसे बच्चों की बातों को इसलिए मान लेते हैं क्योंकि उनकी माँग नहीं मानने पर वे तोड़-फोड़ मचाएँगे। माता-पिता को बच्चों के इस प्रकार के व्यवहार के आगे झुकना नहीं चाहिए। ऐसे व्यवहार के बावजूद उनकी बात मान लेने से उनका तोड़-फोड़ करनेवाला व्यवहार प्रबलित (reinforce) होगा। उन्हें सुधारने के लिए प्रबन्धन की विभिन्न विधियों की चर्चा आगे की गई है।

क्रोध

कुछ बच्चों में अत्यधिक क्रोध या गुस्सा भी पाया जाता है। ऐसे बच्चे जब क्रोधित होते हैं तो अपना आपा खो बैठते हैं और माँ-बाप, भाई-बहन, दोस्तों के लिए अपशब्दों का प्रयोग करने से लेकर मार-पीट तक पर उतारू हो जाते हैं।

वास्तविकता तो यह है कि क्रोध मनुष्य के स्वभाव में रचा-बसा है। क्रोध को अभिव्यक्त करने का तरीका सीखने के अनुसार अलग-अलग होता है। बच्चे क्रोध

को अभिव्यक्त करने के तरीके कई बार अपने माता-पिता एवं शिक्षक से सीखते हैं। आए दिन बच्चे अपने माता-पिता एवं शिक्षक को प्रतिक्रियास्वरूप अपने विरुद्ध अथवा अन्य लोगों के विरूद्ध क्रोध व्यक्त करते हुए देखते हैं, जिससे वे भी उसी अन्दाज में क्रोध व्यक्त करना सीखते हैं। कहा भी गया है कि जब हम बच्चे को पीटते हैं, तो हम उन्हें यह सिखाते हैं, कि क्रोधित होने पर चोट पहुँचाकर कैसे उसकी अभिव्यक्ति की जाती है "When you hit a child, you make him learn hitting"।

क्रोध, या दूसरे अवांछनीय व्यवहार जैसे ही प्रदर्शित हों, बिना समय गँवाए तुरन्त उसके प्रबन्धन के प्रति सजग होकर प्रयास करना चाहिए। उन्हें सुधारने के लिए शब्दों एवं प्रबन्धन तकनीकों का उपयोग सावधानी पूर्वक करना चाहिए।

निश्चयात्मक संवाद शैली का प्रशिक्षण : ध्यान रहे, यह नहीं कहें कि 'आप खराब हो गए हैं, 'आपसे ऐसी ही उम्मीद की जा सकती है' बल्कि यह कहें कि 'आप जैसे बच्चे से इस प्रकार के व्यवहार की आशा नहीं की जाती है'। 'आपको अपनी बात को रखने का और अच्छा तरीका हो सकता था'। उसे अपनी बातों को स्वतन्त्र रूप से, सामाजिक उपयुक्तता के अनुरूप, अपनी भावना व्यक्त करने में दूसरों की भावना एवं हित का खयाल रखने का प्रशिक्षण देना चाहिए।

क्रोध के रचनातन्त्र से अवगत करवाना : 'क्रोध तो अग्नि के समान है, जो जलाती है और सबसे पहले उसी पात्र को जलाती है जिसमें वह रखी हुई होती है, 'क्रोध से सबसे पहले आप अपना नुकसान कर लेते हैं', ऐसी बातें बच्चे को क्रोध पर काबू पाने में सहायता पहुँचाएँगी।

यदि बच्चा बड़ा हो और स्नायु मंडल (Nervous System) के बारे में जानता हो तो उसे इस वैज्ञानिक तथ्य से अवगत करवाना चाहिए कि क्रोध तथा डर जैसे तीव्र संवेगात्मक अवस्था में स्वचालित स्नायु मंडल का अनुकम्पी तन्त्र (Sympathetic part of the Autonomic Nervous System) क्रियाशील होकर कैसे शरीर की ऊर्जा का विनाश करता है। इस प्रकार थोड़ा कड़े शब्दों में विरोध और थोड़ा वास्तविक ज्ञान देकर बच्चे के क्रोध पर काबू पाना तथा अपनी भावना को स्वीकार्य तरीके से व्यक्त करना सिखाना होगा।

कर्तव्य-त्यागी

कुछ बच्चों में कर्तव्य-त्यागी होने एवं आवारा घूमने की आदत पड़ जाती है। ऐसे बच्चे घर से निकलते तो हैं स्कूल के लिए, परन्तु स्कूल के बदले किसी अन्य स्थान, जैसे—पार्क या सिनेमा घर का चक्कर लगाकर स्कूल समाप्त होने के समय तक घर लौट आते हैं। माता-पिता समझते हैं कि बच्चा स्कूल से लौट रहा है, जबकि ये आवारा

घूमते हैं। इस दौरान वे सिगरेट, गुटका, शराब या दूसरे मादक पदार्थों का उपभोग भी करते हैं, जिससे इनके पैसे की जरूरत बढ़ जाती है। अपनी इन बढ़ी हुई आर्थिक जरूरतों को पूरा करने के लिए ये कभी-कभी चोरी भी करते हैं। कई बार तो ये अपनी किताब-कॉपी या माँ के गहने तक को बेच देते हैं।

गैंग क्रिया

कुछ बच्चों के समूह आपस में मिलकर गैंग बना लेते हैं। किशोरावस्था में बच्चों में यह प्रवृत्ति विशेष रूप से पाई जाती है। ऐसे बच्चे दूसरे बच्चों के साथ मार-पीट करने तथा उपद्रव फैलाने का काम करते हैं। जो बच्चे कर्तव्य-त्यागी या भगोड़े अथवा स्वेच्छाचारी होते हैं, उनमें गैंग बनाने की प्रवृत्ति विशेष रूप से पाई जाती है।

यह एक खतरनाक व्यवहार है। इन व्यवहारों के अबाधित रूप से चलते रहने से ऐसे बच्चों के दुर्दान्त अपराधी होने की सम्भावना बढ़ जाती है।

इसके लिए माता-पिता को बच्चों के व्यवहार में होनेवाले हर छोटे-मोटे परिवर्तनों पर पैनी नजर रखनी होती है। बच्चों के इस व्यवहार पर तभी काबू पाया जा सकता है जब माता-पिता एवं स्कूल प्रशासन के बीच सही तालमेल हो।

व्यवहार सम्बन्धी अवरोधकों से ग्रसित बच्चों को पढ़ाना

व्यवहार सम्बन्धी विकारों से ग्रसित बच्चों को अपने व्यवहार को नियन्त्रित करने में कठिनाई होती है। वर्ग के शिक्षक, जो रोज उनके सम्पर्क में रहते हैं, उनके व्यवहार को सुधारने में उनकी सहायता कर सकते हैं। वे उन बच्चों के लिए वर्ग में एक ऐसा वातावरण तैयार कर सकते हैं, जिसमें बच्चों के भीतर सहभागिता एवं सफलता का एहसास हो एवं उन्हें ऐसा लगे कि वर्ग के नियम तथा अपेक्षाएँ सबके लिए समान हैं।

व्यवहार प्रबन्धन की रणनीतियाँ : आचरण सम्बन्धी अवरोधकों को नियन्त्रित करना आवश्यक है, हस्तक्षेप के लिए निम्नांकित प्रबन्धन रणनीतियाँ प्रभावकारी सिद्ध हो सकती हैं :

1. **धनात्मक प्रबलन (Positive reinforcement) :** धनात्मक व्यवहार को पहचानकर उनको प्रबलित करना, जैसे—खिलौने के लिए समझौता। उदाहरणस्वरूप "तुम यह काम अच्छे से करो, तो हम तुम्हें खिलौना देंगे"।
2. **प्रतिस्थापन (Replacement) :** अनुपयुक्त व्यवहार के बदले उपयुक्त व्यवहार को सिखाना, जैसे—किसी बच्चे के द्वारा क्रोधित होकर अपनी बात

कहने के बजाय अपनी भावना को व्यक्त करने का अच्छा स्वीकार्य तरीका उदाहरण देकर सिखाना।

3. **विलोपन (Extinction)** : रुकावट डालनेवाले अस्वीकार्य व्यवहार को नजरअन्दाज करना। जब अनुपयुक्त व्यवहार को नजरअन्दाज करते हैं, तो वह व्यवहार प्रबलित नहीं होता है और उसके विलोपित होने की सम्भावना बढ़ जाती है।
4. **टाइम ऑउट (Time Out)** : बच्चे को थोड़े समय के लिए पुरस्कार प्राप्त करने के किसी अवसर से वंचित कर देना।
5. **अतिसुधार (Overcorrection)** : वर्तमान के किसी व्यवहार के कारण दूसरे पर होनेवाले प्रभाव से अधिक मात्रा में क्षतिपूर्ति करवाना। जैसे यदि बच्चा किसी दूसरे बच्चे की एक पेंसिल या कोई अन्य वस्तु ले लेता है तो उसके बदले उसे अपना और जो उसने दूसरे से लिया है, दोनों ही वापस करवाना।
6. **आत्म-अनुशासन कौशल (Self management skills)** : अपने व्यवहार का नियमन स्वयं करना ही आत्म-अनुशासन है। व्यवहार की समस्या से ग्रसित बच्चों में आत्म-प्रबन्धन के गुणों का अभाव होता है। उन्हें आत्म-प्रबन्धन के गुणों से लैस करना उनको सुधारने में प्रभावकारी सिद्ध होता है। शिक्षक का उद्देश्य विद्यार्थी के अस्वीकार्य व्यवहार को कम करना एवं स्वीकार्य व्यवहार को मजबूत बनाना होता है। इसके लिए सबसे पहले विद्यार्थियों में ऐसे व्यवहारों की पहचान करने एवं उन्हें कम करने या बढ़ाने के लिए आवश्यक कौशल सीखना नियमन है। जब वे अपने व्यवहार का नियमन स्वयं करने में सक्षम हो जाते हैं तो उन्हें आत्म-अनुशासित होना कहेंगे।

   उदाहरणस्वरूप, शिक्षक को किसी विद्यार्थी के अनुपयुक्त व्यवहार, मसलन—आँख चुराकर बात करने, अँगुलियों अथवा पेंसिल से खेलना, बिना अनुमति के अपने बैठने के स्थान को छोड़ देना, पढ़ते समय ध्यान नहीं देना इत्यादि को नियन्त्रित करना सिखाना हो, तो इसके लिए शिक्षक क्रमबद्ध तरीके से उसे दूर करने का प्रयास कर सकते हैं।
7. **अनुपयुक्त व्यवहारों को सूचीबद्ध करना** : इसके लिए सबसे पहले शिक्षक को अनुपयुक्त व्यवहारों को सूचीबद्ध कर लेना चाहिए। जब विद्यार्थी वह नया व्यवहार सीख ले, तब क्रमशः दूसरे अनुपयुक्त व्यवहारों को ठीक करने के उद्देश्य से उसको निशाना बनाकर सुधारने का प्रयास करना चाहिए। अपेक्षा के अनुरूप होनेवाले व्यवहारों की प्रशंसा करना, अनुपयुक्त व्यवहार को नजरअन्दाज करना तथा काउंसॅलिंग के द्वारा अनुपयुक्त व्यवहार को सुधारने का प्रयास करना सहायक सिद्ध होता है।

8. **शिक्षक की संवेदनशीलता तथा लोच (Teacher's sensitivity and flexibility) :** व्यवहार के विकार से ग्रसित विद्यार्थियों को पढ़ाना शिक्षकों के लिए सचमुच एक चुनौती भरा कार्य है। कुछ कुंठित शिक्षक बच्चों की आवश्यकता के प्रति संवेदनशील नहीं रह पाते हैं अर्थात् वे इस बात को भूल जाते हैं कि इन बच्चों की जरूरत क्या है। वे क्रोध से बलपूर्वक उनके अस्वीकार्य व्यवहार को दबाकर बुराइयों को दूर करना चाहते हैं। हो सकता है, यह नीति थोड़े समय के लिए प्रभावी भी हो जाए, परन्तु इससे स्थायी सुधार की आशा नहीं की जा सकती है।

सजा अथवा दबाव के कारण होनेवाले व्यवहार परिवर्तन तभी तक प्रभावी होते हैं, जब तक सजा का स्रोत विद्यमान रहता है। अतः शिक्षक को तो बच्चों में आत्म-नियमन के गुणों को विकसित कर व्यवहार को ठीक करने का प्रयास करना चाहिए, जिसकी चर्चा अध्याय 9 में की गई है। अतः शिक्षकों को बच्चों की आवश्यकताओं के प्रति संवेदनशील होकर अपने हस्तक्षेप की विधि में आवश्यक लोच लाकर उन्हें सुधारने का प्रयास करना चाहिए।

सारांश

आचरण सम्बन्धी अवरोधों से तात्पर्य बच्चों के व्यवहार में होनेवाली उन त्रुटियों से है, जिसके कारण उनका व्यवहार समाज में स्थापित आदर्शों एवं नियमों के अनुरूप नहीं होता है और यदि ये व्यवहार अनियन्त्रित रह जाते हैं तो उनके अपराधी होने की सम्भावना बढ़ जाती है। इन अवरोधकों के कारण उसकी पढ़ाई एवं समायोजन क्षमता भी प्रभावित होती है। बच्चों में पाई जानेवाले आचरण सम्बन्धी अवरोधकों में झूठ बोलना तथा चोरी करना, जिद्दी होना, टेम्पर टैन्ट्रम, क्रोध, कर्तव्य-त्यागी, गैंग बनाना इत्यादि प्रमुख हैं।

इनको सुधारने के उद्देश्य से शिक्षकों एवं अभिभावकों को अपना क्रोध प्रदर्शित कर सुधारने का प्रयास करने के बजाय कुछ सोची-समझी रणनीति के तहत प्रयास करने की आवश्यकता पड़ती है। इन रणनीतियों में धनात्मक प्रबलन, विलोपन, टाइम आउट, अतिसुधार एवं आत्म-अनुशासन के द्वारा अपेक्षित गुणों को सीखना प्रमुख है। इन सबके अतिरिक्त शिक्षक का विद्यार्थियों की समस्या के प्रति संवेदनशील होना एवं अपने व्यवहार में आवश्यक लोच लाने की भी आवश्यकता पड़ती है।

अध्याय-5

प्रभावकारी शैक्षिक कौशल
[Effective Teaching Skills]

इस अध्याय के मनन से जानने योग्य बातें :

- शिक्षण के प्रति विभिन्न भ्रान्तियाँ,
- प्रभावकारी शैक्षिक वातावरण के निर्माण में सहायक तत्त्वों का ज्ञान।

सीखने की तरह सिखाना भी एक कौशल है। यदि शिक्षक किसी विषय को सिखाने के लिए सर्वाधिक उपयुक्त विधियों का उपयोग करें तो वे अपने छात्रों के मन-मस्तिष्क में विषय के प्रति गहरी रुचि एवं समझदारी उत्पन्न कर सकते हैं।

शिक्षण के प्रति विभिन्न भ्रान्तियाँ (Misconceptions about teaching) : शिक्षण के प्रति अनेक भ्रान्तियाँ है, जिनमें कुछ प्रमुख निम्नांकित हैं:

1. शिक्षण ज्ञान को संप्रेषित करने की एक प्रक्रिया है : पढ़ाने के लिए शिक्षक के द्वारा महज विषय की व्याख्या कर देना पर्याप्त नहीं है, बल्कि इसमें विद्यार्थियों पर अभिप्रेरणा के अतिरिक्त सीखने के अन्य तत्त्वों का भी प्रभाव पड़ता है। वास्तविकता तो यह है कि सीखनेवाले सिर्फ सूचनाओं को प्राप्त नहीं करते हैं, बल्कि सीखने से वे मानसिक रूप से परिवर्तित होते हैं। वे नया पढ़-सीखकर जो अर्थ प्राप्त करते हैं, उससे उनके पहले से विद्यमान विश्वास एवं अपेक्षाओं में परिवर्तन आता है। अतः शिक्षण ज्ञान के संप्रेषण की विधि ही नहीं, अपितु उससे बहुत अधिक, यह विद्यार्थियों में नए ज्ञान को एकत्र करने की जिज्ञासा उत्पन्न करने एवं उन्हें मानसिक रूप से परिवर्तित करने का साधन है।

2. किसी विषय को पढ़ाने के लिए उस विषय के सम्पूर्ण ज्ञान का होना पर्याप्त है : यह तो महत्त्वपूर्ण है कि शिक्षक जिस विषय को पढ़ा रहा हो उस विषय का ज्ञान रखता हो, परन्तु ज्ञान का होना ही पर्याप्त नहीं है। पढ़ाना एक जटिल प्रक्रिया है, जिसमें विषय के ज्ञान के अतिरिक्त यह भी महत्त्वपूर्ण है कि शिक्षक विषय को किस प्रकार प्रस्तुत करता है, ताकि विषय के तथ्य विद्यार्थियों की समझ में आएँ और पढ़ना उनके लिए चित्ताकर्षक हो। बहुत से शिक्षक ऐसे भी होते हें जो अपने विषय

को जानते तो हैं परन्तु उनके पढ़ाने का तरीका ऐसा होता है कि न ही विद्यार्थी को विषय समझ में आता है और न ही विषय उनको आकर्षित कर पाता है। विषय का ज्ञान होने के बावजूद वे एक शिक्षक के रूप में सफल नहीं हो पाते हैं।

3. पढ़ाना सीखने में वर्ग का अनुभव आवश्यक है : विषय-वस्तु के ज्ञान की तरह वर्ग में पढ़ाने का अनुभव भी पढ़ाना सीखने के लिए महत्त्वपूर्ण है, परन्तु पर्याप्त नहीं। किसी अच्छे शिक्षक को पढ़ाते हुए देखकर पढ़ाना सीखना भी एक उपयुक्त विधि है। परन्तु, प्रेक्षण अर्थात् 'देखो और सीखो' में दो प्रकार की समस्याएँ होती हैं।

पहला, अच्छे शिक्षकों के द्वारा पढ़ाया जाना हमेशा दिखाई नहीं पड़ता है। इसके विपरीत कुछ शिक्षक अच्छे तो होते हैं, उनके पढ़ाने का तरीका भी कुछ अलग तरह का होता है। किन शिक्षकों का या किसी शिक्षक के शिक्षण के किस अंश का अनुकरण किया जाए? प्रतिदर्शों या नमूने से पढ़ाना सीखना एवं सीखने पर इसके प्रभाव पर किए गए अध्ययनों से पता चलता है कि जब तक प्रेक्षणकर्ता को विशेष रूप से यह नहीं बताया जाए कि प्रतिदर्श शिक्षकों (model teachers) के किस व्यवहार पर उन्हें ध्यान केन्द्रित करना है, वे अनिश्चित होते हैं और प्रायः अनुपयुक्त एवं असंगत व्यवहार को सीख लेते हैं। अतः जबतक उन्हें यह मार्गदर्शन नहीं दिया जाय कि उन्हें किस चीज पर ध्यान देना है, वर्ग का अनुभव दुविधा पैदा करनेवाला होता है। इस समस्या को दूर करने का एक अच्छा तरीका विषय-वस्तु का ठोस ज्ञान (solid conceptual base) एवं निदेशित प्रेक्षण है।

विभिन्न आवश्यक तत्त्वों में निम्नांकित आठ तत्त्व प्रभावकारी शैक्षिक वातावरण के निर्माण में सहायक हैं :

1. मनोवृत्ति (Attitude),
2. समय प्रबंध (Time Management),
3. संगठन (Organisation),
4. संवाद (Communication),
5. फोकस (Focus),
6. पुनर्निवेशन (Feedback),
7. प्रश्न करना (Questioning),
8. पुनरवलोकन तथा समाप्ति (Review and Closure)

1. *मनोवृत्ति (Attitude)*

वास्तव में मनोवृत्ति कोई शैक्षिक कौशल तो नहीं है परन्तु शिक्षक की धनात्मक मनोवृत्ति प्रभावकारी शिक्षण एवं उत्पादक शैक्षिक वातावरण के निर्माण के लिए एक अनिवार्य शर्त है।

शिक्षक की सफलता बहुत हद तक इस बात पर निर्भर करती है कि पढ़ाने, पढ़ने-लिखने, पढ़ाई की विधि और बच्चों के प्रति शिक्षक कैसी मनोवृत्ति रखते हैं। शिक्षकों को अपने कार्य के प्रति गौरवान्वित महसूस करना चाहिए। यह उनके निजी हित की बात भी है। आत्म-सम्मान की भावना के बिना व्यक्ति के मानसिक स्वास्थ्य की कल्पना नहीं की जा सकती है। इसके अतिरिक्त निम्नांकित बातों पर ध्यान देकर शिक्षक अपनी प्रभावकारिता बढ़ा सकते हैं। यदि किसी शिक्षक की मनोवृत्ति एवं व्यवहार इन अपेक्षित व्यवहारों से अलग हो तो उन्हें अपनी मनोवृत्ति में परिवर्तन लाना चाहिए।

(क) **जिम्मेवारी लेना :** सफल शिक्षण के लिए यह आवश्यक है कि शिक्षक बच्चों को सिखाने की जिम्मेवारी लें। एक सफल शिक्षक यह मानता है कि बच्चों का पढ़ाए गए विषय का नहीं सीख पाना, उसके समझाने के तरीके का दोष है, न कि बच्चों की समझदारी का दोष। शिक्षक का यह मानना कि उसने विषय को बच्चे की ग्राह्य-क्षमता के अनुरूप नहीं परोसा, जिसके कारण बच्चे नहीं समझ पाए, एक अच्छी मनोवृत्ति है, जिसे हर शिक्षक को अपनाना चाहिए। कुछ शिक्षक सिखाने की जिम्मेवारी अपने ऊपर नहीं लेते हैं और इसे बच्चों की जिम्मेवारी मानते हैं। वे अपने वर्ग के कुछेक बच्चों को साथ लेकर चलते हैं और मानते हैं कि वही बच्चे पढ़नेवाले हैं। इस प्रकार की मनोवृत्ति को त्यागे बिना एक अच्छे एवं प्रभावकारी शिक्षक के रूप में अपनी पहचान बना पाना मुश्किल ही नहीं नामुमकिन है।

(ख) आलोचना के बदले प्रशंसा का प्रयोग : अच्छे शिक्षक बच्चों को पढ़ाने के क्रम में आलोचना के बदले उनकी प्रशंसा का उपयोग करते हैं। कुछ शिक्षक यह मानते हैं कि प्रशंसा करने से बच्चे बिगड़ जाते हैं। आलोचना से पढ़ाई में रुचि पैदा करने की सोच एक भ्रामक एवं अनुपयुक्त मनोवृत्ति है। आलोचना बच्चों के आत्म-सम्मान के भाव को कम करता है, जिससे उनका उत्साह एवं मनोबल घटता है। हाँ, झूठी प्रशंसा तो नहीं ही करनी चाहिए परन्तु आलोचना से भी यथासंभव बचना चाहिए।

(ग) कमजोर बच्चे के साथ अधिक श्रम : प्रायः शिक्षक जब पढ़ाते हैं तो उसके अच्छे परिणाम से कुछ ही बच्चे लाभान्वित होते हैं। बाकी बच्चों को कमजोर समझकर कोर्स पूरा करने की होड़ में, शिक्षक उन्हें उनके हाल पर छोड़ देते हैं। वस्तुतः शिक्षक की जिम्मेवारी तो हर बच्चे को पढ़ाना एवं उनकी प्रगति को सुनिश्चित करना है। कुछ शिक्षक इस कथन को अव्यावहारिक मानते हैं। वे यह नहीं स्वीकार करते कि हर बच्चे को सिखाना उनकी जिम्मेवारी है। वे इसे बच्चे के माता-पिता एवं स्वयं बच्चों को उनके कम या खराब सीखने के लिए जिम्मेवार मानते हैं।

शिक्षक की कार्यक्षमता के दृष्टिकोण से, यदि किसी शिक्षक के वर्ग में 50 में से 45 बच्चे उत्तीर्ण हुए हों तो उस शिक्षक के लिए यह गर्व की बात हो सकती है कि उसके वर्ग के 90 प्रतिशत बच्चे उत्तीर्ण हुए। परन्तु जरा उन पाँच बच्चों एवं उनके माता-पिता की मनोदशा के बारे में सोचे, जिनके शत प्रतिशत बच्चे फेल हो गए।

अतः हर बच्चे को सिखाने की जिम्मेवारी लेने एवं वर्ग के अन्तिम बच्चे की असफलता के कारण को ढूँढ़ने तथा दूर करने का सार्थक प्रयास करने की मनोवृत्ति ही सच्चे अर्थों में एक शिक्षक को गुरु का दर्जा दिला पाएगा।

(घ) पढ़ाने की नीति एवं कौशल में आवश्यकतानुसार बदलाव लाना : शिक्षक जो भी पढ़ाते हैं, वे तथ्य पुस्तक में भी वर्णित होते हैं। शिक्षक अपने अनुभव एवं विद्यार्थियों की जरूरतों के अनुसार विषय को इस प्रकार प्रस्तुत करते हैं कि विद्यार्थी उसमें निहित तथ्यों की जटिलताओं को सुगमता से समझ सकें। एक सफल शिक्षक यह नहीं मानता कि वह सब कुछ जानता है। वह तो नित्य नए ज्ञान की खोज में रहता है। समय-समय पर वह अपने अनुभवों एवं छात्रों से मिलनेवाले पुनर्निवेशन (feedback) के अनुरूप अपनी शैक्षिक विधि में यथोचित बदलाव लाने के लिए तत्पर रहने की मनोवृत्ति रखता है।

(ङ) प्रजातान्त्रिक व्यवहार : आधुनिक युग के बदलते परिवेश में वैज्ञानिक मान्यताएँ भी बदल रही हैं। एक समय ऐसा भी था जब बुखार लगने पर डॉक्टर खाने पर प्रतिबन्ध लगा देते थे। जले पर पानी डालना फोड़ा बनने का कारण माना जाता था। छड़ी के बिना बच्चे के बर्बाद होने की बात मानी जाती थी 'spare the rod and spoil the child'। परन्तु, आज के वैज्ञानिक युग में नित्य नई खोजों ने पुरानी मान्यताओं को बदल डाला है। आज बुखार में खाना बन्द नहीं किया जाता है। जले पर जितना अधिक हो सके पानी डालने की सलाह डॉक्टरों के द्वारा दी जाती है, ताकि जलने के कुप्रभाव को कम किया जा सके। ठीक उसी प्रकार आज अनुशासित करने के लिए बच्चों को शारीरिक या मानसिक प्रताड़ना देने की विधि को अनुत्पादक एवं अनुपयुक्त माना गया है।

प्रजातान्त्रिक मनोवृत्ति के शिक्षक बच्चों की देख-रेख करनेवाले (caring) तो होते ही हैं, साथ-साथ दृढ़ (firm) भी होते हैं। वे सुनने-समझनेवाले तथा चीजों को विद्यार्थियों के परिपेक्ष्य में देखनेवाले होते हैं। वे शारीरिक एवं संवेगात्मक रूप से एक सुरक्षित वातावरण तो उपलब्ध कराते ही हैं, साथ-साथ विद्यार्थियों को स्कूल की पढ़ाई के उद्देश्य के प्रति एवं स्कूल के नियमों के प्रति जिम्मेवार होना भी सिखाते हैं। वे नियम तोड़नेवाले छात्रों से सख्ती से पेश आते हैं, ताकि वे यह नहीं समझ लें कि नियमों का कोई मोल नहीं है और इन्हें तोड़ने का कोई दुष्परिणाम नहीं होगा।

शिक्षकों को प्रजातान्त्रिक तरीके से विद्यार्थियों के व्यवहार को परिमार्जित करने की मनोवृत्ति रखने की सलाह दी जाती है। इसमें बच्चों को अपने विचारों को व्यक्त करने की आजादी भी रहती है और वर्गानुशासन भी बना रहता है।

(च) शारीरिक एवं संवेगात्मक रूप से सुरक्षित वातावरण का निर्माण : वर्ग में बच्चों में यह विश्वास पैदा करने की मनोवृत्ति कि वे वर्ग में शारीरिक एवं संवेगात्मक रूप से सुरक्षित हैं, अर्थात्, गलती होने पर भी उन्हें पीटा नहीं जाएगा या उनका उपहास नहीं उड़ाया जाएगा, आवश्यक है। इससे पढ़ाई के कार्य में उनकी सहभागिता या हिस्सेदारी बढ़ जाती है, जिससे शिक्षण के कार्य की गुणवत्ता एवं सीखने की दर दोनों बढ़ जाती है। इसके विपरीत यदि वर्ग का वातावरण डर एवं उपहास पर आधारित हो तो ऐसे वातावरण में सीखना बाधित होता है। कुछ शिक्षक रामायण की इस चौपाई की दुहाई देते हैं, जिसमें भय के बिना अपनी बात नहीं मनवाई जा सकती है, 'भय बिन होहिं न प्रीत'। परन्तु, आज इस कहावत को चरितार्थ कर हम रावण पैदा करना नहीं चाहेंगे।

2. *समय प्रबन्धन (Time Management)*

कुछ शिक्षक, शिक्षण को जीविकोपार्जन का एक साधन मात्र नहीं मानकर उसे बच्चों में सद्गुणों के विकास एवं युग निर्माण का माध्यम मानते हैं। वे अपने समय का उपयोग प्रभावकारी ढंग से करते हैं। वे सिर्फ हाजिरी बनाने या इधर-उधर समय गँवाने की बजाय समय का उपयोग विद्यार्थियों को पढ़ाने में करते हैं। वे एक निश्चित उद्देश्य के अनुरूप पढ़ाने की योजना बनाते हैं। वे समय का प्रबन्धन कुछ इस प्रकार करते हैं कि समय का दोहन अधिक-से-अधिक प्रभावकारी ढंग से हो सके, इसे नीचे के टेबल से स्पष्ट किया जा रहा है :

टेबल-12

स्तर	*वर्णन*
समय निर्धारित करना	किसी विषय के लिए कुल निर्धारित समय
निदेशन का समय	प्रबन्धन तथा शासकीय कार्यों (जैसे—हाजिरी लेना, गृह कार्य देखना) के बाद का समय, जिसमें निदेश दिया जाएगा
पढ़ाई के काम में लगना	छात्रों के द्वारा सीखने के लिए किए जानेवाले क्रियाकलापों को करवाना
शैक्षिक उपलब्धि का समय	सफलतापूर्वक सीखने के बाद के क्रियाकलाप से सीखने की जाँच करना

3. *संगठन (Organisation)*

निदेश के समय के सर्वाधिक दोहन के उद्देश्य से दक्षतापूर्ण संगठन अति महत्त्वपूर्ण है। प्रभावकारी संगठन विद्यार्थियों तथा शिक्षकों, दोनों के लिए लाभदायक है। शिक्षक यदि अपनी दिनचर्या एवं योजना के अनुरूप विषय को संगठित करते हैं तो पढ़ाने के क्रम में उन्हें यह निर्धारित करने में समय नहीं गँवाना पड़ता है कि विषय को किस क्रम में प्रस्तुत करना है अथवा पहले क्या बताना है। अतः वे अपने क्रियात्मक याददाश्त की शक्ति एवं समय का उपयोग विषय को चित्ताकर्षक एवं अर्थपूर्ण (engaging and meaningful) बनाने एवं अन्य शैक्षिक क्रियाकलापों में लगा पाते हैं। विद्यार्थियों के लिए भी यह लाभदायक होता है, क्योंकि उन्हें पहले से ही ज्ञात रहता है कि किस दिनचर्या एवं क्रम के अनुरूप पढ़ाई आगे बढ़ेगी, जिससे उनमें व्यवस्थित होने तथा संतुलित होने का भाव उत्पन्न होता है और एक प्रभावकारी शैक्षिक वातावरण का निर्माण होता है।

4. *संवाद (Communication)*

प्रभावकारी संवाद-शैली उत्पादक शैक्षिक वातावरण के निर्माण की हृदय-स्थली है। संवाद वह माध्यम है, जिसके द्वारा शिक्षक विषय को छात्रों तक पहुँचाते हैं। यह संवाद शाब्दिक (verbal), मौखिक (vocal), लिखित (written) तथा क्रियात्मक (non-verbal) अथवा इशारों या हाव-भाव से, दोनों हो सकता है। इन दोनों संवाद-प्रक्रियाओं के बीच सामंजस्य की आवश्यकता पड़ती है। इसे नीचे दिए गए चित्र से भी समझा जा सकता है :

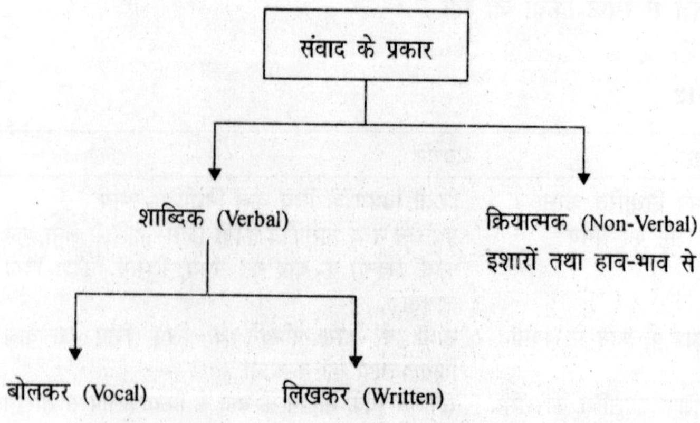

चित्र-8

शिक्षक अपनी बातों को जितना स्पष्ट एवं सहज तरीके से रखते हैं, विद्यार्थियों को विषय समझने में उतना ही आनन्द आता है। प्रभावकारी संवाद छात्रों में उपलब्धि एवं सन्तुष्टि के भाव को जन्म देता है। यह छात्रों में पढ़ाई के प्रति अभिप्रेरणा एवं विद्यालय के प्रति एक धनात्मक मनोवृत्ति उत्पन्न करता है।

संवाद की प्रभावकारिता पर किए गए शोधों से यह बात स्पष्ट हो गई है कि सम्पूर्ण संवाद की प्रक्रिया में विभिन्न अवयवों, जैसे—हम कैसे दिखाई पड़ते हैं, कैसे बोलते हैं एवं क्या कहते हैं का औसत योगदान प्रतिशत क्रमशः 55%, 38% तथा 7% होता है, जिसे निम्नांकित चित्र से स्पष्ट किया जा सकता है:

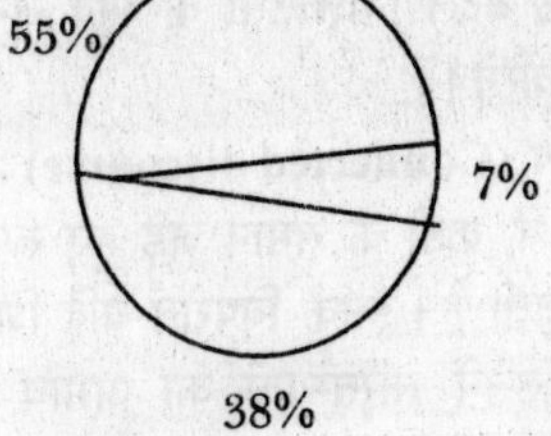

चित्र-9

हम कैसे दिखाई पडते हैं (How we look)

पढ़ाते समय शिक्षक जैसा दिखाई पड़ते हैं, संवाद की ग्राह्यता पर अकेले इसका योगदान 55% होता है। दिखाई पड़ने से तात्पर्य शिक्षक का पढ़ाते समय हाव-भाव एवं आत्मविश्वास है। यदि वे आराम से, निश्चिन्त भाव से पढ़ा रहे हैं, विद्यार्थियों से स्वस्थ ढंग से आँख मिलाकर बता रहे हों, उनकी भाव-भंगिमा एवं मुखाभिव्यक्ति से उपरोक्त तत्त्वों की झलक मिलती हो, तो सम्पूर्ण विषय का 55% अंश विद्यार्थी ग्रहण कर लेते हैं।

हम कैसे बोलते हैं? (How we Sound)

कैसे बोलने से तात्पर्य शिक्षक का पढ़ाते समय उनकी आवाज, ध्वनि, लहजा, गति, तीव्रता इत्यादि गुणों के प्रभाव से है। संवाद की ग्राह्यता पर अकेले इसका योगदान 38% होता है। यदि शिक्षक की आवाज में स्पष्टता हो एवं बोलने की तीव्रता इतनी हो कि सम्पूर्ण वर्ग में स्पष्ट रूप से सुनाई पड़ती हो, बोलने की गति लगभग 125 शब्द प्रति मिनट हो, आवाज में आवश्यक लोच एवं उत्साह हो तो विद्यार्थी विषय को 38% समझ लेते हैं।

हम क्या कहते हैं? (What We Say)

हम क्या कहते हैं, इससे तात्पर्य पढ़ाने के लिए उपयोग होनेवाले शब्दों, विषय-वस्तु एवं भाषा के उपयोग से है, जिसका संवाद की प्रक्रिया पर प्रभाव कुल 7% ही है।

शिक्षक अपनी संवाद-शैली को प्रभावकारी बनाने के लिए यदि निम्नांकित चार तत्त्वों पर ध्यान दें, तो उनकी अभिव्यक्ति में चार चाँद लग जाएगा :

(क) सुस्पष्ट एवं सटीक शब्दावली (Precise terminology) : शिक्षक यदि पढ़ाने के क्रम में अनावश्यक रूप से अनिश्चित एवं संदिग्ध पदों, जैसे–हो सकता है, शायद हो, सम्भवतः, इत्यादि शब्दों के प्रयोग करने से बचते हैं, तो इससे बच्चों के मन में भी संदिग्धता के बदले निश्चितता के भाव जन्म लेंगे और वे निशिचिन्त भाव से विषय को ग्रहण करेंगे।

(ख) जुडे हुए सम्भाषण (Connected discourse) : यदि शिक्षक पढ़ाते समय अपनी बातों को एक क्रम में, कड़ी के समान जुड़े हुए रूप में, प्रस्तुत करें तो इससे संवाद की प्रभावकारिता बढ़ती है। इसके विपरीत यदि शिक्षक की बातें अव्यवस्थित एवं बिखरी हुई हों और उसमें तारतम्यता का अभाव हो तो इससे संवाद की प्रभावकारिता घट जाती है।

(ग) परिवर्तन के संकेत (Transition signals) : यदि शिक्षक पढ़ाने के क्रम में विषय से सम्बन्धित आनेवाले हर बदलाव या परिवर्तन का संकेत छात्रों को देते हैं कि अब इस विचार का अन्त हो रहा है और दूसरा नया विचार या प्रसंग शुरू हो रहा है, तो इससे छात्रों में मानसिक रूप से सतर्कता आती है और संवाद की प्रभावकारिता बढ़ती है।

(घ) जोर (Emphasis) : पढ़ाने के क्रम में यदि शिक्षक छात्रों के लिए विषय के महत्त्वपूर्ण तथ्यों को दोहराते हैं तथा महत्त्वपूर्ण तथ्यों को बताने के पहले मौखिक एवं वाचिक रूप से सूचित कर आगाह करते हैं, जैसे–'अब सभी याद रखें यह बहुत ही महत्त्वपूर्ण है', 'अब ध्यान से सुनें' तो इससे संवाद की प्रभावकारिता बढ़ती है।

(ङ) क्रियात्मक संवादः (Non-vrerabal communication) : संवाद सम्प्रेषण में शब्दों या आवाज की ही भूमिका नहीं होती है। जिस सम्प्रेषण में बिना बोले या लिखे, ईशारों या हाव-भाव से, अपनी भावना व्यक्त करने के लिए, संवाद स्थापित करने का प्रयास किया जाता है, उसे क्रियात्मक संवाद कहते हैं। बातचीत में शब्दों के साथ-साथ उपयुक्त भाव-भंगिमा या इशारों का उपयोग संवाद की प्रभावकारिता बढ़ाती है।

बिना बोले ही जब शिक्षक विद्यार्थी को अपनी भावना से अवगत करवाने के लिए कभी अपनी आवाज की तीव्रता में परिवर्तन कर, कभी उसके समीप जाकर, कभी उसकी आँखों में देखकर, कभी भौंहें तानकर अपनी अप्रसन्नता व्यक्त करते हैं तो कभी मुस्कराकर अपनी सहमति व्यक्त कर शिक्षक क्रियात्मक संवाद के द्वारा अपनी

अभिव्यक्ति को बढ़ाते हैं। शिक्षक के द्वारा विभिन्न परिस्थितियों में व्यक्त किए जानेवाले क्रियात्मक अभिव्यक्ति के कुछ उदाहरण निम्नांकित टेबल में दर्शाए गए हैं :

टेबल-13

क्रियात्मक व्यवहार	*उदाहरण*
समीपता (proximity)	शिक्षक का उस विद्यार्थी के समीप जाना, जिसका ध्यान पढ़ाई की ओर नहीं हो।
आँखों में देखना (eye contact)	जिस विद्यार्थी का ध्यान पढ़ाई से अलग हो, उसे दिशा निर्देश देते समय शिक्षक का उसकी आँखों में सीधे देखना।
शारीरिक स्थिति (body orientation)	शिक्षक का अपने को विद्यार्थी के सामने रखना।
मुखाकृति (facial expression)	शिक्षक का वर्ग में रूकावट पड़ने पर अपनी भौंहें चढ़ा लेना, विनोदपूर्ण घटना पर चेहरे की चमक दर्शाना, विद्यार्थी के द्वारा अपने सहपाठी की सहायता करने पर उपयुक्त मुस्कान दर्शाना इत्यादि।
हाव-भाव (gesture)	हथेली दिखाकर उस विद्यार्थी को रोकना, जो दूसरे के गप करने की शिकायत करे।
वाचिक उतार-चढ़ाव (vocal variation)	पढ़ाते समय शिक्षक का अपनी आवाज की तीव्रता, उतार-चढ़ाव एवं लहजे में परिवर्तन कर अपनी शक्ति तथा उत्साह का प्रदर्शन करना।

5. *फोकस (Focus)*

पढ़ाने के क्रम में शिक्षक छात्रों का विषय से परिचय करवाते हैं। विषय का परिचय करवाने तथा उसकी सुग्राह्यता को बढ़ाने के लिए वे विभिन्न नमूने का प्रदर्शन भी करते हैं, जैसे—चित्र, कोई ठोस वस्तु या मॉडल इत्यादि। इन प्रतिदर्शों या नमूने से विषय की जटिलता को समझने में छात्रों को सुविधा होती है।

6. *पुनर्निवेशन (Feedback)*

पढ़ाने के क्रम में यदि शिक्षक विद्यार्थियों को इस बात की जानकारी दे पाते हैं कि उनकी प्रगति कैसी और क्यों हो रही है तो इस बात की जानकारी को ही पुनर्निवेशन कहते हैं। इसे शिक्षक मौखिक तथा लिखित दोनों प्रकार से सूचित कर सकते हैं, जैसे—'बहुत अच्छा', 'ठीक है' इत्यादि शब्दों से मौखिक सूचना देना अथवा नमूने का लिखित उत्तर प्रदान कर छात्रों को उनकी प्रगति से अवगत करवाना। ऐसा करने से छात्रों की अभिप्रेरणा बढ़ती है।

7. *प्रश्न करना (Questioning)*

शिक्षक विद्यार्थियों को सिर्फ सूचना देनेवाले यन्त्र नहीं होते हैं, बल्कि उनको मार्गदर्शन एवं निदेशन देकर शिक्षण को अग्रसर करने के वाहक भी होते हैं। निदेशन देने में प्रश्न पूछना एक महत्त्वपूर्ण भूमिका अदा करता है। प्रश्न पूछने के कई फायदे हैं, जिनमें चार प्रमुख फायदे निम्नांकित हैं :

1. **शर्मीले बच्चों तथा कम बोलनेवाले बच्चों को लाभ :** प्रश्न पूछने से शर्मीले एवं कम बोलनेवाले बच्चों की वर्ग के क्रियाकलापों में हिस्सेदारी बढ़ती है। इससे उनमें बोलने की आदत का निर्माण होता है, उनका शर्मीलापन कम होता है एवं उनका व्यक्तित्व निखरता है।

   ऐसे बच्चों को बोलने के लिए प्रेरित करने में शिक्षकों को कठिनाई होती है क्योंकि ये बालने का प्रयास करने में बहुत अधिक हिचकिचाते हैं, जिससे कभी-कभी शिक्षक चिड़चिड़ा जाते हैं परन्तु शिक्षक को धैर्य के साथ उनको प्रेरित करना चाहिए।
2. **छात्रों का ध्यान वर्ग में हो रहे कार्य पर टिकना :** प्रश्न पूछने से छात्र वर्ग में हो रही पढ़ाई के प्रति सजग एवं चौकन्ने रहते हैं कि पता नहीं कब उनसे सवाल पूछा जाए, यदि वे सुनेंगे नहीं तो उत्तर कैसे दे पाएँगे?
3. **वर्ग में अनुशासन :** वर्ग में प्रश्न का उत्तर देने की तत्परता उन्हें चौकन्ना रहने के लिए बाध्य करता है, परिणामस्वरूप वे अपना ध्यान किसी शरारतवाले कार्य पर नहीं देते हैं, जिससे वर्ग में अनुशासन बना रहता है।
4. **आत्म-सम्मान का भाव :** चूँकि प्रश्न पूछने से वर्ग सजग एवं क्रियाशील रहता है, अतः इससे छात्रों की सफलता भी सुनिश्चित होती है और उनमें आत्म-सम्मान का भाव भी बढ़ता है। प्रश्न का जवाब देने से उन्हें यह लगता है कि वे पढ़ाई समझ रहे हैं। इससे उनकी विषय सामग्री को सीखने की दिशा एवं गति भी बनी रहती है।

8. **पुनरवलोकन तथा समाप्ति (Review and closure) :** एक प्रभावकारी शिक्षक पढ़ाने के पहले पिछले वर्ग में पढ़ाए गए विषय पर पुनः एक विहंगम दृष्टि डालकर यह बताता है कि क्या पढ़ाया गया था, पढ़ाने के बाद यह बताता है कि क्या सीखा गया और आगे क्या पढ़ाया जाएगा, पिछले दिन वर्ग में पढ़ाए गए विषय पर संक्षेप में प्रकाश डालना तथा पाठ के अन्त में एक प्रभावकारी समापन पुनरावलोकन के नियमों के अनुरूप विषय की ग्राह्यता के दृष्टिकोण से आवश्यक है।

किसी भी विषय को पढ़ाने के क्रम को **'क'** के तीन मन्त्र के माध्यम से स्पष्ट किया जा सकता ह—

कहें क्या कहना है? सबसे पहले संक्षेप में यह बताएँ कि आप किस विषय पर चर्चा करने जा रहे हैं।

कहें जो कहना है : उसके बाद विषय पर विस्तार से चर्चा करें।

कहें जो कहा है : अन्त में, संक्षेप में यह बताएँ कि आपने किन-किन बातों की चर्चा की है।

पढ़ाने में दृष्टिगत तत्त्वों का प्रभाव

दृष्टिगत तत्त्वों के प्रभाव से तात्पर्य पढ़ने, सुनने तथा देखने के समझ पर पड़नेवाले अलग-अलग प्रभाव का प्रतिशत ज्ञान है। सीखने पर किए गए अध्ययनों से पता चलता है कि पढ़ने, सुनने तथा देखने का सीखने पर प्रभाव निम्नांकित प्रतिशत में पड़ता है :

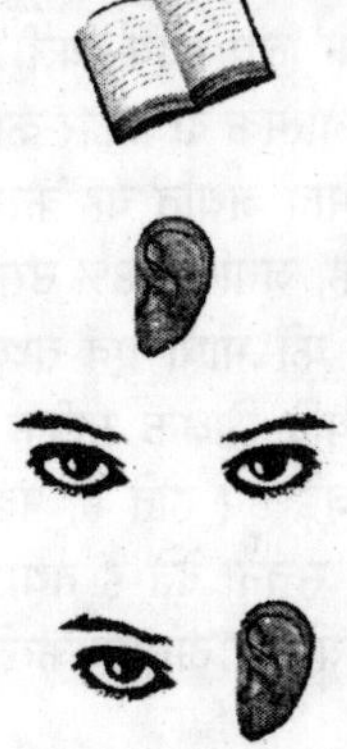

पढ़ना	10%
सुनना	20%
देखना	30%
सुनना एवं देखना एक साथ	50%

चित्र-10

उपरोक्त तथ्यों से स्पष्ट है कि पढ़ाने को प्रभावकारी बनाने के लिए शिक्षक पढ़ाने के क्रम में बोलने के साथ-साथ यथासम्भव अपने प्रस्तुतीकरण में विभिन्न तथ्यों को प्रतिदर्शों के माध्यम से दिखाने का भी प्रयास करें।

सारांश

शिक्षण या शिक्षकों के द्वारा विद्यार्थियों को पढ़ाना एक अति महत्त्वपूर्ण कौशल है। कोई शिक्षक कितने अच्छे से विषय को प्रस्तुत करता है, यह उतना महत्त्वपूर्ण नहीं है,

जितना कि वह कितने अच्छे से विद्यार्थियों के द्वारा समझा जाता है। शिक्षण सिर्फ सम्प्रेषण करना नहीं है। इसके लिए सिर्फ विषय के सम्पूर्ण ज्ञान का होना एवं वर्ग में पढ़ाने के अनुभव का होना भी पर्याप्त नहीं है। बल्कि शिक्षण की सफलता तो शिक्षक में विद्यमान कुछ प्रमुख विशेषताओं, जैसे—मनोवृत्ति, समय प्रबन्धन, संगठन, संवाद, फोकस, पुनर्निवेश, प्रश्न करने तथा पुनरवलोकन जैसे तत्त्वों के योग का प्रतिफल है।

मनोवृत्ति के दृष्टिकोण से उसमें विद्यार्थियों को सिखाने की जिम्मेवारी लेने, उनको पढ़ाने में आलोचना के बदले प्रशंसा का प्रयोग करने, कमजोर बच्चों के साथ अधिक श्रम करने, आवश्यकतानुसार पढ़ाने की नीति एवं कौशल में बदलाव लाने, प्रजातान्त्रिक पद्धति से अनुशासित करने एवं उन्हें शारीरिक एवं संवेगात्मक रूप से एक सुरक्षित वातावरण प्रदान करना इत्यादि प्रमुख है।

समय प्रबन्धन के दृष्टिकोण से पूर्व नियोजित तरीके से किसी अध्याय को पढ़ाने के पहले सुनियोजित तरीके से समय का बँटवारा कर उसका उपयोग करना है। संगठन के उद्देश्य से पढ़ाए जानेवाले विषय कुछ इस प्रकार सजाकर प्रस्तुत करते हैं कि वह विद्यार्थियों के लिए अर्थपूर्ण एवं चित्ताकर्षक बन जाएँ। संवाद को प्रभावकारी शिक्षण के लिए हृदय-स्थली माना गया है। यह मौखिक, अर्थात् वाचिक तथा लिखित एवं क्रियात्मक दो प्रकार का हो सकता है। संवाद के प्रभाव के दृष्टिकोण से शिक्षक का हाव-भाव अर्थात् वह कैसा दिखाई पड़ता है, का सबसे अधिक प्रभाव अकेले 55% पड़ता है, जबकि 38% उसके बोलने की शैली या तरीके का तथा सिर्फ 7% योगदान विषय की भाषा एवं तथ्यों का होता है।

निदेश देने में यदि शिक्षक सटीक एवं सुस्पष्ट शब्दावली का प्रयोग करते हैं, उनके प्रस्तुतीकरण जुड़े हुए होते हैं, पढ़ाने के क्रम में विषय के तथ्यों में आनेवाले मोड़ या बदलाव की सूचना देते हैं तथा महत्त्वपूर्ण तथ्यों को बताने के पहले इसकी सूचना देकर विद्यार्थियों को आगाह करते हैं तो इससे उनके संवाद में चार चाँद लग जाता है।

समझ बढ़ाने के उद्देश्य से विभिन्न नमूने, जैसे—चित्र, कोई ठोस वस्तु या मॉडल इत्यादि का प्रदर्शन फोकस है। प्रतिदर्शों या नमूने से विषय की ग्राह्यता बढ़ती है। विद्यार्थियों को शिक्षक के द्वारा मौखिक तथा लिखित रूप से उनकी प्रगति की जानकारी देना अथवा नमूने का लिखित उत्तर प्रदान करना पुनर्निवेशन है। पढ़ाने के क्रम में प्रश्न पूछना शर्मीले बच्चे की सहभागिता एवं आत्मसम्मान बढ़ाना, वर्गानुशासन बनाए रखने में सहायक होता है। महत्त्वपूर्ण तथ्यों का पुनरावलोकन पिछले दिन वर्ग में पढ़ाए गए विषय पर संक्षेप में प्रकाश डालना तथा पाठ के अन्त में एक प्रभावकारी समापन करना भी आवश्यक है।

अध्याय-6

प्रभावकारी शिक्षक की विशेषताएँ
[Characteristics of an Effective Teacher]

इस अध्याय के मनन से जानने योग्य बातें :

- प्रभावकारी शिक्षक की विशेषताओं का ज्ञान
- प्रभावकारी निदेश देने के कौशल का ज्ञान

शिक्षक पढ़ानेवाले कोई यन्त्र नहीं हैं अपितु वे विद्यार्थियों के मार्गदर्शक भी हैं। विद्यार्थियों का मार्गदर्शन करने के लिए यह परम आवश्यक है कि सबसे पहले वे विद्यार्थियों को जाने-समझें और जानने-समझने के लिए यह आवश्यक है कि वे विद्यार्थियों का विश्वास एवं सहयोग प्राप्त करें। एक सफल शिक्षक की निम्नलिखित चार विशेषताएँ हैं :

1. आदर्श (Model),
2. उत्साह (Enthusiasm),
3. देखरेख करना (Caring),
4. अपेक्षाएँ (Expectations)।

1. *आदर्श (Model)*

यदि शिक्षक अपनी रुचि विषय में दर्शाते हैं तो नीरस विषय को भी रुचिकर बना सकते हैं। यदि शिक्षक यह कहते हैं कि 'आपको पढ़ाने के लिए मुझे विषय की तैयारी करने में हर रात पढ़ना पड़ता है', 'मैं जितना अधिक मेहनत से पढ़ता हूँ, उतना ही अच्छा पढ़ा पाता हूँ', 'मुझे भी अमुक विषय में कठिनाई हुई, पर मैंने मेहनत कर इस कठिनाई को दूर किया', 'मेहनत करने पर कोई भी चीज भारी नहीं है' इत्यादि, तो इस प्रकार के कथन से विद्यार्थियों में पढ़ाई के प्रति रुचि जागती है एवं शिक्षण धनात्मक रूप से प्रभावित होता है। इसके विपरीत यदि शिक्षक यह कहते हैं कि अमुक

विषय इतना कठिन है कि यह मेरी भी समझ में नहीं आता है, तो यह विद्यार्थियों पर ऋणात्मक प्रभाव डालता है।

2. *उत्साह (Enthusiasm)*

जो शिक्षक पढ़ाने में उत्साह प्रदर्शित करते हैं, वे अपने विद्यार्थियों में सीखने की क्षमता का गुणारोपण करने के लिए अधिक श्रम एवं योग्यता का प्रयोग करते हैं। ऐसे शिक्षकों के विद्यार्थियों में, उन शिक्षकों की तुलना में, अधिक आत्मविश्वास एवं उपलब्धि की भावना होती है, जो पढ़ाने के काम को बोझ समझकर झेलते हैं।

3. *देखरेख करना (Caring)*

पढ़ना-पढ़ाना एक मानवीय क्रिया है। अतः सीखने की इस प्रक्रिया में छात्र एवं शिक्षक के बीच का सम्बन्ध एक महत्त्वपूर्ण भूमिका निभाता है। प्रभावकारी शिक्षक सीखने सम्बन्धी निर्णय प्रायः विद्यार्थियों के हित को ध्यान में रखकर ही लेते हैं। विद्यार्थियों का खयाल रखना, उनकी सुरक्षा एवं विकास के लिए, अपनी योग्यता एवं अनुभव रूपी पूँजी को लगाने में कोताही नहीं बरतते हैं।

विद्यार्थियों में सीखने की स्वाभाविक अभिप्रेरणा की अभिव्यक्ति एक सुरक्षित, विश्वासपूर्ण एवं सहयोगात्मक वातावरण में ही सम्भव हो सकती है। सीखने में अभिप्रेरणा के मानवीय दृष्टिकोण से तात्पर्य यह है कि हम गणित, विज्ञान, कला या भाषा को नहीं, बल्कि मानव को पढ़ाते हैं। अतः शिक्षक यदि विद्यार्थियों के संवेगात्मक, सामाजिक एवं बौद्धिक आवश्यकताओं के प्रति संवेदनशील हों, उनकी अनुभूतियों को समझें, उन्हें यथोचित समर्थन एवं सहयोग प्रदान करें तो उनमें आत्मविश्वास उत्पन्न कर सीखने के लिए उत्पादक वातावरण का निर्माण कर सकते हैं। इसकी अभिव्यक्ति निम्नांकित चार बातों पर ध्यान देकर की जा सकती है :

1. उनके प्रति सम्मान तथा विनम्रता प्रदर्शित कर।
2. उनके व्यक्तिगत आचार-व्यवहार में होनेवाले परिवर्तनों पर ध्यान देकर। उदाहरणस्वरूप, उनकी पोशाक, आदत एवं व्यवहार में होनेवाले परिवर्तनों को उजागर कर, जैसे 'तुम आज उदास क्यों लग रहे हो', 'तवियत ठीक तो है', 'तुम्हारी पोशाक आज ज्यादा साफ है', 'तुम स्मार्ट दिख रहे हो' इत्यादि।
3. विद्यार्थियों को पढ़ाई से अलग उनकी व्यक्तिगत या अन्तर्वैयक्तिक समस्याओं को सुलझाने में उनकी सहायता करके।
4. विद्यार्थियों को विद्यालय के कार्यों में सहायता करके एवं
5. बेहतर करने के लिए हमेशा प्रोत्साहित करके।

कहने का तात्पर्य यह है कि यदि शिक्षक पढ़ाई के अतिरिक्त छात्रों के व्यक्तिगत जीवन की परेशानियों में भी आगे बढ़कर सहायता करते हैं, तो विद्यार्थियों के मन में अपने प्रति यह भाव उत्पन्न कर सकते हैं कि अमुक शिक्षक उनका बहुत खयाल रखते हैं। शिक्षक छात्रों के साथ अपने इस गहरे सम्बन्ध के प्रभाव का उपयोग पढ़ाई के लिए उन्हें प्रेरित करने में कर सकते हैं। तब छात्र भी अपनी सम्पूर्ण शक्ति से यह प्रयास करते हैं कि वे शिक्षक की अपेक्षाओं पर खरा उतरें।

4. *अपेक्षाएँ (Expectations)*

वर्ग के विद्यार्थियों की क्षमता के बारे में शिक्षक की कुछ अपेक्षाएँ होती हैं। इन अपेक्षाओं का आधार, शिक्षक की दृष्टि में, विद्यार्थियों में पाई जानेवाली विभिन्नताएँ होती है। अपेक्षा की इन विभिन्नताओं के कारण शिक्षक कुछ विद्यार्थियों को विशेष महत्त्व देते हैं और कुछ को नहीं। शिक्षक अपेक्षा के निर्माण का आधार विद्यार्थियों का सामाजिक-आर्थिक स्तर, लिंग, रूप-रंग अथवा पढ़ाई में उनकी अच्छी उपलब्धि हो सकती है। शिक्षक की इन अपेक्षाओं का सीधा प्रभाव विद्यार्थियों की पढ़ाई में प्रदर्शन पर पड़ता है।

शिक्षक के विभेद करने की प्रवृत्ति का अन्दाज विद्यार्थी बड़ी आसानी से लगा लेते हैं। यदि शिक्षक का विद्यार्थियों के बीच विभेद करने का आधार सिर्फ उनकी पढ़ाई की उपलब्धि में अन्तर के कारण हो तो यह उतनी समस्या उत्पन्न नहीं करती है, जितना कि तब जब शिक्षक कुछ विद्यार्थियों को दूसरे आधारों, जैसे—लिंग, सामाजिक-आर्थिक स्तर इत्यादि पर विभेद करते हैं। शिक्षकों का विभेदपूर्ण व्यवहार शेष विद्यार्थियों की अभिप्रेरणा एवं उपलब्धि के भाव के लिए घातक होता है। अतः शिक्षकों को अपने विद्यार्थियों के बीच विभेद करने से बचना चाहिए।

शिक्षक के द्वारा छात्रों के प्रति व्यक्त निम्न अपेक्षाएँ एवं विभेदात्मक व्यवहार विद्यार्थियों की अभिप्रेरणा एवं आत्म-योग्यता की भावना को घटा देती हैं, जिससे उनके प्रयास में कमी आ जाती है और पढ़ने-लिखने में उनका प्रदर्शन खराब होने लगता है। इसके विपरीत यदि शिक्षक की अपेक्षाएँ धनात्मक होती हैं, तो विद्यार्थी अपने सम्पूर्ण सामर्थ्य से यह प्रयास करते हैं कि वे उनकी अपेक्षाओं पर खरा उतरें। अतः धनात्मक अपेक्षाओं का परिणाम भी धनात्मक होता है।

एक अच्छे शिक्षक में शिक्षण को प्रभावकारी बनाने के उद्देश्य से उपरोक्त चार विशेषताओं के अतिरिक्त उनमें निदेशन देने की क्षमता एवं कौशल का होना भी आवश्यक है।

निदेशन (Instructions)

उच्च कोटि का निदेशन उत्पादक शैक्षिक वातावरण निर्माण के लिए परमावश्यक है। इसके लिए शिक्षक सीखनेवाले की क्षमता के अनुरूप, सीखने के नियम एवं सिद्धान्तों के परिपेक्ष्य में, निदेशन की योजना बनाते हैं और उनका क्रियान्वयन करते हैं।

योजना (Planning)

योजना बनाना कोई सरल कार्य नहीं है। यह शिक्षक के द्वारा विषय के उद्देश्य के अनुरूप सिखाने एवं सीखने की उन प्रक्रियाओं को निर्मित करना होता है, जिससे सीखना आसानी से सम्भव हो सके। एक अच्छी योजना के निर्माण के लिए निम्नांकित तीन तत्त्वों का ज्ञान आवश्यक होता है–

1. विषय-वस्तु का ज्ञान (Knowledge of contents),
2. शिक्षाशास्त्रीय ज्ञान (Pedagogical Knowledge),
3. सीखनेवाले एवं सीखने की प्रक्रियाओं का ज्ञान (Knowledge of learners and learning processes)।

1. विषय-वस्तु का ज्ञान (knowledge of contents) : किसी भी विषय को पढ़ाने के लिए यह आवश्यक है कि शिक्षक को विषय-वस्तु का ज्ञान हो। शिक्षक उस विषय को नहीं पढ़ा सकते, जिसको वे खुद नहीं समझते हों। यह भी एक वास्तविकता है कि कोई भी व्यक्ति सभी विषयों का विशेषज्ञ नहीं हो सकता है।

प्रायः सभी व्यक्ति अपने विद्यार्थी जीवन में सभी विषयों के निर्धारित पाठ्यक्रम को सम्पूर्ण रूप से नहीं पढ़ते हैं, बल्कि कुछ हिस्सों को छांटकर पढ़ते हैं। परन्तु, एक शिक्षक के रूप में उन्हें किसी विषय के पूरे पाठयक्रम को पढ़ाना पड़ता है। कई बार तो विषय के स्वरूप तथा तथ्य भी उनके समय के पढ़े हुए स्वरूव के अनुरुप न होकर बदले हुए होते हैं। अतः शिक्षक के लिए, अपने विषय-ज्ञान को अद्यतन एवं समृद्ध बनाने के लिए स्वाध्याय करना एवं पढ़ाने के लिए उपयुक्त शिक्षण-योजना बनाना आवश्यक है।

2. शिक्षाशास्त्रीय ज्ञान (Pedagogical Knowledge) : शिक्षाशास्त्रीय ज्ञान से तात्पर्य विषय-वस्तु को प्रस्तुत करने के कौशल से है। इसके लिए शिक्षक में इस बात की समझदारी का होना कि किसी खास पाठ में कौन से तत्त्व विद्यार्थियों के समझने के दृष्टिकोण से विषय को कठिन या आसान बनाते हैं, आवश्यक है। विषय के कठिन बिन्दुओं का जितना सही अनुमान शिक्षक लगा पाते हैं, उसको उतना ही सरल

बनाकर विद्यार्थियों के लिए प्रस्तुत करते हैं। इससे अपेक्षाकृत कठिन विषय भी सरल एवं सहज होकर विद्यार्थियों के लिए सुगम एवं ग्राह्य बन जाते हैं।

3. सीखनेवाले एवं सीखने की प्रक्रियाओं का ज्ञान (Knowledge of Learners and Learning processes) : सीखने को प्रभावकारी बनाने के लिए सीखने वाले एवं सीखने की प्रक्रिया को प्रभावित करनेवाले तत्त्वों का ज्ञान आवश्यक है। सीखने में सीखनेवाले की सहभागिता महत्त्वपूर्ण भूमिका निभाती है। पढ़ाने के क्रम में यदि छात्र निष्क्रिय न होकर सक्रिय रूप से हिस्सा लेते हैं तो इससे शिक्षण प्रभावकारी हो जाता है। पढ़ाने के क्रम में यदि शिक्षक सजग रहें तो विद्यार्थियों के हाव-भाव एवं आचार-व्यवहार से वर्ग की पढ़ाई के प्रति उनकी जागरूकता एवं रुचि का अन्दाज लगा सकते हैं। नीचे के टेबल संख्या-14 में हम उन संकेतों का वर्णन कर रहे हैं, जिससे शिक्षक पढ़ाई में छात्रों की संलिप्तता का अनुमान लगा सकते हैं :

टेबल-14

द्रष्टव्य व्यवहार	*अनुमानित मनोभाव*
ध्यान का शिक्षक या वक्ता की ओर नहीं होना	ध्यान का कहीं अन्यत्र होना विषय में रुचि के अभाव का द्योतक।
बाँह अथवा पैर को क्रॉस, तिरछे कर बैठना	बचाव की मुद्रा अथवा वक्ता से असहमति का द्योतक।
आगे की ओर झुककर बैठना	विषय को जानने की उत्सुकता अथवा सुनने में कठिनाई का द्योतक।
सिर को आगे या तिरछे हिलाना	सहमति अथवा असहमति का द्योतक। सहमति जब आगे हिला रहा हो, असहमति यदि तिरछे हिला रहा हो।
बार-बार घड़ी की ओर देखना :	पढ़ने में ऊबन अथवा किसी अन्य नियोजित सम्मिलन या भेंट के लिए विलम्ब होने का द्योतक।

विषय का ज्ञान, शिक्षाशास्त्रीय ज्ञान एवं सीखनेवाले की सक्रियता के ज्ञान के अनुरूप योजना बनाने की निम्नलिखित विधियाँ हैं :

शिक्षण की योजना बनाने की आवश्यक विधियाँ

शिक्षक योजना बनाने एवं निदेशों को संगठित करने के कार्य को अग्रांकित चार चरणों में सम्पादित कर सकते हैं :

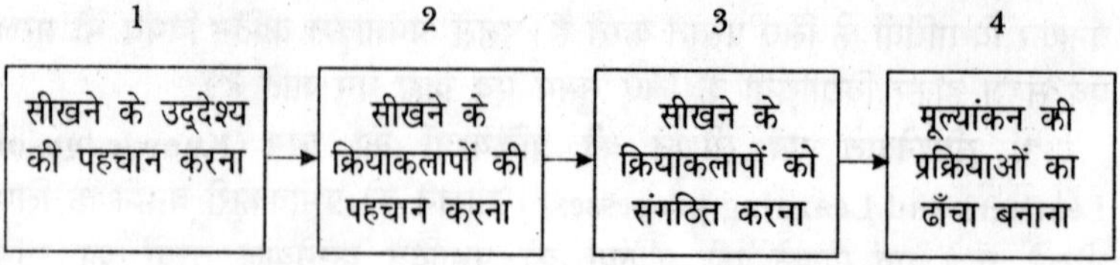

चित्र-11

1. सीखने के उद्‌देश्य की पहचान करना

योजना निर्माण की प्रक्रिया की शुरुआत विषय के उद्‌देश्य की पहचान से होती है। उद्‌देश्य के निर्धारण में दो आवश्यक क्रियाओं को करना पड़ता है।

पहला, उन **व्यवहारों की पहचान** करना, जो सीखने के बाद विकसित होंगे।

दूसरा, जीवन के उन क्षेत्रों की पहचान करना, जिसमें ये व्यवहार प्रभाव डालेंगे।

सीखने के व्यवहारात्मक उद्‌देश्य : यह ज्ञात करना है कि सीखने के बाद विद्यार्थी कौन-सी क्रिया करेगा, जिससे यह पता चल पाएगा कि सीखना सम्भव हुआ है। अर्थात्, शिक्षक इस बात की जानकारी कैसे प्राप्त करेंगे कि विद्यार्थी के व्यवहार में परिवर्तन सीखने के कारण ही हुआ है। इस उद्‌देश्य से तीन बातों का पता लगाना आवश्यक है :

पहला, दिखाई पड़ने योग्य व्यवहार का निर्धारण।

दूसरा, उन अवस्थाओं का ज्ञान, जिसमें वे व्यवहार घटित होंगे।

तीसरा, उस कसौटी का ज्ञान जिसके द्वारा स्वीकार्य व्यवहार का पता लग पाएगा।

उद्‌देश्य के अनुरूप शिक्षण की योजना की अवस्थाओं को निम्नांकित टेबल में दर्शाया गया है।

टेबल-15

उद्‌देश्य	*अवस्था*	*कार्य-निष्पादन*	*कसौटी*
• वाक्यों की सूची में विशेषण की पहचान करवाना	वाक्यों की सूची देना	विशेषण की पहचान करने का काम	प्रत्येक
• गणित के घटाव की 10 समस्याओं में से कम-से-कम 7 हल करवाना	10 समस्या देना	हल करना	10 में से सात
• ज्यामिति में एक स्केल तथा कम्पास देकर विद्यार्थी से 1" के भीतर द्विभाजक कोण बनवाना	स्केल तथा कम्पास देना	कोण बनाना	1'' के भीतर

ऊपर बताई गई विधि का उद्देश्य विद्यार्थियों को पढ़ाने की शिक्षकों की स्वतन्त्रता का हनन करना नहीं है, बल्कि शिक्षकों को यह याद दिलाना है कि वे अपने पढ़ाने की विधि में इन तत्त्वों को ध्यान में रखें तो उन्हें पढ़ाने के उद्देश्य की प्राप्ति हो सकेगी।

उद्देश्य के संज्ञानात्मक (Cognitive) तत्त्व : पढ़ाए जानेवाले विषय से सम्बन्धित तथ्य (facts), प्रत्यय (concept)] नियम एवं सिद्धान्तों (ıules and principles) के ज्ञान का होना आवश्यक है। संज्ञानात्मक क्षमता का पता शिक्षक को विद्यार्थी के व्यवहार के द्वारा लग सकता है। यदि विद्यार्थी किसी विषय से सम्बन्धित तथ्यों को जानता है तो वह उसकी व्याख्या को प्रत्येक रूप में करने में सक्षम होता है, परन्तु यदि नहीं समझता है तो चेहरे पर शून्यता के भाव दर्शाता है।

संज्ञानात्मक विकास के विभिन्न आयामों को निम्नांकित टेबल के माध्यम से दर्शाया गया है :

टेबल-16

स्तर	*परिणाम*	*उदाहरण*
ज्ञान	पदों, तथ्यों, नियमों, वर्गीकरण, सामान्यीकरण, सिद्धान्तों, दशमलव प्रणाली एवं विधियों आदि की जानकारी।	प्रतीकात्मक भाषा को परिभाषित करने की क्षमता का होना।
समझ	अनुवाद, व्याख्या, भविष्यवाणी, सामान्यीकरण, स्पष्टीकरण, उदाहरणों को पहचानाना इत्यादि।	उपमा एवं रूपकालंकार वाले कथनों की पहचान करना।
प्रयोग	नियमों, विधियों, सिद्धान्तों का अनोखी परिस्थितियों में प्रयोग करना।	किसी उद्धरण को प्रतीकात्मक भाषा का उपयोग करते हुए अपनी भाषा में लिखकर उसकी अभिव्यक्ति को बढ़ाना।
विश्लेषण	संवाद को टुकड़ों में बाँटना, दृष्टिकोण निर्धारित करना, पूर्वाग्रह समझना, निहितार्थ का विशेष उल्लेख करना, मूलभाव की पहचान करना इत्यादि।	प्रतीकात्मक भाषा के प्रयोग में लेखक के उद्देश्य की पहचान करना।
संश्लेषण	विभिन्न अवयवों को मिलाकर नई विधियों, पैटर्न एवं नई रचनाएँ करना इत्यादि।	प्रतीकात्मक भाषा का प्रयोग कर मौलिक रचना का सृजन करना।
मूल्यांकन	साक्ष्य तथा मानदंडों के आधार पर आँकना।	प्रतीकात्मक भाषा में व्यक्त किसी लेख की गुणवत्ता का मूल्यांकन करना।

भावात्मक (Affective) : शिक्षक के लिए विद्यार्थियों की मनोवृत्तियों तथा उनके मूल्यों अर्थात् उनके व्यक्तिगत एवं संवेगात्मक पृष्ठभूमि के ज्ञान का होना आवश्यक है। यदि किसी विद्यार्थी की रुचि विज्ञान के प्रति होगी तो वह उसको निम्नांकित तरीके से उसे प्रदर्शित करेगा। भावात्मक अभिव्यक्ति के विभिन्न स्तरों को निम्नांकित टेबल संख्या-17 में दर्शाया गया है :

टेबल-17

स्तर	*परिणाम*	*उदाहरण*
प्राप्त करना	खुले दिमाग से सुनने को तत्पर होना।	विज्ञान के वर्ग में ध्यान देना।
अनुक्रिया करना	सीखकर नए व्यवहार का प्रदर्शन एवं विषय के प्रति स्वैच्छिक लगाव दर्शाना।	स्वेच्छा से सवाल पूछना एवं उत्तर देना।
महत्त्व देना	प्रतिबद्धता दर्शाना एवं विषय के प्रति लगाव बनाये रखना।	पुस्तक पढ़ने में अग्रणी रहना एवं दूरदर्शन पर विज्ञान-सम्बन्धित कार्यक्रम देखना।
संगठित करना	नए मूल्यों को अपनी व्यक्तिगत जीवन शैली का हिस्सा बनाना	विज्ञान में रुचि के कारण उच्च विद्यालय में चार वर्ष के विज्ञान के कोर्स को चुनना।
व्यवहार द्वारा मूल्य दर्शाना	मूल्य के प्रति खुले, दृढ़ एवं दीर्घकालिक प्रतिबद्धता से लाभ उठाना	विज्ञान की किसी विशेष शाखा को अपने पेशे के रूप में चुनना।

मनोदैहिक (Psychomotor) : मनोदैहिक योग्यता से तात्पर्य विद्यार्थी की मनोवैज्ञानिक एवं शारीरिक क्षमता एवं कौशल का विकास है। इसके अन्तर्गत पेंसिल पकड़ने से लेकर, औजार बॉक्स के कम्पास, माइक्रोस्कोप आदि के उपयोग करने की क्षमता का वर्णन है। यह क्षमता विभिन्न उम्र के बच्चों में क्रमशः विकसित होती है। उम्र के अनुसार क्रमशः विकसित होनेवाली इन क्षमताओं के आधार पर ही उन्हें प्रशिक्षण दिया जा सकता है। मनोदैहिक शैक्षिक योग्यताओं का वर्णन निम्नांकित टेबल संख्या-18 में किया गया है :

टेबल-18

स्तर	परिणाम	उदाहरण
प्रतिवर्त क्रिया (reflex action)	स्वतः होनेवाली अनुक्रिया	आँखों की पुतली का गिरना, नी-जर्क इत्यादि।
आधारभूत क्रियाएँ	जन्मजात क्रियाएँ, प्रतिवर्त-क्रिया सहित	खाना, दौड़ना, वस्तु को भौतिक रूप से खोजना।
प्रत्याक्षात्मक योग्यता (perceptual ability)	किसी उद्दीपन का पीछा करना	सन्तुलित होकर टहलना, रस्सी कूदना, लिखना।
शारीरिक योग्यता	सहनशक्ति, शारीरिक शक्ति, फुर्तीलापन, लचीलापन	शरीर ऊपर खींचना, पैर की उँगली छूना, साइकिल चलाना।
गति का कौशल	गति से सम्बन्धित जटिल कार्य करने की दक्षता।	टेनिस के गेंद खेलना, नाचना।
सुसंगत संवाद	भाव-भंगिमा के साथ संवाद करना	प्रसन्नता, प्रभुत्व, प्रेम एवं दूसरे संवेगों को भाव-भंगिमा से व्यक्त करना।

3. सीखने के क्रियाकलापों को संगठित करना :

प्रस्तुतीकरण के लिए खाका खींचना (Design for presentation)

सीखने की प्रक्रियाओं को सुचारु रूप से आगे बढ़ाने के लिए पाठ को सजाना, संगठित करना तथा अनुक्रमित करना आवश्यक होता है। अर्थात्, पढ़ाने के लिए विषय को किस प्रकार सजाया जाय, किस प्रकार संगठित किया जाए एवं किस क्रम में प्रस्तुत किया जाए, ताकि शिक्षण प्रभावकारी तरीके से अग्रसर हो तथा विषय को समझने में छात्रों को सुविधा हो।

प्रस्तुतीकरण के लिए खाका खींचने के बाद निदेश देने का कार्य प्रारम्भ होता है, जिसकी तीन विधियाँ निम्नांकित हैं:

1. प्रत्यक्ष निर्देश (Direct Instruction),
2. व्याख्यान तथा व्याख्यान-चर्चा (Lecture and Lecture Discussion),
3. व्याख्यान-चर्चा (Lecture Discussion)।

1. *प्रत्यक्ष निदेश (Direct Instruction)*

वर्ग में होनेवाली पढ़ाई ज्यादातर सीधे निर्देश के द्वारा होती है, जब शिक्षक वर्ग में विद्यार्थियों को मौखिक या लिखित रूप से निदेश देते हैं।

पढ़ाने का काम निम्नांकित चार चरणों में सम्पादित होने को श्रेयस्कर माना गया है :

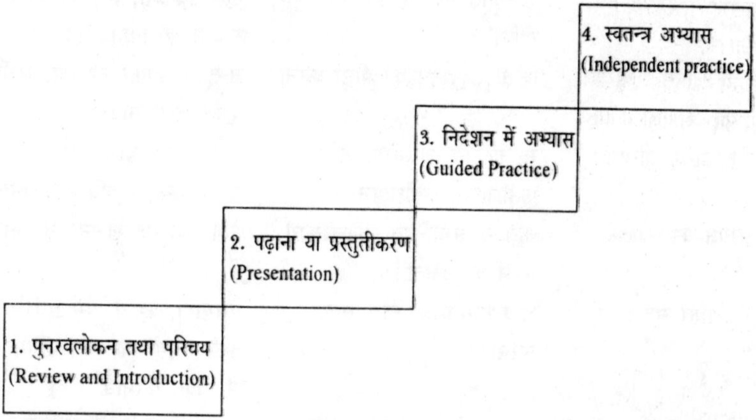

चित्र-12

1. पुनरवलोकन तथा परिचय (Review and Introduction)

पुनरवलोकन के अन्तर्गत दो प्रकार की क्रियाओ का करना सम्मिलित है। पहला, किसी पाठ को पढ़ाने के पहले शिक्षक को पिछले दिन के पढ़ाए गए पाठ के बारे में संक्षेप में बताना तथा दूसरा, विद्यार्थियों के द्वारा किए गए गृह-कार्य का अवलोकन करना।

परिचय के अन्तर्गत उस दिन पढ़ाए जानेवाले विषय से छात्रों को अवगत करवाना है। परिचय करवाने के दो लाभ हैं। पहला, विद्यार्थियों के अन्दर विषय के प्रति जिज्ञासा जागती है, जिससे उनका ध्यान विषय की ओर आकर्षित होता है। दूसरा, उनमें सीखने की अभिप्रेरणा उत्पन्न होती है। विषय से परिचय करवाने के दो तरीके हो सकते हैं। पहला, यह बताना कि उक्त विषय को जानना क्यों महत्त्वपूर्ण है। दूसरा, विद्यार्थियों से यह जानने का प्रयास करना कि वे ऐसा क्यों सोचते हैं कि उक्त विषय को जानना आवश्यक है। इस प्रकार के प्रश्न से विद्यार्थी एक क्रियाशील भूमिका में आ जाते हैं, जिससे उन्हें समस्या के बारे में ज्ञान को परखने का अवसर मिलता है।

2. पढ़ाना या प्रस्तुतीकरण (Presentation)

सीधे निर्देश देने का दूसरा क्रम प्रस्तुतीकरण है। शिक्षक जब पढ़ाते हैं तो इस दौरान सीखनेवाले की क्रियात्मक याददाश्त में सूचना का संसाधन (processing) होता है, जिन्हें विद्यार्थी पहले से विद्यमान अपने दीर्घकालिक याददाश्त से जोड़ पाते हैं।

प्रस्तुतीकरण में शिक्षक प्रायः दो विधियों का उपयोग करते हैं। पहला, नमूना प्रस्तुत करना दूसरा अभ्यास करवाना। सीखने की प्रक्रियाओं को समझाने के लिए शिक्षक किसी ठोस उदाहरण से विद्यार्थियों को इस बात की जानकारी देते है कि उन्हें किन विशेष प्रक्रियाओं का अनुसरण करना है। वे उस विषय को छोटे-छोटे टुकड़ों में बाँटकर प्रस्तुत करते हैं, ताकि सीखनेवाले की क्रियात्मक याददाश्त पर अनावश्यक बोझ नहीं पड़े।

सीखने की प्रक्रियाओं को बताना एवं उन पर चर्चा करना सीखने के लिए एक आवश्यक क्रिया है। परन्तु जब तक विद्यार्थी अभ्यास के द्वारा क्रियात्मक भूमिका में नहीं होते हैं तब तक उनका सीखना बहुत अच्छा नहीं होता है और वह विश्वसनीय भी नहीं होता। अभ्यास दो तरीके से करवाया जा सकता है—निदेशित अभ्यास तथा स्वतन्त्र अभ्यास।

3. निदेशित अभ्यास (Guided practice)

निदेशित अभ्यास में अभ्यास के लिए सीखनेवाले को पहले सहारा देने का काम (scaffolding) करते हैं। किसी भवन की दीवारों में चूना पोतने के लिए मजदूर जिस लकड़ी या रस्सी का सीढ़ी के रूप में उपयोग करते हैं, उसे टिकठी (scaffolding) कहते हैं। उदाहरणस्वरूप, जब बच्चा डग भरना शुरू करता है तो पिता उसकी उँगलियों को पकड़कर चलाना सिखाते हैं। जब बच्चा चलना सीख लेता है, तब उसे स्वतन्त्र रूप से चलने के लिए छोड़ते हैं। दूसरे शब्दों में, यह शिक्षक के संरक्षण में उनकी सतर्क आँखों के आगे छात्रों के द्वारा किया गया अभ्यास है। परन्तु, इसमें इस बात का ध्यान रखना अनिवार्य होता है कि सहारा इतना न दिया जाय कि विद्यार्थी में काम की चुनौती को स्वीकार करने तथा उसको पूरा करने का भाव ही पैदा न हो। बच्चे को चलने के लिए सहारा देने में पिता उसकी उँगलियों को पकड़ता तो है, परन्तु बीच-बीच में छोड़ भी देता है, ताकि बच्चा स्वतन्त्र रूप से चल सके। फिर भी पिता चौकन्ना रहता है और उसके स्वतन्त्र रूप से चलने पर तब तक नजर रखता है जब तक वह चलना पूरी तरह सीख न ले। जब उसे यह इत्मीनान हो जाता है कि उसने चलना सीख लिया है, तभी उसे स्वतन्त्र रूप से चलने के लिए छोड़ता है। ठीक उसी प्रकार शिक्षक को विद्यार्थियों को पढ़ाने में उनके अभ्यास को तब तक

निदेशित करना चाहिए जब तक वे विषय को सीख न लें। पर जैसे ही वे किसी विषय को ठीक से सीख लें, उन्हें स्वतन्त्र रूप से कार्य करने के लिए छोड़ देना चाहिए।

4. स्वतन्त्र अभ्यास (Independent Practice)

स्वतन्त्र अभ्यास में शिक्षक अभ्यास करने की जिम्मेवारी विद्यार्थी पर छोड़ देते हैं। स्वतन्त्र अभ्यास करने में शुरू में तो कठिनाई होती है, पर जैसे-जैसे अभ्यास बढ़ाया जाता है, उनके काम करने में स्वचालितता (automaticity) आती जाती है और उनकी क्रियात्मक याददाश्त स्वतन्त्र होती जाती है।

परन्तु, शिक्षक के द्वारा अनुश्रवण (monitoring) की आवश्यकता अभी भी पड़ती है। एक प्रभावकारी शिक्षक इस बात के प्रति सावधान रहता है कि विद्यार्थी यह समझ पा रहे हैं कि वे क्या कर रहे हैं अथवा नहीं। विद्यार्थियों को गृह कार्य देना स्वतन्त्र अभ्यास का एक हिस्सा है जिससे उसके सीखने का अनुश्रवण भी होता है।

गृह-कार्य (home-work) इसमें शिक्षक वर्ग में पढ़ाए गए विषय से सम्बन्धित कुछ कार्य वर्ग के बाद घर से तैयार कर लाने के लिए देते हैं।

गृह-कार्य का स्कूल के विद्यार्थियों पर बहुत ही अच्छा प्रभाव पड़ता है। शोधों में पाया गया है कि इसकी बारम्बारता (frequency) बहुत ही महत्त्वपूर्ण है। उदाहरणस्वरूप, प्रतिदिन गृह-कार्य के लिए 5 समस्या देना अच्छा है, बजाय इसके कि पूरे सप्ताह भर के लिए 25 समस्या दिए जाए।

गृह-कार्य के फायदे :

1. शिक्षक वर्ग में जो पढ़ाते हैं, उसका विद्यार्थियों द्वारा **सीखना** गृह-कार्य से **प्रबलित** (reinforce) **होता है।**
2. गृह-कार्य से सफलता की दर बढ़ जाती है क्योंकि इससे सीखे गए विषय का अभ्यास अधिक होता है, जिससे **सीखने में स्वचालितता** (automaticity) **आती है।**
3. इससे विद्यार्थी का **आत्म-विश्वास भी बढ़ता है**, क्योंकि गृह-कार्य करने के दौरान जब कोई समस्या आती है तो शिक्षक की सहायता के बिना ही उन्हें स्वयं हल करना पड़ता है।
4. जब शिक्षक नियमित रूप से वर्ग में विद्यार्थियों को गृह-कार्य देने लगते हैं तब विद्यार्थी भी इसकी अपेक्षा करने लगते हैं, जिससे उनको **टास्क पूरा करने की आदत पड़ जाती है।**

5. शिक्षक के द्वारा गृह-कार्य का किया गया ग्रेडिंग, विद्यार्थियों में जिम्मेवारी लेने की आदत डालता है। साथ ही उन्हें **पुनर्निवेशन** (feedback) भी मिलता है, जिससे वे यह जान पाते हैं कि उन्होंने जो किया, वह सही था अथवा नहीं।

गृह-कार्य की कुछ आवश्यक शर्तें : गृह-कार्य, वर्ग में पढ़ाए गए विषय के अनुरूप होना चाहिए ताकि यह योजना एवं निदेश के बीच एक कड़ी का काम करे।

गृह-कार्य की शिक्षक के द्वारा ग्रेडिंग अवश्य होनी चाहिए। चूँकि वर्ग में विद्यार्थियों की संख्या अधिक होती है, इतने अधिक बच्चों की कॉपी की जाँच करना और फिर उनकी ग्रेडिंग करना कठिन एवं अधिक समय खपत करनेवाली हो सकती है। परन्तु हर हाल में कोई भी ऐसा उपाय ढूँढ़ना चाहिए कि विद्यार्थियों को अपने सीखने का पुनर्निवेशन (feedback) मिले, जिससे वे यह जान पाएँ कि उन्होंने जो सीखा, वह सही है अथवा नहीं। साथ ही, इससे वे गृह-कार्य के महत्त्व को भी गम्भीरता से लेंगे।

व्याख्यान तथा व्याख्यान-चर्चा (Lecture and lecture discussion)

व्याख्यान (Lecture)

व्याख्यान विधि अपनी अनेक कमजोरियों एवं आलोचनाओं के बावजूद बृहत् रूप से उपयोग में आनेवाली एक प्रचलित विधि है। इसके टिकाऊ होने के प्रमुख कारण निम्नांकित हैं :

पहला, व्याख्यान शिक्षकों के लिए एक दक्ष विधि है। इसमें विषय-वस्तु की योजना बनाने तथा इसके अंशों को सजाने में बहुत ही कम समय लगता है।

दूसरा, यह एक बहुत ही लचीली विधि है, जिसका प्रायः किसी भी क्षेत्र में उपयोग होता है।

तीसरा, यह एक सरल विधि है, जिसमें शिक्षक अपनी सम्पूर्ण क्रियात्मक याददाश्त का उपयोग संगठित करने तथा प्रस्तुत करने में कर सकते हैं।

अच्छे शिक्षक के द्वारा व्याख्यान देने में निम्नांकित टेबल संख्या-19 में दिए गए तकनीक का प्रयोग श्रेयस्कर होता है :

टेबल-19

स्वाभाविक रूप से खड़ा होना।
विद्यार्थियों से उपयुक्त आँख मिलाकर पढ़ाना।
अपने हाव-भाव का उपयोग प्रभावकारी तरीके से करना।
स्पष्ट एवं सुग्राह्य भाषा का उपयोग करना।
अपनी आवाज में विद्यार्थियों को स्पष्ट सुनाई पड़ने लायक आवश्यक प्रबलता लाना।
अपने बोलने की दर को उपयुक्त, लगभग 125 शब्द प्रति मिनट, रखना।
अपने द्वारा पढ़ाए जानेवाले विषय (पाठ) सुसंगठित करना।
विद्यार्थियों की रुचि को बनाए रखने में सक्षम होना।

उपरोक्त सभी गुणों के बावजूद व्याख्यान विधि का सबसे बड़ा अवगुण यह है कि इस विधि में विद्यार्थी निष्क्रिय रूप से भाग लेते हैं। कम उम्र के बच्चों को इस विधि से पढ़ाने में ज्यादा कठिनाई होती है, क्योंकि उनका ध्यान विस्तार एवं शब्दों का भंडार बहुत ही कम होता है।

उपरोक्त कमियों के बावजूद निम्नांकित परिस्थितियों में व्याख्यान विधि सबसे उपयुक्त विधि है :

पहला, जब शिक्षक को दूसरे प्रकार से सूचना प्राप्त करना सम्भव नहीं हो।

दूसरा, जब उन्हें विविध स्रोतों से प्राप्त सूचनाओं को जोड़ना हो।

तीसरा, जब विभिन्न बिन्दुओं से विचारों को समझने की आवश्यकता हो।

व्याख्यान-चर्चा (Lecture discussion)

व्याख्यान विधि की कमजोरियों को दूर करने के लिए दूसरी सबसे प्रभावकारी विधि व्याख्यान-चर्चा विधि है। जैसा कि इसके नाम से स्पष्ट है, इसमें छोटे-छोटे व्याख्यान के साथ-साथ पढ़ाए जा रहे विषय से सम्बन्धित प्रश्न पूछकर चर्चा करना सम्मिलित होता है।

इस विधि के मुख्य तत्त्व :

सूचना को प्रस्तुत करना—जब शिक्षक किसी विषय पर सूचनाओं को प्रस्तुत करते हैं।

समझदारी का अनुश्रवण करना—इसके लिए शिक्षक थोड़े समय तक अपनी प्रस्तुति के बाद प्रस्तुत किए गए विषय की समझदारी की जाँच करने के उद्देश्य से, प्रश्नों की एक शृंखला निर्मित कर विद्यार्थियों से पूछते हैं।

एकीकरण (Integration)

शिक्षक विद्यार्थियों से कुछ अतिरिक्त सवालों को पूछकर विषय के विभिन्न प्रत्ययों के बीच के सम्बन्धों की उनकी समझदारी की जाँच करते हैं।

व्याख्यान सह चर्चा विधि, व्याख्यान विधि से एक उत्तम विधि कैसे है, इसकी व्याख्या नीचे दी जा रही है—

1. इसमें विद्यार्थियों के पृष्ठभूमि ज्ञान की जाँच कर पाना सम्भव होता है।
2. इसमें विद्यार्थियों को सीखने के कार्य में क्रियाशील होकर संलग्न रखने में सहायता मिलती है।
3. यह एकीकरण एवं अर्थपूर्णता को बढ़ावा देता है।
4. यह शिक्षक को सीखने की प्रगति का अनुश्रवण करने तथा अपने पढ़ाने को तदनुरूप समंजित (adjust) करने में सहायक होता है।

सारांश

शिक्षक पढ़ाने के अतिरिक्त विद्यार्थियों के मार्गदर्शक भी हैं। मार्गदर्शन के लिए शिक्षकों में विद्यार्थियों को जानने-समझने एवं उनका विश्वास एवं सहयोग प्राप्त करने के गुणों का होना आवश्यक है। एक सफल शिक्षक की विशेषताओं में उनमें आदर्श, उत्साह, देखरेख करने एवं अपनी अपेक्षाओं का अनुश्रवण करने की विशेषताओं के होने के अतिरिक्त उच्च कोटि के निदेशन के लिए योजनाबद्ध शिक्षण की आवश्यकता पड़ती है। योजनाबद्ध शिक्षण के लिए उन्हें विषय-वस्तु के ज्ञान, शिक्षाशास्त्रीय ज्ञान के अतिरिक्त शिक्षण तथा सीखनेवाले के ज्ञान का होना अनिवार्य है।

पढ़ाने की योजना बनाने के लिए आवश्यक तत्त्वों में सीखने के उद्देश्य की पहचान करना, सिखाने के क्रियाकलापों का चुनाव करना एवं उन क्रियाकलापों का संगठन करने के अतिरिक्त सीखने के मूल्यांकन की प्रक्रियाओं का ढाँचा बनाने को सम्मिलित किया जाता है।

सीखने के बाद विद्यार्थियों में संज्ञानात्मक, भावात्मक एवं मनोदैहिक दृष्टिकोण से होनेवाले परिवर्तनों की पहचान कर किसी विषय के सीखने का मूल्यांकन करने की क्षमता हो।

विद्यार्थियों को सिखाने के उद्देश्य से किसी विषय को प्रस्तुत करने के लिए विभिन्न विधियों में प्रत्यक्ष निदेश, व्याख्यान तथा व्याख्यान चर्चा विधि प्रमुख हैं।

एक अच्छा शिक्षक विषय के प्रत्यक्ष निदेश को चार चरणों क्रमशः परिचय तथा पुनरवलोकन, प्रस्तुतीकरण, निदेशन में अभ्यास तथा स्वतन्त्र अभ्यास में सम्पादित करते हैं।

शिक्षक के व्यक्तिगत गुणों के अतिरिक्त योजनानुरूप सीखने को निदेशित करने के लिए विद्यार्थियों के अन्तर्गत होनेवाले परिवर्तनों के प्रति एवं पढ़ाने की विधि के प्रति संवेदनशील होने के गुणों का होना भी शिक्षण की प्रगति के लिए आवश्यक है।

अध्याय-7

शिक्षकों का व्यक्तित्व विकास
[Personality Development of Teachers]

इस अध्याय के मनन से जानने योग्य बातें :

- एक प्रभावकारी शिक्षक के व्यक्तित्व विकास के लिए आवश्यक शर्तों का ज्ञान,
- व्यक्तित्व विकास हेतु लाभप्रद युक्तियाँ।

व्यक्तित्व एक बृहत् शब्द है। बोलचाल की भाषा में इसका अर्थ बाहरी रूपरेखा से लगाया जाता है, परन्तु वास्तव में सिर्फ बाहरी रूपरेखा नहीं होकर यह किसी व्यक्ति के अन्तर्गत विभिन्न मनोवैज्ञानिक एवं शारीरिक गुणों का योग है। इन विशिष्ट मनोवैज्ञानिक एवं शारीरिक गुणों के कारण ही व्यक्ति के कार्य करने की प्रणाली, समाज के अन्य लोगों एवं विभिन्न परिस्थितियों के साथ सामंजस्य स्थापित करने की शैली प्रभावित होती है। वैसे तो जीवन के प्रत्येक क्षेत्र में एक स्वस्थ व्यक्तित्व की आवश्यकता होती है, परन्तु शिक्षकों के लिए इसका महत्त्व इसलिए और भी बढ़ जाता है क्योंकि वे समाज के आदर्श हैं, जिनका अनुकरण छात्र एवं समाज के दूसरे लोग करते हैं।

व्यक्तित्व का निर्धारण मुख्य रूप से दो तत्त्वों पर निर्भर करता है। पहला, वंशानुक्रम (heredity) तथा दूसरा वातावरण (environment)। हमारी शारीरिक बनावट एवं हमारा रूप-रंग हमें हमारे पूर्वजों, माता-पिता, दादा-दादी, नाना-नानी से वंशानुक्रम के द्वारा प्राप्त होता है, जबकि मनोवैज्ञानिक क्षमताओं का विकास वातावरण के प्रभाव से होता है। बचपन से ही व्यक्ति परिवार, स्कूल, खेल के मैदान इत्यादि में विभिन्न लोगों एवं परिस्थितियों के सम्पर्क में आता है, जिसे समग्र रूप से वातावरण कहते हैं। वंशानुक्रम की भिन्नता के फलस्वरूप प्राप्त एक विशेष प्रकार की शारीरिक बनावट एवं भिन्न वातावरण के सम्पर्क के प्रभाव के फलस्वरूप उत्पन्न हमारी सोच-समझ, आचार-व्यवहार आपसी अन्तःक्रिया हमारे व्यक्तित्व को निर्धारित करते हैं। यद्यपि व्यक्तित्व के ये गुण अपेक्षाकृत अपरिवर्तनीय हैं तथापि

उनमें गत्यात्मकता के गुण भी पाए जाते हैं। विशेषकर जिन गुणों का समावेश सीखने के फलस्वरूप होता है, उनमें परिवर्तन कर पाना संभव है और हम प्रयास कर, कुछ नया सीखकर इनमें यथोचित सुधार ला सकते हैं।

आइए, उन तत्त्वों को जानें जो एक शिक्षक के रूप में हमारे व्यक्तित्व के लिए आवश्यक हैं, और जिनका विकास हम कर सकते हैं। इसके लिए विद्यालय, शिक्षा एवं विद्यार्थियों के प्रति सोच को जानना आवश्यक है, जिसकी जाँच के लिए एक प्रश्नावली दी गई है, जिसका उत्तर हाँ अथवा नहीं में दें :

प्रश्नावली

1. मानसिक बीमारी प्रायः एक अनुवांशिक रोग है।
2. विद्यार्थियों के लिए थोड़ा शारीरिक दंड देना अच्छा है।
3. हकलाना मस्तिष्क की एक बीमारी है।
4. मिरगी को पूर्ण रूप से नियन्त्रित किया जा सकता है।
5. बालक-बालिकाओं को सह-शिक्षा (co-education) देना अच्छा है।
6. उच्च विद्यालयों में यौन-शिक्षा (sex-educaion) निश्चित रूप से प्रदान करना चाहिए।
7. शान्त बच्चे सीखने में अच्छे होते हैं।
8. यदि छात्र शिक्षक से घुल-मिलकर रहते हों तो यह अनुशासनहीनता का परिचायक है।
9. बच्चों में सिर दर्द प्रायः संवेगात्मक तनाव के कारण होता है।
10. सभी बच्चों पर दाहिने हाथ से लिखने के लिए दबाव डालना चाहिए।
11. बच्चों में दमा प्रायः संवेगात्मक तनाव के कारण होता है।
12. मिरगी एक छुआछूत की बीमारी है।
13. हकलाना ठीक होने योग्य है।
14. संवेगात्मक उपद्रव बच्चों के बीच आमतौर पर पाया जाता है।
15. परीक्षा में असफलता का कारण संवेगात्मक समस्याएँ हो सकती है।
16. हस्तमैथुन स्वास्थ्य के लिए हानिकारक है।
17. पढ़ने की अयोग्यता सिर्फ बौद्धिक क्षमता की कमी के कारण ही सम्भव है।
18. गणितीय अयोग्यता बौद्धिक क्षमता की कमी के कारण ही सम्भव है।
19. त्रुटिपूर्ण दृष्टि एवं श्रवण क्षमता खराब शैक्षिक प्रदर्शन का कारण हो सकते हैं।
20. शारीरिक रूप से विकलांग एक बच्चे को यदि उचित अवसर प्रदान किया जाए तो सामान्य स्कूली शिक्षा से लाभान्वित हो सकता है।

नीचे वर्ग की कुछ परिस्थितियाँ दी गई हैं, जिनके प्रबन्धन हेतु पाँच विकल्प भी सुझाए गए हैं। आपको अपनी समझदारी से उन विकल्पों में से सर्वथा उपयुक्त विकल्प का चुनाव करना है :

21. एक दिन आप उच्च वर्ग के विद्यार्थियों को कक्षा में पढ़ा रहे हैं, वर्ग में पढ़ाने के क्रम में एक विद्यार्थी ने आप पर यह आरोप लगाया कि आपके पढ़ाने का तरीका अच्छा नहीं है, आपने उस विषय की तैयारी ठीक से नहीं की है और आप सिर्फ समय गँवा रहे हैं। आपकी प्रतिक्रिया निम्नांकित में से क्या होगी?
   (क) आप उस छात्र के व्यवहार के खिलाफ प्रधानाध्यापक से शिकायत दर्ज करेंगे।
   (ख) उस विद्यार्थी को वर्ग से बाहर जाने के लिए कहेंगे और बहुत ही जोर देकर उसे यह बताएँगे कि आप अपने पढ़ाने की शैली को नहीं बदल पाएँगे।
   (ग) उसे कक्षा के बाद अपने कक्ष में मिलने के लिए कहेंगे।
   (घ) वर्ग की जरूरत को सुनेंगे, समझेंगे और भविष्य में उसी के अनुरूप तैयारी करने का वादा करेंगे।
   (ङ) छात्र के उस व्यवहार को नजरअन्दाज करते हुए, आगे पढ़ाना जारी रखेंगे।

22. एक दिन आप उच्च वर्ग के पुरुष-महिला छात्रों की मिश्रित कक्षा में विद्यार्थियों को पढ़ा रहे हैं। वर्ग में पढ़ाने के क्रम में एक लड़के ने आपत्तिजनक चुटकुला महिलाओं के लिए कहा। आपकी प्रतिक्रिया इनमें से क्या होगी?
   (क) आप इसे चुटकुला मानकर नजरअन्दाज कर देंगे।
   (ख) वर्ग के बाद उस लड़के को अपने कार्यालय में बुलाकर उसकी खिंचाई करेंगे।
   (ग) उस लड़के को स्कूल के काउंसॅलर के पास प्रशिक्षण के लिए भेज देंगे।
   (घ) आप लड़कियों से उस विद्यार्थी के विरुद्ध लिखित शिकायत करने के लिए कहेंगे ताकि उस लड़के के विरुद्ध उचित अनुशासनात्मक कार्रवाई की जा सके।
   (ड) तत्क्षण यह घोषणा करेंगे कि इस तरह के चुटकुले वर्ग के लिए अनुपयुक्त हैं और इस तरह के चुटकुले कहने को बर्दाश्त नहीं किया जाएगा।

उत्तर

1. नहीं, 2. नहीं, 3. नहीं, 4. हाँ, 5. हाँ, 6. हाँ, 7. नहीं, 8. नहीं, 9. हाँ, 10. नहीं, 11. हाँ, 12. नहीं, 13. हाँ, 14 हाँ, 15. हाँ, 16. नहीं, 17. नहीं, 18. नहीं, 19. हाँ, 20. हाँ।

21. घ. समूह के साथ काम करने में आत्मीय सम्बन्ध, तारतम्यता और सान्त्वना संवेगात्मक दक्षता के मूल तत्त्व हैं। विचारों की खुली एवं स्वतन्त्र अभिव्यक्ति सृजनात्मकता एवं परस्पर सम्मान को जन्म देती है।

22. ङ. संवेगात्मक रूप से बुद्धिमान उत्तर एक स्वस्थ वातावरण का निर्माण करना है, न कि महिलाओं के प्रति पूर्वाग्रहपूर्ण आपत्तिजनक टिप्पणी को बर्दाश्त करना।

व्यक्तित्व विकास के लिए आवश्यक शर्त : बदलाव लाने का खुलापन एवं सुधार लाने की इच्छा शिक्षक के पेशेवर सफलता की दो प्रमुख विशेषताएँ हैं। अपने विद्यार्थियों को उनके **नाम से जानें** और पुकारें ताकि उनको यह महसूस हो कि आप उनमें रुचि लेते हैं और अपने व्यक्तित्व में निम्नांकित को विकसित करें–

आत्मीयता : शिक्षक के द्वारा लिया जानेवाला हर निर्णय विद्यार्थियों को ध्यान में रखकर लिया जाना चाहिए। शिक्षक में परानुभूति के गुण का होना अनिवार्य है। परानुभूति का अर्थ है, दूसरे की पीड़ा का अनुभव करने के लिए उसके स्थान पर स्वयं को रखकर उसकी अनुभूतियों को महसूस करना। ऐसा करने से सम्भव है कि आपके द्वारा लिए गए निर्णय दूसरों के लिए दुखदाई नहीं होंगे।

धनात्मक मनोवृत्ति : शिक्षकों को बच्चों के साथ-साथ अपने प्रति भी धनात्मक मनोवृत्ति रखनी चाहिए। पढ़ाने के पहले ही कुछ शिक्षकों को अपनी ही क्षमता पर शंका होने लगती है कि वे इस काम को सफलतापूर्वक कर पाएँगे अथवा नहीं। ऐसा होना स्वाभाविक भी है, क्योंकि ज्यादातर लोगों को किसी समूह के बीच बोलने में घबराहट या डर का अनुभव होता है। यह डर प्रायः इस बात का होता है कि बोलने के क्रम में कहीं हम विषय को भूल गए या अटक गए तो श्रोताओं के द्वारा मेरा मजाक उड़ाया जाएगा।

अतः पढ़ाने के पहले असफल होने का भय एक आम परेशानी है। इसको दूर करने के लिए शिक्षक को सबसे पहले विषय की खूब तैयारी करनी चाहिए। उन्हें अपने आपसे यह कहने के बजाय कि हम असफल हो जाएँगे, यह कहना चाहिए कि 'हमें शानदार सफलता मिलेगी' "I Will be a Grand Success."

यदि सम्भव हो तो किसी विषय की तैयारी करने के बाद उसको अपने किसी मित्र को सुनाएँ और यदि कोई मित्र सुननेवाला नहीं हो, तो आईने के सामने खड़े होकर भाषण देने का अभ्यास करें।

पेशे के साथ सामंजस्य : भारतवर्ष में बेरोजगारी से उबरने के लिए बहुत से लोग किसी ऐसे पेशे में आ जाते हैं, जो उनकी रुचि एवं अभिक्षमता के अनुरूप नहीं होता है। रोजगार के अवसर एवं विकल्प के अभाव में आर्थिक कारणों से उन्हें अपने पेशे को त्यागने के बजाय उसमें बने रहना पड़ता है। सम्भव है बहुत से ऐसे शिक्षक भी हों जो पेशे में रुचि नहीं होने के बावजूद रोजगार पाकर मजबूरी में शिक्षक के रूप में कार्य करने को बाध्य हों।

शिक्षक बनने का कारण चाहे बेरोजगारी हो या स्वेच्छा से चुना गया रोजगार, हर व्यक्ति के जीवन का प्रथम दायित्व अपने आपको प्रसन्न रखना एवं 'हम स्वस्थ हैं', के भाव का होना है। व्यक्ति किसी भी पेशे में हो, उसमें आत्म-सम्मान एवं गौरव अनुभव करना सन्तोष के भाव को जन्म देता है। अपने पेशे के प्रति उसकी रुचि बढ़ती है जिससे प्रसन्नता एवं आत्म-संतुष्टि के भाव उत्पन्न होते हैं। एक मजदूर जो बोझा ढ़ोने का काम करता है, यदि वह उस काम के प्रति सकारात्मक सोच नहीं रखेगा तो उसे भी असन्तोष का सामना करना पड़ेगा। उसके जीवन में उत्साह तो नहीं ही होगा, उसको अपना काम ही नहीं, जीवन भी बोझ लगने लगेगा।

काम के प्रति सोच की एक छोटी सी कहानी इस आशय को और स्पष्ट कर देगी। एक बार तीन मजदूर दक्षिण भारत के अम्बा के किसी मन्दिर के निर्माण-कार्य में लगनेवाले पत्थरों को छोटे-छोटे टुकड़ों में तोड़ने का काम कर रहे थे। एक महात्मा उस रास्ते से गुजर रहे थे। उन्होंने उन मजदूरों से एक-एक कर किए जानेवाले काम के बारे में पूछा। पहले मजदूर से जब उन्होंने पूछा कि "भाई तुम क्या कर रहे हो?" तो उसने खीजकर उत्तर दिया, "किस्मत में जो था, कर रहा हूँ, पत्थर तोड़ रहा हूँ।" जब पत्थर तोड़नेवाले दूसरे मजदूर से उन्होंने यही सवाल किया तो उसने उत्तर दिया, "रोजी-रोटी कमाने के लिए कुछ तो करना ही है, सो जीविका के लिए पत्थर तोड़ रहा हूँ।" महात्मा ने तीसरे मजदूर से जब यही सवाल पूछा तो उसने बड़ी ही प्रसन्नता से निर्मित हो रहे मन्दिर की ओर इशारा करते हुए उत्तर दिया, "मैं निर्मित हो रहे अम्बा के उस भव्य मन्दिर में उपयोग के लिए इन पत्थरों के टुकड़े कर रहा हूँ।" वे तीनों मजदूर एक ही काम को कर रहे थे, परन्तु तीनों का दृष्टिकोण काम के प्रति अलग-अलग था। एक ने किस्मत को दोष दिया कि उसे पत्थर तोड़ना पड़ रहा है, तो दूसरे ने इसे रोजी-रोटी का साधन मात्र माना, जबकि तीसरे ने इसे मन्दिर निर्माण में अपनी गौरवपूर्ण सहभागिता के रूप में व्यक्त किया। काम का महत्त्व काम में नहीं आपके दृष्टिकोण में है कि आपके लिए काम का मतलब क्या है? अतः अपने दृष्टिकोण को सकारात्मक बनाएँ।

पात्रता बढ़ाएँ (Enhance your credentials) : शिक्षक बनने के लिए यह परम आवश्यक है कि आप अपनी पात्रता को बढ़ाएँ। सम्भव है आपकी मनोवृत्ति, ज्ञान, भाव एवं संवेग शिक्षा एवं शिक्षक के लिए अपेक्षित गुणों के अनुरूप नहीं हों, फिर भी यदि आप प्रयास करें तो अपने अन्तर्गत निम्न गुणों को विकसित कर सकते हैं :

सामाजिक दायित्व के प्रति सजगता : सबसे पहले आपको इस वास्तविकता को स्वीकार करना होगा कि समाज ने अपनी भावी पीढ़ी के निर्माण का दायित्व आपके कन्धों पर सौंपा है। आपको अपने मन में यह धारणा उत्पन्न करनी होगी कि आपको समाज ने इस योग्य समझा कि आप उनकी भावी पीढ़ी का मार्गदर्शन एवं निर्माण

कर सकते हैं। अपने इस महत्त्वपूर्ण दायित्व के लिए आपको अपने ऊपर गर्व करना चाहिए एवं समाज की अपेक्षाओं पर खरे उतरने का समर्पित प्रयास भी करना चाहिए ताकि बच्चों के भविष्य के निर्माण का दायित्व पूरा हो सके।

खूब पढ़ें-जानें, पढ़ाई-लिखाई से नाता जोड़ें : आपको जिस विषय को पढ़ाना हो, उस विषय से सम्बन्धित या अन्य विषय पर ज्ञान को बढ़ाने के लिए नियमित रूप से स्वाध्याय की आदत डालनी चाहिए। सूचनाओं को प्राप्त करने के लिए विभिन्न पुस्तकों, लेखों, शोध-पत्रों के अतिरिक्त इंटरनेट के माध्यम से अपने ज्ञानवर्धन के लिए सतत प्रयत्नशील रहना चाहिए। आज के तकनीकी युग में दुनिया के किसी कोने से किसी भी विषय के ज्ञान को इंटरनेट के www.google.com या www.answers.com आदि वेब साईट के माध्यम से आसानी से प्राप्त किया जा सकता है।

मानव तथा मानवता में रुचि विकसित करें : मानव मात्र के विकास के लिए शिक्षकों का योगदान सदियों से सराहनीय एवं बन्दनीय रहा है। आपको भी मानवीय आवश्यकताओं के प्रति संवेदनशील होना चाहिए। जिस बच्चे के भविष्य के निर्माण का कार्य आपके कन्धों पर होता है, उनकी रुचि, क्षमता एवं कमजोरियों के प्रति संवेदनशील होकर उनके गुणों को विकसित करना तथा अवगुणों को दूर करना आपका दायित्व है।

क्या आप जानते हैं कि बाबा साहेब भीम राव अम्बेडकर को स्कूल में पढ़ानेवाले एक ब्राह्मण शिक्षक ने सामन्तवादी उच्च वर्ग के लोगों से मिलनेवाले भेदभावपूर्ण व्यवहार एवं तिरस्कार से बचाने के लिए, अपनी उपाधि देकर विलक्षण प्रतिभा के इस अछूत बच्चे की सहायता की थी? डॉ. ए.पी.जे. अब्दुल कलाम, हमारे भूतपूर्व राष्ट्रपति, को उनके एक ब्राह्मण शिक्षक ने अपनी रूढ़िवादी पत्नी की इच्छा के विरुद्ध अपने साथ खाना खिलाया था।

भारतीय संस्कृति में अच्छे उदाहरणों की कोई कमी नहीं है। जो लोग संकीर्ण एवं निम्न मानसिकता के होते हैं वे हमेशा ऋणात्मक उदाहरणों को ढूँढ़कर एवं उनका हवाला देकर अपने द्वारा किए जानेवाले विभेदपूर्ण कृत्यों के लिए समर्थन जुटाने का प्रयास करते हैं। किस शिक्षक ने अपनी छात्रा के साथ शादी रचाई, किसने अपनी पहुँच का उपयोग कर पैसे बनाए, इस प्रकार के उदाहरण ढूँढ़ना ऋणात्मक सोचवाले व्यक्ति का एक उदाहारण है।

वास्तव में शिक्षक अपने विद्यार्थियों के लिए माता-पिता के समान होते हैं। उनके लिए सभी विद्यार्थी उनकी सन्तान के समान हैं, न कोई पुरुष है न कोई महिला, न कोई हिन्दू है न कोई मुसलमान, न कोई ऊँच है न कोई नीच।

अतः उनको समाज में सिर उठा रहे भेदभाव के विभिन्न आयामों—जैसे जातिवाद, क्षेत्रवाद एवं सम्प्रदायवाद से ऊपर उठकर मानवतावाद एवं राष्ट्रवाद के धर्म का पालन करना चाहिए।

ईमानदार बनें : शिक्षकों को अपने विद्यार्थियों के प्रति, अपने दायित्व के निर्वहन के प्रति ईमानदार होना चाहिए। विद्यार्थियों को पढ़ाने के क्रम में कई बार ऐसे अवसर आते हैं जब शिक्षक विद्यार्थियों के द्वारा किए गए किसी प्रश्न का उत्तर नहीं जानते हैं और उत्तर देने में असमर्थ होते हैं। ऐसा होने पर शिक्षक प्रतिक्रिया स्वरूप तीन अलग-अलग युक्तियों का सहारा लेते हैं।

पहली, वास्तविक उत्तर नहीं जानने के बाद भी, कोई मनगढ़न्त उत्तर देकर विद्यार्थियों को सन्तुष्ट करने का प्रयास करते हैं।

दूसरी, विद्यार्थियों को जबर्दस्ती धौंस दिखाकर चुप करवा देते हैं।

तीसरी, यह स्वीकार कर लेते हैं कि इसका उत्तर उन्हें तत्काल तो मालूम नहीं है, पर इसकी जानकरी प्राप्त कर अगले वर्ग में इसका सही उत्तर दे पाएँगे।

इन युक्तियों में सर्वथा उपयुक्त युक्ति या तरीका तीसरी है, क्योंकि इसमें शिक्षक के ईमानदार होने की झलक मिलती है।

संवेगात्मक परिपक्वता विकसित करें : संवेग एक आन्तरिक उपद्रव की अवस्था है। कुछ संवेग धनात्मक होते हैं तो कुछ ऋणात्मक। कुछ संवेग जैसे घबड़ाहट, डर, चिंता, घृणा, क्रोध, उदासी इत्यादि ऋणात्मक संवेग हैं तो कुछ संवेग, जैसे—प्रेम, खुशी इत्यादि धनात्मक संवेग हैं। कहा जाता है कि संवेग उत्पन्न होता है, बुद्धि मारी जाती है, अर्थात् उस पर नियन्त्रण रखना मुश्किल होता है। आए दिन शिक्षकों के द्वारा विद्यार्थी के साथ मारपीट की घटनाएँ घटती रहती हैं, कई बार तो उसकी तीव्रता विद्यार्थी के अस्पताल में भर्ती होने तक की होती है। शिक्षक के विरुद्ध मुकदमा की नौबत आ जाती है। अतः शिक्षक में संवेगात्मक परिपक्वता आवश्यक है जिसको विकसित करने के लिए उन्हें निम्नांकित पाँच तत्त्वों पर ध्यान देने की आवश्यकता होती है।

1. अपनी संवेगात्मक अवस्था के प्रति सजग रहें एवं दूसरे के संवेगों का आदर करें।
2. अपने संवेगों तथा व्यवहार को पूर्ण नियन्त्रित करने की क्षमता विकसित करें एवं जीवन की विभिन्न परिस्थितियों में अपनी प्रतिक्रिया व्यक्त करने में इनका खयाल रखें।
3. अपने सम्बन्धों को मजबूत बनाने के लिए अपने संवेग की अभिव्यक्ति ईमानदारी से करें।
4. काम को आनन्ददायक बनाएँ। उसके लिए काम में टाल-मटोल, आत्म-शंका एवं निम्न-उपलब्धि के भाव से बचें।
5. काम, मनोरंजन एवं पारिवारिक जीवन के बीच एक सन्तुलन बनाएँ।

छात्रों में मनोबल, उत्कृष्टता, एवं सृजनात्मकता विकसित करें : वर्ग वह स्थान है जहाँ छात्र पढ़ते, सीखते हैं और विकसित होते हैं। विद्यार्थियों में यह विश्वास बढ़ाना कि वे सीख सकते हैं और उनसे अच्छा करने की आशा करना उनकी प्रगति को सुनिश्चित

करने में सहायक होते हैं। छात्रों के बीच आपसी सहयोग, समर्थन एवं भाईचारा को प्रोत्साहित करें। इसके लिए अपने आचरण में भी इन गुणों को प्रदर्शित करें।

छात्रों में आपसी सहयोग की भावना को विकसित करने के उद्‌देश्य से उनके बीच पढ़ना-पढ़ाना, खेलना-खेलाना इत्यादि में होनेवाली कठिनाइयों को चिह्नित कर दूर करने का प्रयास करें। इसके लिए उनके साथ खेल के मैदान में जाना एवं चिह्नित किए गए त्रुटिपूर्ण व्यवहार एवं संवाद शैली को सुधारने के लिए वर्ग में तथा खेल के मैदान में उदाहरण के रूप में नमूने के व्यवहार को प्रदर्शित कर सुधारने का प्रयास करना चाहिए।

धैर्य रखें : शिक्षक में धैर्य का होना एक बहुत ही महत्त्वपूर्ण शर्त है। धैर्य से तात्पर्य विपरीत परिस्थितियों में भी बिना विचलित हुए अपने इरादों पर टिके रहना है। एक शिक्षक को वर्ग में विभिन्न सामाजिक-आर्थिक स्तर, बौद्धिक क्षमता, लिंग, संवेगात्मक एवं व्यवहार सम्बन्धी समस्याओं वाले छात्रों का सामना करना होता है। उन्हें उन समस्याजनित परिस्थितियों में भी यह सुनिश्चित करना कि सभी विद्यार्थियों का शैक्षिक एवं व्यक्तित्व विकास समुचित रूप से हो, आवश्यक है।

कई बार शिक्षकों को ऐसी परिस्थितियों का सामना करना पड़ता है जब उन्हें अपने ईमानदार एवं समर्पित प्रयास के बावजूद ऐसा अनुभव होता है कि वे जिन विद्यार्थियों की भलाई के लिए प्रयास कर रहे हैं, उनका एवं उनके अभिभावकों का पूर्ण सहयोग नहीं प्राप्त हो रहा है, जिससे हतोत्साहित होकर या तो प्रयास करना छोड़ देते हैं या उनका व्यवहार नियन्त्रित नहीं रह पाता है।

बच्चों के समझने एवं व्यवहार के नियन्त्रण की शिक्षा पर स्कूल के अतिरिक्त उनके घर के वातावरण का प्रभाव भी होता है, अतः हतोत्साहित होकर प्रयास छोड़ने के बजाय, धैर्य से जिन बच्चों का सहयोग नहीं मिल रहा हो, उन्हें विविध प्रबन्धन तकनीकों के द्वारा, उनके माता-पिता एवं अन्य सहकर्मियों से सहयोग प्राप्त कर सुधारने का प्रयास करना होगा।

अंग्रेजी भाषा का ज्ञान : अंग्रेजी विश्व के सबसे अधिक देशों में बोली एवं समझी जानेवाली भाषा है। जबकि हिन्दी भारत के अतिरिक्त कम ही देशों में बोली एवं समझी जाती है। अंग्रेजी के प्रति आम लोगों की उदासीनता, अंग्रेजी को विदेशी भाषा होने के कारण कठिन मानना और इसे सरल बनाकर सीखने के बजाय उसका बहिष्कार करना, हमें ज्ञान प्राप्ति के विभिन्न अवसरों से वंचित करेगा और दुनिया के दूसरे लोगों के लिए मूक-बधिर (deaf and dumb) बना देगा। दो वैसे व्यक्ति, जो एक-दूसरे की भाषा को नहीं जानते हों, आपस में मिलें तो उनके बीच स्थापित होनेवाला संवाद शोर के समान ही होगा।

अंग्रेजी इक्कीसवीं सदी के भारत की आवश्यकता बन गई है। भाषा वह माध्यम है, जिसके द्वारा हम अपनी भावना तथा अनुभवों को व्यक्त कर सकते हैं तथा दूसरे

की भावना तथा विचारों को जान सकते हैं। राजनीतिक कारणों से भारत के कुछ राज्यों में अंग्रेजी को दूसरी श्रेणी में रखकर एवं इसकी पढ़ाई को ऐच्छिक विषय बनाकर इसे कुछ खास समृद्ध लोगों की भाषा बना दी गई है। अंग्रेजी सीखने का अर्थ हिन्दी के लिए अनादर का होना नहीं, बल्कि दो भाषाओं के ज्ञाता होने का गर्व है।

हिन्दी या अन्य क्षेत्रीय भाषाओं को बोलनेवाले विद्यार्थियों के घर पर बोली जानेवाली भाषा अंग्रेजी से भिन्न होती है। अतः हिन्दी भाषी विद्यार्थी अपने दैनिक क्रियाकलापों में अंग्रेजी का उपयोग नहीं कर पाते हैं, जिसके कारण अंग्रेजी सीखने में कठिनाई का अनुभव करते हैं। फिर भी शिक्षक यदि कृतसंकल्प हों तो वे अपने छात्रों की अंग्रेजी को सुधार सकते हैं। आइए, जानें कैसे :

भाषा को सिखाने का कौशल : निम्नांकित प्रयास अंग्रेजी भाषा को सीखने में सहायक होगा :

अंग्रेजी के प्रति सोच बदलकर : सच तो यह है कि अंग्रेजी भाषा में कुल 26 अक्षर ही होते हैं। पूरी अंग्रेजी भाषा इन्हीं 26 अक्षरों के इर्द-गिर्द घूमती है। 26 अक्षरों को सीखना किसी भी विद्यार्थी के लिए कठिन नहीं है। छात्रों को भी इस तथ्य से अवगत करवाकर उनके भीतर पल रहे अंग्रेजी के भय को कम कर यह विश्वास पैदा करना चाहिए कि अंग्रेजी को सीखना कठिन नहीं है।

दैनिक कार्यकलापों में उपयोग : भाषा को सीखने के लिए जितना अधिक अभ्यास तथा उसका दैनिक कार्यकलापों में उपयोग किया जाए, उसे सीखना उतना ही आसान होता जाता है। वैसे वर्ग व्यवस्था में, जिसमें शिक्षक निदेश देते हैं और बच्चे मूक दर्शक बनकर सुनते हैं, भाषा का विकास होना कठिन है। इसके विपरीत जिस वर्ग में बच्चों को मूर्त उदाहरणों से समझाया जाता है और दैनिक कार्यकलापों में इसके उपयोग पर बल दिया जाता है, भाषा सीखने में आसानी होती है।

अन्तःक्रिया : वैसे वर्ग में जहाँ बच्चों को मूर्त उदाहरणों से समझाया जाता है और जहाँ उन्हें अन्तःक्रिया के द्वारा अपने अनुभवों को दूसरों के साथ बाँटने का भरपूर अवसर मिलता है, भाषा का ज्ञान अग्रसर होता है। जहाँ शिक्षक विद्यार्थियों से खुले अन्त वाले सवाल पूछते हैं, जिसमें उत्तर देने की आजादी होती है, अंग्रेजी भाषा का विकास अच्छा होता है।

पृष्ठभूमि ज्ञान : शिक्षक को विद्यार्थियों की उस भाषा का ज्ञान, जिसे वे अपने घर से सीखकर आते हैं, आवश्यक है। अंग्रेजी के नए शब्दों को विद्यार्थियों द्वारा पहले से ज्ञात शब्दों के साथ प्रस्तुत कर इसकी समझदारी बढ़ाई जा सकती है।

क्रियात्मक छायाचित्र : क्रियात्मक छायाचित्र दिखाकर बताने से भी अंग्रेजी सीखना आसान बनाया जा सकता है। उदाहरणस्वरूप, चौथे वर्ग के छात्रों को अंग्रेजी की एक कहानी पढ़ाने के क्रम में शिक्षक द्वारा पुस्तक में दिए गए चित्रों को दिखाते हुए बताना, उनके समझने को आसान बना देता है। पुस्तक में उपयोग किए गए

शब्दों को समझाने के लिए वास्तविक जीवन से चित्रों के माध्यम से बताना, अंग्रेजी सीखने में सहायक होता है।

प्रोत्साहित करना : विद्यार्थियों से प्रश्न पूछने पर, उत्तर देने में उनके संकोच को दूर करने के लिए उनको प्रोत्साहित करना, इसके लिए बोलने में होनेवाली छोटी-मोटी गलतियों को नजरअन्दाज करना एवं उसको सुधार कर बताना, अंग्रेजी भाषा के शिक्षण में सहायता प्रदान करता है।

शब्दकोष के उपयोग : विद्यार्थियों में अंग्रेजी भाषा को सीखने में शब्दकोष के उपयोग के लिए प्रेरित करना चाहिए। उन्हें किसी अनुच्छेद में कठिन शब्दों का सामना होने पर उसके अर्थ को नोट करना तथा नोट करने के बाद उसी अनुच्छेद को अर्थ के साथ पढ़ना सीखने का अभ्यास करवाना भाषा सीखने में सहायक सिद्ध होता है।

अनुभवों का वर्णन : विद्यार्थियों को कहीं घूमने ले जाकर उस नए स्थान की वस्तुओं के बारे में एवं अपने अनुभवों को अंग्रेजी में बोलकर या लिखकर अभिव्यक्त करने का अभ्यास करवाना अंग्रेजी भाषा को सीखने में सहायक सिद्ध होगा। सीखने के शुरू के प्रयासों को प्रोत्साहित करने के लिए लिखने तथा बोलने में होनेवाली अशुद्धियों के लिए उपहास नहीं उड़ाकर उनके प्रयास की सराहना करनी चाहिए।

सारांश

प्रचलित धारणा के विपरीत, व्यक्तित्व किसी व्यक्ति की सिर्फ बाहरी रूप रेखा ही नहीं बल्कि उनकी शारीरिक बनावट, रूपरेखा एवं उनके मनोवैज्ञानिक गुणों एवं क्षमताओं का योग है, जो विभिन्न परिस्थितियों एवं लोगों के साथ सामंजस्य स्थापित करने में सहायता करता है। शिक्षक को अपने व्यक्तित्व में आत्मीयता, धनात्मक मनोवृत्ति एवं अपने पेशे के साथ सामंजस्य स्थापित करने के गुणों से अपनी पात्रता बढ़ाने का प्रयास करना चाहिए।

एक सफल शिक्षक के रूप में अपनी पात्रता विकसित करने के उद्देश्य से उन्हें अपने सामाजिक दायित्व को समझने, जानने एवं ज्ञान को बढ़ाने के लिए सतत प्रयत्नशीलता, मानव एवं मानवता के प्रति संवेदनशीलता, ईमानदारी, संवेगात्मक परिपक्वता का होना एवं छात्रों में मनोबल, उत्कृष्टता एवं सृजनात्मकता विकसित करने की इच्छा-शक्ति के अतिरिक्त स्वयं में उच्च स्तर के धैर्य की क्षमता को विकसित करना भी आवश्यक है। शिक्षकों को अपने व्यक्तित्व के विकास के दृष्टिकोण से अंग्रेजी भाषा का ज्ञान भी आवश्यक है।

अध्याय-8

वर्ग प्रबन्धन
[Class Management]

इस अध्याय के मनन से जानने योग्य बातें :

- प्रभावकारी निदेशन हेतु वर्गानुशासन की विधियों का ज्ञान,
- प्रबन्धन की विभिन्न समस्याओं का ज्ञान,
- वर्ग-प्रबन्धन की विविध हस्तक्षेप प्रविधियों का ज्ञान।

उत्पादक शैक्षिक वातावरण के निर्माण में प्रभावकारी वर्ग-प्रबन्धन का महत्त्वपूर्ण योगदान है। वर्ग वह स्थान है, जहाँ छात्रों को शिक्षक किसी नए विषय की जटिलताओं से अवगत करवाने का प्रयास करते हैं। वर्ग उस मन्दिर के समान है, जहाँ विद्या की देवी सरस्वती अवतरित होती हैं। यदि वर्ग का वातावरण विद्योपार्जन के लिए उपयुक्त नहीं हो, तो विद्योपार्जन का काम बाधित होता है। जिस प्रकार मन्दिर में पूजा-पाठ के लिए कुछ नियम होते हैं, ठीक उसी प्रकार वर्ग में पढ़ने-पढ़ानेवालों के लिए कुछ स्थापित नियम हैं।

शिक्षक का काम सिर्फ पढ़ाना ही नहीं है, बल्कि वर्ग में पढ़ाई के लिए उपयुक्त वातावरण का निर्माण करना भी है। वातावरण के निर्माण में छात्रों का सहयोग मिलना आवश्यक है। कई बार छात्र सहयोग देने के बदले नियम को तोड़कर वर्ग के अनुशासन को भंग करने का प्रयास भी करते हैं। यह सत्य है कि किसी भी वर्ग में अनुशासन के नियम को तोड़नेवाले छात्रों की संख्या बहुत ही कम होती है, परन्तु शिक्षक यदि उन चन्द छात्रों को नियन्त्रित करने में सक्षम नहीं होते हैं, तो यही चन्द छात्र पूरे वर्ग के माहौल को ही पढ़ने-पढ़ाने लायक नहीं रहने देते हैं। वर्गानुशासन वैसे तो सुनने में एक आसान कार्य लगता है, परन्तु ज्यादातर शिक्षकों की यह आम समस्या होती है।

कुछ ही छात्र अनुशासन के लिए चुनौती होते हैं। ऐसे छात्रों को भी अपने दायित्व के प्रति सजग बनाना एवं सुधारना शिक्षक का ही दायित्व है। बलपूर्वक अनुशासित करना एक भ्रामक सोच है। यह कहा भी गया है कि सम्मान माँग कर प्राप्त नहीं

किया जाता है, बल्कि इस पर आधिपत्य जमाना पड़ता है (Respect is not demanded but it is commanded)। आइए, इस अति संवेदनशील एवं महत्त्वपूर्ण विषय पर एक दृष्टि डालें और यह सीखें कि वर्ग के अनुशासन को मजबूत बनाने के लिए एक शिक्षक के रूप में हम अपने दायित्व का निर्वाह कैसे कर सकते हैं। सफल वर्गानुशासन के कुछ प्रमुख तरीके निम्नांकित हैं :

चौकन्नापन (Alertness)

वर्ग के क्रियाकलापों पर शिक्षक की नज़र का होना, दूसरे शब्दों में, 'सिर के पीछे आँख का होना' चौकन्ना रहने का मुहावरा के रूप में एक उदाहारण है। वर्ग में सफल हस्तक्षेप के लिए शिक्षक को चौकन्ना रहते हुए बच्चों के हर व्यवहार पर नजर रखना होता है। वर्ग के किस कोने में बच्चे क्या कर रहे हैं, इसका ज्ञान यदि शिक्षक को नहीं होता है तो इससे वर्ग का अनुशासन बिगड़ जाता है। इसके अन्तर्गत शिक्षक का मुख्य रूप से तीन बातों पर ध्यान देना महत्त्वपूर्ण है:

पहला, वह बच्चों के अशोभनीय व्यवहार की पहचान तुरन्त कर लें, नहीं तो यह धीरे-धीरे बदबू की तरह पूरे वर्ग में फैल जाएगा।

दूसरा, वह उन्हीं विद्यार्थियों की पहचान करे, जो अनपेक्षित व्यवहार करते हों।

तीसरा, यदि दो छात्रों का व्यवहार अनपेक्षित हो, तो शिक्षक को अधिक गम्भीर उल्लंघन करनेवाले छात्र की पहचान कर उसके अनुशासन पर पहले ध्यान देना चाहिए।

चौकन्ने शिक्षक वर्ग में उपस्थित विद्यार्थियों के सिर्फ दुर्व्यवहार पर ही नहीं, बल्कि उनके मौखिक या क्रियात्मक रूप से होनेवाले हर व्यवहार परिवर्तन पर नजर रखते हैं। वे वर्ग में हो रही पढ़ाई पर ध्यान नहीं देनेवाले असावधान विद्यार्थियों के करीब घूमते हुए पहुँच जाते हैं एवं उनके ध्यान को वर्ग में हो रही पढ़ाई की ओर खींच लाते हैं। वे विद्यार्थियों के चेहरे के प्रश्नात्मक भाव को भी तुरन्त भाँप लेते हैं तथा यह पूछ बैठते हैं कि 'आपमें से कुछ के चेहरे पर कुछ अलग भाव मैं देख रहा हूँ', 'क्या मुझे बताई गई बातों को दोहराने की जरूरत है?' इत्यादि। दूसरे शब्दों में, शिक्षक का विद्यार्थियों के सीखने की सम्पूर्ण प्रक्रिया के प्रति संवेदनशील होना उनके चौकन्नेपन का उदाहारण है।

विद्यार्थी की गरिमा की रक्षा करना (Preserving student's dignity)

किसी भी हस्तक्षेप का आधारभूत उद्देश्य विद्यार्थियों के अशोभनीय व्यवहार में सुधार लाना होता है, न कि उनके आत्म-सम्मान को ठेस पहुँचाना। अतः शिक्षकों को हमेशा

इस बात के लिए सजग रहना चाहिए कि अनुशासित करने के नाम पर वे छात्रों के आत्म-सम्मान को ठेस तो नहीं पहुँचा रहे हैं तथा उनकी गरिमा की रक्षा हो रही है अथवा नहीं। तेज आवाज में भरी क्लास में डाँटना, लोगों के सामने आलोचना करना तथा मजाक उड़ाना, छात्रों में सुरक्षा के भाव को घटाता है। विद्यार्थी से उलझने तथा वाद-विवाद करने से, ऋणात्मक भाषा में बात करने से विद्यार्थी अपमानित महसूस करते हैं। शिक्षकों के इस प्रकार अपनी शक्ति के दुरुपयोग करने से विद्यार्थी कुढ़कर रोष का प्रदर्शन कर सकते हैं। अतः शिक्षकों को चाहिए कि वे छात्रों को वर्ग के नियमों के अनुरूप व्यवहार करने की हिदायत कम तेज आवाज में दें। फिर भी यदि वे ध्यान नहीं देते हैं, तो उन्हें एवं वर्ग के अन्य विद्यार्थियों को होनेवाली हानियों की तरफ उनका ध्यान आकर्षित करना चाहिए। उदाहरणस्वरूप, उन्हें यह बताना कि वर्ग के अनुशासन से अलग व्यवहार करने से सीखने, सिखाने, शिक्षक के ध्यान तथा समय सभी को नुकसान पहुँचता है। आवश्यकता पड़ने पर समस्या उत्पन्न करनेवाले छात्रों को वर्ग के बाहर व्यक्तिगत रूप से बताना एवं समझाना भी एक अच्छी नीति है।

समनुरूपता (Consistency)

समनुरूपता का अर्थ किसी भी काम को लगातार एक समान रूप से करना होता है। उत्पादक शैक्षिक वातावरण के निर्माण में शिक्षक को अनुशासन के लागू करने में समनुरूपता अपनाने की आवश्यकता होती है। वास्तव में सैद्धान्तिक रूप से समनुरूपता वर्ग प्रबन्धन के लिए एक आवश्यक शर्त है। समनुरूपता के नियम के अनुसार विद्यार्थियों के हर त्रुटिपूर्ण व्यवहार के लिए शिक्षक को हस्तक्षेप करना चाहिए। परन्तु, व्यावहारिक रूप से शिक्षक को अपने विवेक का इस्तेमाल कर, इसमें थोड़ा लचीलापन लाने की आवश्यकता पड़ती है। उदाहरणस्वरूप, यदि एक विद्यार्थी निर्दोष भाव से, भूल वश, अनायास एक बात बोलकर तुरन्त सम्भल जाता है और चुप होकर पुनः अपने काम में लग जाता है तो शिक्षक को समनुरूपता के नियम को शिथिल करते हुए इसे नजरअन्दाज कर देना चाहिए। यदि कोई विद्यार्थी लगातार फुसफुसाता है तथा वर्ग के वातावरण को प्रभावित करता है तो निश्चित ही एक सोची-समझी रणनीति बनाकर शिक्षक को इसमें हस्तक्षेप करना चाहिए।

अनुवर्तन (Follow-through)

किसी व्यवहार का पीछा करना अनुवर्तन का उदाहरण है। अर्थात्, एक बार मना करने के बाद यह देखना कि अशोभनीय या अनपेक्षित व्यवहार पुनः हो रहा है अथवा नहीं। वर्ग प्रबन्धन के दृष्टिकोण से यह उतना ही महत्त्वपूर्ण है जितना अनपेक्षित व्यवहार

की पहचान करना। बिना अनुवर्तन के वर्ग प्रबन्धन की प्रक्रिया ही बिखर जाती है क्योंकि विद्यार्थी यह सोचने लगते हैं कि वर्ग में अनुशासन के प्रति शिक्षक की प्रतिबद्धता (commitment) नहीं है, जिससे वे अपनी जिम्मेवारी के प्रति लापरवाह हो जाते हैं। जो शिक्षक वर्ग में अध्यापन के प्रथम कुछ वर्षों तक वर्ग में अनुशासन लाने में सक्षम हो जाते हैं, उन्हें बाद के वर्षों में इसके लिए संघर्ष करने की आवश्यकता नहीं पड़ती है।

अल्पकालिक हस्तक्षेप (Brief intervention)

अनुशासन लाने के लिए किए गए हस्तक्षेप, यथासम्भव अल्प समय के लिए होने चाहिए। लम्बे हस्तक्षेप से पढ़ाने का प्रवाह रुक जाता है, क्योंकि इसमें लगनेवाला समय निदेश देने के काम में रुकावट उत्पन्न करता है। हस्तक्षेप के दृष्टिकोण से, समस्या उत्पन्न करनेवाले छात्र के कन्धे पर हाथ रख देना, उसे इशारों से चुप करवाना अथवा उसके करीब जाकर धीरे से इशारों में कहना अधिक श्रेयस्कर है। ऐसे हस्तक्षेप से बाकी बच्चों का ध्यान भंग नहीं होता है।

वाद-विवाद से बचना (Avoiding arguments)

जहाँ तक सम्भव हो, विद्यार्थियों के साथ शिक्षक को अनुशासन के मुद्दे पर वाद-विवाद से बचना चाहिए क्योंकि शिक्षक कभी भी वाद-विवाद में नहीं जीतते हैं। विद्यार्थियों के साथ वाद-विवाद में उलझने से शिक्षक का सम्मान घटता है। नियम बताना एवं यह सुनिश्चित करना कि इसका अनुपालन हो रहा है, उचित है परन्तु वाद-विवाद में उलझना एक अनुचित कदम है। जब शिक्षक कहें कि 'तुमने ऐसा किया है' और छात्र कहें कि 'हमने ऐसा नहीं किया है', यह एक अशोभनीय अवस्था है, जिससे शिक्षक को हमेशा बचना चाहिए। ऐसी परिस्थिति में शिक्षक का आक्रोश बढ़ता है और विद्यार्थियों के प्रति उनका व्यवहार भी अशोभनीय हो जाता है।

तार्किक परिणाम (Logical consequence)

तार्किक परिणाम किसी समस्या के समाधान में विद्यार्थियों की सहभागिता सुनिश्चित करने का एक तरीका है। इसके अन्तर्गत विद्यार्थियों को उनके किसी व्यवहार से उत्पन्न होनेवाले नुकसान के कारण को बताना एवं उससे उबरने का उपाय ढूँढ़ने में उनका सहयोग प्राप्त करना, तार्किक परिणाम का उदाहारण है। इसमें बच्चों के सामने

उनके किसी व्यवहार के कारण उत्पन्न होनेवाली समस्या को बताकर, उन्हीं से उसका समाधान निकलवाने में उनकी सहायता की जाती है।

उदाहरणस्वरूप, एक स्कूल में वर्ग के छोटे बच्चे, बरसात के मौसम में, मध्यान्तर (recess) के दौरान कीचड़ में खेलकर, अपने पैरों एवं कपड़ों को गन्दा कर वर्ग में आ जाते हैं और सारे वर्ग में कीचड़ पसार देते हैं।

इस उदाहारण में, तार्किक परिणाम के दृष्टिकोण से शिक्षक बच्चों को बुलाकर कहते हैं, 'बच्चों, हम लोगों की दो समस्याएँ हैं।

पहली, वर्ग का कमरा आपके पैरों में लगे कीचड़ से गन्दा हो गया है, जिसकी सफाई नहीं होने पर यह गन्दगी पूरे वर्ग एवं स्कूल में फैलेगी।

दूसरी, कुछ बच्चों के कपड़ों में लगी कीचड़ से बेंच पर बैठनेवाले दूसरे बच्चों के कपड़े भी गन्दे हो जाएँगे।

हमें कुछ ऐसा करना होगा कि बाकी बच्चों को यह कीचड़ नहीं लगे और यह गन्दगी स्कूल के बाकी साफ हिस्सों में नहीं फैल सके। साथ ही हमें यह भी ध्यान देना होगा कि इन कामों में अधिक समय भी नहीं लगे ताकि पढ़ाई का समय भी बाधित न हो।'

उपरोक्त उदाहरण में शिक्षक ने बच्चों को उनके अनुपयुक्त व्यवहार एवं उससे उत्पन्न होनेवाली समस्या के परिणाम से अवगत करा दिया। अब बच्चों से उसका तार्किक समाधान ढूँढ़ने में उनकी सहायता निम्नांकित तरीके से की गई।

पहली समस्या के लिए, एक बच्चे ने समाधान दिया कि 'हम फर्श को तुरन्त साफ कर देंगे'। शिक्षक ने इस सामाधान की प्रशंसा की और कहा कि यह एक अच्छा सगाधान है।

तब शिक्षक ने दूसरी समस्या की ओर इशारा करते हुए पूछा कि और आपके कपड़ों का क्या होगा? इस पर छात्रों ने कहा कि हम माँ को फोन कर कपड़े मँगवा सकते हैं। तब शिक्षक ने कहा कि हो सकता है, आपकी माता घर पर नहीं हों। तब बच्चों ने तुरन्त विकल्पस्वरूप कहा कि हम स्कूल के ड्रेस-बिक्री-केन्द्र से कपड़े उधार ले सकते हैं।

शिक्षक ने तब कहा, 'हाँ, यह समाधान तो हो सकता है। परन्तु, जरा सोचिए, क्यों न हम कीचड़ से अपने को बचाकर रखते, जिससे न ही हमें सफाई करने अथवा कपड़े ढूँढ़ने की जहमत उठानी पड़ती और न ही हमारी पढ़ाई के समय की क्षति होती।'

इस प्रकार शिक्षक ने बच्चों के व्यवहार एवं उसके होनेवाले परिणाम के बीच के सम्बन्ध को दर्शाकर, समस्या के समाधान में उनकी सहभागिता सुनिश्चित की। इससे न सिर्फ समस्या के समाधान को ढूँढ़ने में सफलता मिली, बल्कि बच्चों में अपने व्यवहार के लिए जिम्मेवारी लेने की आदत का विकास भी हो पाया। शोधों

में पाया गया है कि जिन बच्चों में अपने व्यवहार का दूसरे के ऊपर होनेवाले प्रभाव को समझने की क्षमता विकसित हो जाती है, वे स्वभाव से ज्यादा परोपकारी होते हैं, साथ ही वे अपने किए गए गलत व्यवहार को सुधारने का प्रयास भी करते हैं।

वर्ग प्रबन्धन में पुरस्कार एवं सजा
(Reward and punishment in class management)

पुरस्कार तथा सजा का उपयोग वर्ग प्रबन्धन की एक प्रभावकारी विधि है। अच्छे व्यवहार को सिखाने के लिए पुरस्कार एवं अशोभनीय व्यवहार को दूर करने के लिए सजा का प्रयोग कर व्यवहार को ढाला जा सकता है। परन्तु, प्रबलन तथा सजा का विवेकपूर्ण उपयोग ही इसके पानेवाले विद्यार्थियों के व्यवहार में इच्छित सुधार ला सकता है। यदि शिक्षक में व्यवहार के अनुरूप सजा अथवा पुरस्कार के बीच सही चुनाव करने की क्षमता नहीं हो तो व्यवहार पर इसका उल्टा प्रभाव पड़ता है। अतः इसके लिए सबसे पहली शर्त है कि सजा या पुरस्कार देनेवाले इसके प्रभाव एवं इसकी तीव्रता से अवगत हो।

सजा अप्रसन्नता अथवा क्रोध के प्रदर्शन के रूप में न होकर यह विद्यार्थियों के व्यवहार में सुधार लाने के लिए शिक्षकों के द्वारा उपयोग किया जानेवाला एक उपाय होना चाहिए।

प्रबलन : प्रबलन या पुरस्कार वह वस्तु अथवा अनुभव है, जिसको पाने से पानेवाले को प्रसन्नता का अनुभव होता हो। जिस व्यवहार के लिए प्रबलन प्राप्त होता है, वह व्यवहार बार-बार घटित होना चाहता है। नए व्यवहार को सिखाने में प्रबलन प्रभावकारी सिद्ध होता है। इसके लिए शिक्षक अलग-अलग नीतियों का उपयोग करते हैं। कभी-कभी शिक्षक विद्यार्थियों को अपेक्षित व्यवहार एवं उससे जुड़े हुए प्रबलन को पहले ही सूचित कर देते हैं अर्थात् विद्यार्थियों को यह जानकारी दे दी जाती है कि पुरस्कार पाने के लिए उन्हें क्या करना होगा, ताकि पुरस्कार पाने की लालसा में वे अच्छे व्यवहार करें। परन्तु कई बार शिक्षक बिना बताए ही विद्यार्थियों के अच्छे व्यवहार के लिए पुरस्कार देते हैं। पुरस्कार के रूप में शिक्षक अनेक प्रकार की विधियों का उपयोग करते हैं, जैसे–लिखित या मौखिक रूप से प्रशंसित करने से लेकर पीठ थपथपाने एवं उपहार स्वरूप कुछ वस्तु तक दे सकते हैं।

सजाः सजा का उपयोग अनपेक्षित व्यवहार को दूर करने के लिए किया जाता है। परन्तु, सजा के उपयोग में निम्नांकित बातों को ध्यान में रखना आवश्यक है–

अपेक्षित व्यवहार की अनदेखी करना : सजा अनपेक्षित व्यवहार को दमित तो कर देती है परन्तु अपेक्षित व्यवहार को सिखाने में सहायक नहीं होती है। अतः अपेक्षित व्यवहार को पुरस्कृत कर प्रबलित करना एवं अनपेक्षित व्यवहार को दूर करने के लिए उसकी अनदेखी कर देना, सजा देने से ज्यादा श्रेयस्कर होता है।

सामूहिक रूप से नहीं : सजा का उपयोग सामूहिक रूप से नहीं करना चाहिए। कुछ लोगों की गलती के लिए यदि पूरे समूह को सजा दी जाती है तो यह उतनी प्रभावी नहीं होती है क्योंकि यह समूह के निर्दोष सदस्यों के मन में क्रोध तथा नाराजगी को जन्म देती है। अतः यदि छोटे समूह के कुछ विद्यार्थियों के द्वारा गलती अथवा दुर्व्यवहार किए गए हों, जिसके लिए सजा देना आवश्यक हो, तो व्यक्तिगत रूप से दोषी लोगों को चुनकर ही उन्हें सजा देनी चाहिए।

यथासम्भव कम-से-कम : सजा का उपयोग यथासम्भव कम-से-कम करना चाहिए। क्योंकि सजा बच्चों के मन में ऋणात्मक संवेगात्मक प्रतिक्रियाएँ, जैसे—क्रोध, द्वेष, घृणा, डर, आक्रोश इत्यादि को जन्म देती है, जिससे उनके व्यक्तित्व का विकास ऋणात्मक रूप से प्रभावित होता है।

अशोभनीय व्यवहार के तुरन्त बाद : यदि सजा देना बहुत ही आवश्यक हो तो इसका प्रयोग अशोभनीय व्यवहार के घटित होने के तुरन्त बाद, बिना समय गँवाये, सीधे उस व्यवहार के लिए करना चाहिए। अशोभनीय व्यवहार और सजा देने के बीच यदि लम्बा अन्तराल होता है तो सजा की प्रभावकारिता कम हो जाती है।

सजा की तीव्रता : सजा की तीव्रता सिर्फ इतनी ही होनी चाहिए जिससे अशोभनीय व्यवहार दूर हो सके, न कि व्यवहार करनेवाला। आए दिन बहुत से ऐसे उदाहरण मिलते हैं, जिसमें शिक्षक द्वारा छात्रों को मिलनेवाली सजा से उनके अंगो की क्षति हो जाती है, अथवा इतना भावात्मक आघात पहुँचा दिया जाता है कि वे आत्म-हत्या तक कर लेते हैं।

सजा के रूप में किसी एक ही स्थान पर देर तक बैठाकर काम करवाने की गलती नहीं करनी चाहिए।

सजा का उपयोग क्रोधित होकर नहीं बल्कि हमेशा तार्किक, क्रमबद्ध एवं बिना आवेग के करना चाहिए।

निश्चयात्मक अनुशासन (Assertive Discipline)

निश्चयात्मक अनुशासन में नियमों को स्पष्ट रूप से बता दिया जाता है तथा नियम के विरूद्ध काम करनेवाले के लिए मिलनेवाले प्रबलन तथा सजाओं की व्याख्या कर दी जाती है। निश्चयात्मक अनुशासन एक लोकप्रिय अनुशासन पद्धति है, क्योंकि इसमें व्यवहारों के परिणामों की स्पष्ट व्याख्या होती है किन्तु चूँकि इसमें सजा या

पुरस्कार के लिए शिक्षक के मत या विचार को स्थान नहीं मिल पाता है, इस विधि को विवादपूर्ण माना गया है।

वर्ग-प्रबन्धन की विविध हस्तक्षेप प्रविधियाँ (Differential intervention methods of class management)

विद्यार्थियों के द्वारा वर्ग के शिक्षण कार्य में रुकावट डालनेवाले अनुपयुक्त व्यवहार की तीव्रता अलग-अलग होती है, उसी के अनुसार उसमें हस्तक्षेप की नीति भी भिन्न-भिन्न होनी चाहिए। अवरोध की ये घटनाएँ छोटी-मोटी हो सकती हैं, जैसे–किसी बच्चे के द्वारा बगल में बैठे दूसरे बच्चे से एक बार, बिल्कुल ही कम समय के लिए फुसफुसाकर बात करना। अवरोध की ये घटनाएँ गम्भीर भी हो सकती हैं, जैसे–कुछ शरारती बच्चों के द्वारा आदतन दूसरे बच्चों को खोद देना, पैर से ठोकर मार देना, अथवा कुछ चुभाकर हमेशा छेड़ते रहना इत्यादि। निदेशन के समय विद्यार्थियों द्वारा रूकावट डालनेवाले व्यवहारों की तीव्रता के अनुरूप हस्तक्षेप को कार्यान्वित किया जा सकता है। वर्ग-प्रबन्धन के लिए कुछ व्यवहारों को नजरअन्दाज कर देना, कुछ की प्रशंसा करना तथा दूसरे को चेतावनी देकर छोड़ देने से लेकर कुछ व्यवहारों के लिए सजा देने तक हो सकता है।

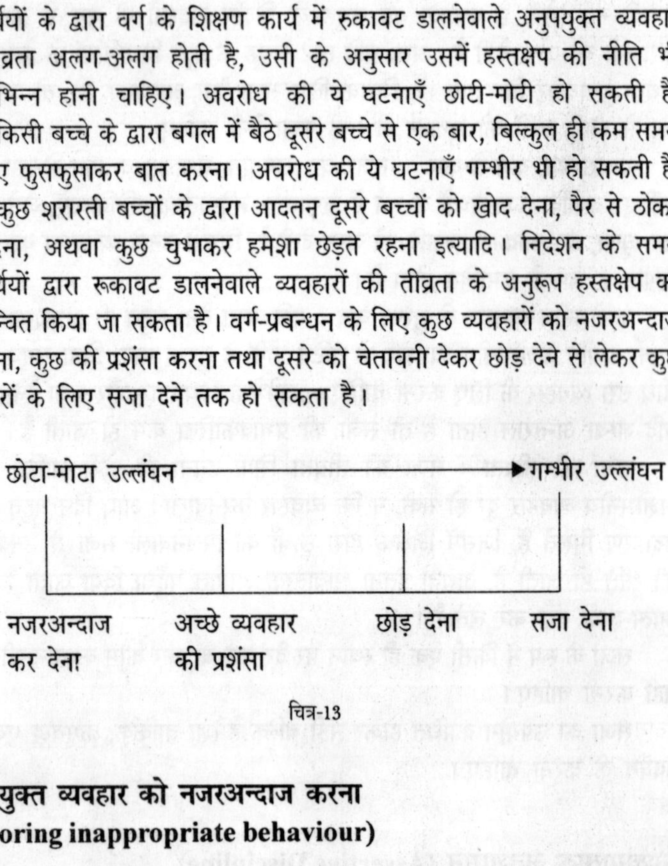

चित्र-13

अनुपयुक्त व्यवहार को नजरअन्दाज करना (Ignoring inappropriate behaviour)

वर्ग-प्रबन्धन को प्रभावकारी बनाने में अनुपयुक्त व्यवहार को नजरअन्दाज कर देना अनुशासन के दृष्टिकोण से एक सरल एवं प्रभावकारी विधि है। दो बच्चे यदि आपस में बिलकुल ही कम समय के लिए फुसफुसाकर बात कर लें या सीट पर बैठने को लेकर एक सवाल कर लें तो ऐसी घटनाओं को यथासम्भव नजरअन्दाज कर देना ही उचित होता है।

अच्छे व्यवहार की प्रशंसा करना (Praising desired behaviour)

शिक्षक की नजरों में अच्छा बने रहना हर विद्यार्थी की तमन्ना होती है। विभिन्न स्तरों—प्राथमिक, मध्य तथा उच्च विद्यालय के विद्यार्थियों के लिए प्रशंसा के अलग-अलग तरीके हो सकते हैं, जैसे—प्राथमिक विद्यार्थियों के लिए 'श्याम तुम्हारे शान्तचित होकर पढ़ाई का कार्य करने से मैं प्रसन्न हुआ।' मध्य तथा उच्च विद्यालय के विद्यार्थियों के लिए शिक्षक का वर्ग के बाद यह बताना कि मैं पिछले सप्ताह के तुम्हारे काम से बहुत प्रसन्न हुआ, तुम उक्त विषय या काम में उत्तरोत्तर बहुत अच्छा कर रहे हो।

खराब व्यवहार को नजरअन्दाज करना तथा अच्छे व्यवहार की प्रशंसा करना—इन दोनों का मिश्रण वर्ग के छोटे-मोटे उल्लंघन की घटनाओं के परिमार्जन के लिए बड़ा ही प्रभावकारी तरीका है।

प्रभावकारी प्रशंसा की विशेषताएँ (Characteristics of effective praise)

- प्रशंसा सच्ची होनी चाहिए, कृत्रिम नहीं।
- प्रशंसा यथासम्भव तत्काल होनी चाहिए, विलम्ब से नहीं।
- प्रशंसा विशिष्ट होनी चाहिए, सामान्यीकृत नहीं।
- स्वतःस्फूर्त उत्तर की प्रशंसा होनी चाहिए।
- अच्छे प्रयास की प्रशंसा होनी चाहिए।
- प्रशंसा विवेकपूर्ण होनी चाहिए।

हिदायत देना (Using Desists)

इसमें शिक्षक किसी विद्यार्थी को उसके किसी अशोभनीय व्यवहार से बाज आने की हिदायत देते है, जैसे—वर्ग से बिना अनुमति के बाहर जाने, वर्ग में पढ़ाने के क्रम में टोकने अथवा आपस में बातचीत करने जैसे व्यवहार को रोकने की हिदायत देना। इसके लिए शिक्षक अपने होंठों पर उँगली रखकर चुप रहने की हिदायत देने से लेकर विद्यार्थी के किसी दुर्व्यवहार के लिए अपने चेहरे के भाव एवं अपने स्वर में सख्ती लाकर हिदायत देने का काम कर सकते हैं।

हिदायत देने के लिए शिक्षक की बोली में कठोरता का होना आवश्यक है। परन्तु, कठोर शब्दों में हिदायत देने का अर्थ क्रोधित होना बिलकुल ही नहीं है। यदि वर्ग का एक बच्चा श्याम दूसरे बच्चे राम को अकारण छेड़ देता है तो शिक्षक श्याम के इस व्यवहार के लिए दो तरीके से अपनी प्रतिक्रिया व्यक्त कर सकते हैं।

पहला, "श्याम, वर्ग में दूसरे बच्चे को छूने के बारे में वर्ग के नियम क्या हैं?"

दूसरा, "तुम्हें क्या लगता है, राम ने कैसा अनुभव किया होगा?"

शिक्षक के ये निदेश स्पष्ट रूप से श्याम को अपने इस व्यवहार से बाज आने की हिदायत के उदाहारण हैं जिसमें शिक्षक ने श्याम के इस व्यवहार को नियम से जोड़कर दर्शाया तथा इस व्यवहार के परिणाम को दर्शाया। इसमें विद्यार्थी की प्रतिक्रिया शिक्षक की प्रभुता को स्वीकार करने की होती है।

छात्रों पर किए गए प्रयोग में देखा गया है कि क्रोधित होकर हिदायत देने से किंडरगार्टिन बच्चों के व्यवहार विध्वंसक तक हो गए, जबकि उच्च कक्षा के विद्यार्थी वर्ग में असहज महसूस करने लगे। अतः अशोभनीय व्यवहार के लिए हिदायत देने का तरीका प्रभावकारी हो, इसके लिए आवश्यक है कि वैकल्पिक व्यवहार का सुझाव भी दिया जाए। हिदायत देने की प्रक्रिया ऐसी हो, जिसमें वर्ग की पढ़ाई के काम में बिना बाधा पहुँचाए वर्ग को अनुशासित करने का प्रयास किया जाए।

परिणाम का प्रयोग (Applying consequences)

वर्ग-प्रबन्धन के उपरोक्त सभी उपायों के बाद भी यदि वर्गानुशासन की समस्या बनी रहती है तो समस्या के परिणाम को अन्तिम विकल्प के रूप में लागू किया जा सकता है। एक उदाहरण से इसे और अधिक स्पष्ट किया जा सकता है--

प्रभात, पाँचवें वर्ग का बुद्धिमान छात्र है, जिसे वर्ग में गप्पें मारने की आदत है। वह वर्ग के नियमों से तथा शिक्षक के इस व्यवहार के नापसन्द होने की बात से भी अवगत है परन्तु, बात करने की आदत नहीं छोड़ पाता है।

शिक्षक प्रभात के इस व्यवहार को सुधारने के उद्देश्य से पहले व्यवहार को नजरअन्दाज करते हैं, फिर हिदायत देते हैं। इसके पश्चात् उसके माता-पिता को बुलाकर इसकी शिकायत करते हैं। परन्तु, जब माता-पिता को बुलाकर कहना भी थोड़े ही समय के लिए प्रभावी रहा और कुछ समय बाद वह फिर गप्पें लड़ाने लगा। तब शिक्षक उसे चेतावनी देते हैं कि गप करने पर अब उसे वर्ग से बाहर निकाल दिया जाएगा। इस चेतावनी के बाद भी उसके व्यवहार में सुधार नहीं होता है तब उसे इस व्यवहार का वर्ग की पढ़ाई एवं दूसरे बच्चों की पढ़ाई पर पड़नेवाले परिणाम से अवगत करवाते हैं। इन सारी प्रविधियों के असफल होने के पश्चात् अन्तिम विकल्प के रूप में सजास्वरूप शिक्षक प्रभात को वर्ग से बाहर निकाल देते हैं। ऐसा करने के एक सप्ताह के बाद प्रभात वर्ग के बाकी बच्चों के समान ही अपना काम शान्त होकर करने लगा।

प्रभात के व्यवहार का यह उदाहरण कोई अकेला उदाहरण नहीं है। स्कूल के विद्यार्थियों में पाई जानेवाली यह एक आम समस्या है, जो शिक्षकों के लिए परेशानी

का कारण होती है। प्रभात का यह व्यवहार इसलिए समाप्त हो पाया, क्योंकि शिक्षक ने उसे लगातार ठीक करने की कोशिश की। वर्ग से बाहर निकालने की चेतावनी के बाद, बिना समय गँवाए अथवा वर्ग के कार्य में बाधा उपस्थित किए, तुरन्त दूसरी बार बाहर निकाल देने से प्रभात यह समझ गया कि उसके इस व्यवहार का परिणाम क्या है। वह अपने व्यवहार को नियन्त्रित करने में सक्षम भी था।

प्रबन्धन की गम्भीर समस्याएँ : हिंसा तथा आक्रामकता
(Serious management problems : violence and aggression)

विद्यार्थियों के द्वारा हिंसा तथा आक्रामकता का प्रदर्शन विद्यालय में पाई जानेवाली एक आम समस्या है। उदाहरणस्वरूप, एक छात्र स्कूल परिसर में दूसरे छात्र को पीट देता है, कभी-कभी घायल भी कर देता है, स्कूल के रास्ते में घेरकर पीटता है, यहाँ तक कि पैसे इत्यादि भी छीन लेता है। उदाहरणों से इसको और अधिक स्पष्ट करने की कोशिश की जा रही है, साथ ही इससे निपटने के तात्कालिक एवं दीर्घकालिक उपायों से अवगत करवाने का प्रयास भी किया जा रहा है, ताकि शिक्षक इन विपरीत परिस्थितियों का न सिर्फ धैर्यपूर्वक सामना कर सकें बल्कि इनके सफल प्रबन्धन करने में भी सक्षम हो पाएँ।

पहला उदाहरण

विद्यार्थियों की आपसी हाथापाई के कारण वर्ग में अशान्ति फैलना एक आम घटना है। एक शिक्षक जब वर्ग में प्रवेश करते हैं उनकी नजर एक लड़के (रमेश) पर पड़ती है, जो अपनी सीट छोड़कर एक-दूसरे बच्चे (राजीव) के समीप जाकर चीखते हुए उसे घूँसे मार रहा है, जबकि दूसरा बच्चा (राजीव) बचाव की मुद्रा में उसके प्रहारों से बचने का प्रयास कर रहा है।

एक शिक्षक के रूप में आपको इस बात की जानकारी तो नहीं है कि किन परिस्थितियों में यह झगड़ा शुरू हुआ। परन्तु, आप यह जानते हैं कि राजीव दूसरे विद्यार्थियों के साथ मिल-जुलकर रहता है, जबकि रमेश एक झगड़ालू प्रवृत्ति का बच्चा है, जिसका प्रायः दूसरे बच्चों से झगड़ा हो जाता है।

दूसरा उदाहरण

एक सुबह जब शिक्षक वर्ग में आते हैं, तो कुछ बच्चे उत्तेजित होकर यह शिकायत करते हैं कि जब वे घर से स्कूल के लिए आ रहे थे तो उन्होंने एक विद्यार्थी टीपू

को सोमेश को पीटते हुए देखा, जो उससे अल्पाहार के पैसे छीन रहा था। टीपू वर्ग का वह दबंग बच्चा है, जिसने पहले भी इस तरह की घटनाओं को अन्जाम दिया है।

उपरोक्त दोनों उदाहरणों में एक शिक्षक के रूप में आप क्या करना चाहेंगे? इस तरह की घटनाओं से निपटने के लिए आपकी तात्कालिक एवं दीर्घकालिक रणनीति क्या होगी? ताकि इस प्रकार की घटनाएँ रुक जाएँ और उनकी पुनरावृति नहीं हो।

अल्पकालिक रणनीति (Short-term strategies)

पहले उदाहारण में तात्कालिक प्रतिक्रियास्वरूप शिक्षक को हाथापाई करनेवाले दोनों छात्रों को सबसे पहले एक-दूसरे से तुरन्त ही अलग करना चाहिए और कड़े एवं स्पष्ट शब्दों में अपना विरोध प्रदर्शन करना चाहिए। विरोधस्वरूप यह कहना चाहिए कि इस प्रकार के व्यवहार की अनुमति नहीं दी जा सकती है। आक्रामकता तथा उग्रता को किसी भी कीमत पर बरदाश्त नहीं किया जा सकता है। उसको इस व्यवहार के गम्भीर परिणामों से भी अवगत करवाना चाहिए और यह बताना चाहिए कि वह अपने व्यवहार के लिए जिम्मेवार है।

दूसरे उदाहरण में, तात्कालिक हस्तक्षेप के उद्‌देश्य से सबसे पहले पीड़ित छात्र सोमेश को सुरक्षा प्रदान करना और दूसरा टीपू के हिंसक एवं आक्रामक व्यवहार को तुरन्त रोकना चाहिए और उसे यह बताना चाहिए कि उसके द्वारा पैसे छीनने की सूचना प्राप्त हो गई है, जो एक स्वीकार्य व्यवहार नहीं है और इसको बर्दाश्त नहीं किया जा सकता है। जबकि दीर्घकालिक नीति से उस बिगड़ैल छात्र के आक्रामक व्यवहार को नियन्त्रित करना सिखाने की दिशा में प्रयास करना चाहिए।

दीर्घकालिक रणनीति (Long-term strategies)

दीर्घकालिक हस्तक्षेप में शिक्षक ऐसी रणनीति बनाते हैं, जिससे विद्यार्थी में इस बात की समझ विकसित हो सके कि आक्रामक एवं विध्वंसक व्यवहार उनकी छवि को बिगाड़ता है, अतः इसके बदले उन्हें कौन सा वैकल्पिक व्यवहार अपनाना चाहिए और क्यों।

एक दक्ष शिक्षक तथा कम प्रभावकारी शिक्षक में भिन्नता सिर्फ उनके पठन-पाठन के कौशल में ही नहीं होता, बल्कि उनके वर्गानुशासन के दीर्घकालिक समाधान ढूँढ़ने के तरीके में भी होता है। एक कम प्रभावकारी शिक्षक जहाँ अपना अधिक समय एवं शक्ति विद्यार्थियों के दुर्व्यवहार को रोकने के लिए उन्हें

डराने-धमकाने तथा सजा देने में लगाते हैं, वहीं एक दक्ष शिक्षक न सिर्फ तात्कालिक दुर्व्यवहार को रोकते हैं, बल्कि ऐसे व्यवहार भविष्य में घटित नहीं हों, इसे सुनिश्चित करने का योजनाबद्ध प्रयास भी करते हैं।

नीचे उन कुछ रणनीतियों की चर्चा की जा रही है, जो बिगड़ैल छात्रों के तेवर तथा कुंठा (temper and frustration) को कम करने के लिए एवं उनके विध्वंसक व्यवहार के दीर्घकालिक समाधान ढूँढ़ने में सहायक सिद्ध होंगे—

पहला, प्रायः ऐसा देखा जाता है कि जो बच्चे आक्रामक एवं विध्वंसक व्यवहार का प्रदर्शन करते हैं, वे अपने प्रति दूसरों के अभिप्राय एवं नीयत (Motive and Intentions) का गलत तथा शत्रुतापूर्ण होने का अनुमान लगा लेते हैं। एक आक्रामक बच्चे को दूसरों के व्यवहार और उनकी नीयत का अनुमान लगाने में होनेवाली इन त्रुटियों से अवगत करवाने तथा सुधारने का उपाय ढूँढ़ना चाहिए।

दूसरा, बच्चों को अपने क्रोध को शारीरिक रूप से मार-पीट के जरिए अभिव्यक्त न कर उसके बदले मौखिक रूप से अभिव्यक्त करने के लिए प्रेरित करना चाहिए। अन्तर्द्वन्दों (conflicts) का समाधान लड़ाई-झगड़ा के बदले संवाद के द्वारा बातचीत के माध्यम से कैसे ढूँढ़ा जा सकता है, इसकी विधा से अवगत करवाकर उन्हें बातचीत का कौशल सिखाया जाना चाहिए। बातचीत के द्वारा समाधान ढूँढ़ना, अपने दीर्घकालिक प्रभाव के कारण एक ज्यादा श्रेयस्कर प्रविधि है।

तीसरा, ऐसे बच्चों को सुधारने का सम्मिलित प्रयास करना चाहिए। विशेषज्ञों की राय में इस तरह की समस्याओं से निपटने में माता-पिता, स्कूल प्रशासन के दूसरे लोगों, जैसे—काउंसलर एवं दूसरे अनुभवी शिक्षकों की सहायता लेकर इन समस्याओं से निपटने का सामूहिक प्रयास करना एक उपयुक्त तरीका है।

निष्कर्षस्वरूप, हम यह कह सकते हैं कि शिक्षकों को विद्यार्थियों के हिंसक तथा आक्रामक व्यवहार के होने के तुरन्त बाद हस्तक्षेप करना तथा व्यक्तिगत रूप से ध्यान देकर उनके माता-पिता, दूसरे सहकर्मियों एवं स्कूल प्रशासन के साथ मिल-जुलकर सुधारने की दिशा में रचनात्मक प्रयास करना चाहिए, ताकि उनका यह व्यवहार एक घटना के रूप में ही समाप्त हो जाए न कि एक आदत का रूप ले ले।

सारांश

उत्पादक शैक्षिक वातावरण के निर्माण के लिए प्रभावकारी वर्ग-प्रबन्धन का महत्त्वपूर्ण योगदान है। वर्ग का वातावरण शिक्षण के लिए उपयुक्त हुए बिना शिक्षण का कार्य सुचारु रूप से नहीं चल पाएगा। पढ़ने-पढ़ाने के स्थापित नियमों के अनुसार एवं छात्रों के सहयोग से ही वर्ग में अनुशासन सुनिश्चित कर एक उत्पादक शैक्षिक वातावरण का निर्माण किया जा सकता है।

वर्गानुशासन के लिए शिक्षक को वर्ग में चौकन्ना रहने, विद्यार्थियों की गरिमा की रक्षा करने, समनुरूपता, अनुवर्तन, अल्पकालिक हस्तक्षेप, वाद-विवाद से बचने, तार्किक परिणाम के उपयोग के अतिरिक्त वर्ग-प्रबन्धन में प्रबलन एवं सजा का समुचित उपयोग एवं निश्चयात्मक अनुशासन इत्यादि विभिन्न हस्तक्षेप प्रविधियों का उपयोग करना पड़ता है।

विभिन्न हस्तक्षेप प्रविधियों में अशोभनीय व्यवहार को नजरअन्दाज करना, अच्छे व्यवहार की प्रशंसा करना, हिदायत देना, सजा देना इत्यादि विधियों का उनकी आवश्यकता एवं होनेवाले प्रभाव के प्रति संवेदनशील होकर प्रयोग करना उल्लेखनीय है।

वर्ग-प्रबन्धन की गम्भीर समस्याओं, जैसे—छात्रों के हिंसक एवं उग्र या आक्रामक व्यवहार के प्रबन्धन के लिए एक प्रभावकारी शिक्षक अल्पकालिक ही नहीं बल्कि दीर्घकालिक हस्तक्षेप प्रविधियों को अपनाते हैं, ताकि वर्ग-प्रबन्धन को बाधित करनेवाले छात्रों के स्वभाव एवं गुण में ही परिवर्तन आ जाए।

अध्याय-9

छात्रों में विषय के प्रत्यय निर्माण एवं अभिप्रेरणा का विकास

[Increasing Concept of Subject and Motivation of Learners]

इस अध्याय के मनन से जानने योग्य बातें :

- प्रभावकारी शिक्षण के लिए प्रत्यय निर्माण की विधा का ज्ञान,
- प्रभावकारी निदेश के लिए विद्यार्थियों में अभिप्रेरणा विकसित करने के कौशल का ज्ञान।

शिक्षक वर्ग में पढ़ाने के क्रम में विषय से सम्बन्धित प्रत्यय को स्पष्ट करने तथा विद्यार्थियों की अभिप्रेरणा को बढ़ाने के लिए विभिन्न युक्तियों का सहारा लेते हैं। वर्ग में छात्रों की मुख्य समस्या विषय को समझने की होती है। इस समस्या के निराकरण के लिए किसी विषय में निहित तथ्यों को विद्यार्थियों के समक्ष कैसे प्रस्तुत किया जाए, इसकी विधा का ज्ञान शिक्षकों के लिए आवश्यक है। विद्यार्थी जो भी सीखते हैं उससे न सिर्फ वर्तमान की किसी समस्या का समाधान करते हैं, बल्कि उस ज्ञान का उपयोग दूसरे विषय को समझने के लिए भी करते हैं।

छात्रों में अभिप्रेरणा का होना भी आवश्यक है। यह छात्रों के द्वारा पढ़ाई के कार्य में अपने श्रम एवं शक्ति प्रतिष्ठापित करने (invest) की आन्तरिक ऊर्जा है।

अतः शिक्षकों को एक तरफ विषय के प्रत्यय को स्पष्ट करने तथा दूसरी ओर छात्रों में सीखने की भूख पैदा करने के दोहरे दायित्व का निर्वहन करना पड़ता है ताकि विद्यार्थी अपने भीतर निहित ऊर्जा को सीखने के लिए प्रतिष्ठापित (invest) कर सकें।

विद्यार्थियों में सबसे पहले यह समझदारी विकसित करनी होगी कि जो भी विषय वे पढ़ते हैं, निरर्थक नहीं होते बल्कि उसकी उपयोगिता वास्तविक जीवन के विभिन्न क्षेत्रों में है। प्रत्येक विषय प्रकृति में घटित होनेवाली घटनाओं एवं उसमें निहित

विभिन्न तथ्यों का ज्ञान देता है। यह समझदारी विद्यार्थियों के लिए न सिर्फ प्रत्यय को स्पष्ट करने में सहायक सिद्ध होता है बल्कि उनकी जिज्ञासा को बढ़ाकर उनमें विषय सीखने की ललक पैदा करता है, जिससे वे अपनी आन्तरिक ऊर्जा को सीखने में प्रतिष्ठापित करने लगते हैं।

विभिन्न विषयों में निहित ज्ञान को निम्नांकित टेबल संख्या-20 के माध्यम से दर्शाने का प्रयास किया जा रहा है–

टेबल-20

विषय	निहित ज्ञान
भौतिक शास्त्र	भौतिक पक्षों, जैसे–हवा, पानी, मिट्टी इत्यादि का।
रसायन शास्त्र	रासायनिक गुणों, जैसे–क्षारीय, अम्लीय, इत्यादि।
भूगोल	पृथ्वी सहित विभिन्न ग्रह-नक्षत्रों के गुण-स्वभाव का
अर्थशास्त्र	वाणिज्य सम्बन्धी क्रियाकलापों से अवगत करवाता है।
राजनीति शास्त्र	शासन के दाव-पेचों एवं नियमों की व्याख्या करता है।
इतिहास	वर्तमान के प्रत्येक विषय या वस्तु की बीती हुई घटनाओं का वृत्तान्त या वर्णन है।
भूगर्भ शास्त्र	पृथ्वी के गर्भ का अध्ययन करता है।
भाषा (हिन्दी, अंग्रेजी या अन्य)	विभिन्न विषय के तथ्यों के ज्ञान की बातों को व्यक्त करने का एक माध्यम है।

प्रत्यय ज्ञान (Concept)

प्रत्यय विभिन्न वस्तुओं, घटनाओं, विचारों को उनके गुणों के आधार पर पृथक कर मानसिक सार प्राप्त करने की प्रक्रिया है। प्रत्येक वस्तु, घटना एवं विचारों में कुछ विशेष गुण पाए जाते हैं। प्रत्यय निर्माण के लिए किसी विषय के विभिन्न गुणों अथवा विशेषताओं को कुछ नियमों के आधार पर श्रेणीबद्ध करते है। इन नियमों को जानकर विषय के ज्ञान को प्राप्त किया जाता है।

हम जो भी पढ़ते-सीखते हैं, वे मूर्त अथवा अमूर्त दो प्रकार के प्रत्ययों में विभक्त हैं। मूर्त तत्त्वों से अभिप्राय किसी वस्तु, घटना एवं विचारों में छूने-देखने योग्य गुणों के होने से है, जबकि अमूर्त तत्त्वों से अभिप्राय किसी वस्तु, घटना एवं विचारों में छूने-देखने योग्य गुणों के नहीं होने से है। अमूर्त तत्त्वों को किसी विशेष उदाहारण या दृष्टान्तों से समझा जा सकता है। उदाहरणस्वरूप, जब हम लड्डू कहते हैं तो इसका एक आकार होता है, जिसके आधार पर इसकी व्याख्या की जा सकती है,

परन्तु जब उसकी मिठास को समझना हो तो इसे उदाहरण के बिना समझना सम्भव नहीं है। लड्डू मूर्त है, जबकि मिठास अमूर्त। अमूर्त प्रत्ययों के कुछ अन्य उदाहरणों में आकर्षण, भार, प्रजातन्त्र, ईमानदारी इत्यादि हैं। संगीत, कला, शारीरिक शिक्षा इत्यादि में बहुत से अमूर्त तत्त्व निहित होते हैं। विभिन्न विषयों, भाषा, कला, समाज अध्ययन, विज्ञान, गणित इत्यादि में अमूर्त प्रत्यय के कुछ उदाहरण निम्नांकित टेबल संख्या-21 में प्रस्तुत किए जा रहे हैं।

टेबल-21

भाषा एवं कला	समाज अध्ययन	विज्ञान	गणित
विशेषण	संस्कृति	अम्ल	अभाज्य संख्या
क्रिया	देशान्तर रेखा	घनत्व	तुल्य राशि
कथावस्तु	संघीय	मूलतत्त्व	सेट
क्रियात्मक संज्ञा	प्रजातन्त्र	बल	जोड़

प्रत्यय की विशेषताएँ अथवा परिभाषित आकृतियाँ

प्रत्ययों की कुछ स्पष्ट एवं संक्षिप्त विशेषतायें होती हैं, जिन्हें उनके गुण या आकृतियाँ कहते हैं। इन्हीं विशेषताओं के आधार पर उनके तत्त्वों की व्याख्या करते हैं। उदाहरणस्वरूप गणित में परिधि (Perimeter) की एक खास विशेषता–किसी चारो तरफ से घिरे हुए चित्र के बीच का क्षेत्र है, चाहे उसका आकार जैसा भी है। इस उदाहारण से छात्र किसी वृत्त, आयत, वर्ग अथवा कोई अनियमित आकार के घिरे हुए चित्र के बीच के क्षेत्र को परिधि समझेंगे।

प्रत्यय सीखने को प्रभावित करनेवाले कारक

किसी प्रत्यय को सीखने की सुविधा इस बात से निर्धारित होती है कि उस वस्तु में मूर्त अथवा छूने, देखने लायक कितनी विशेषताएँ हैं। यदि किसी प्रत्यय में दर्शाने योग्य बहुत सारी विशेषताएँ हों तो सीखना सरल हो जाता है, जैसे–जमीन पर रेंगने वाले प्राणी का उदाहरण साँप और जल तथा थल दोनों में रहनेवाले प्राणी का उदाहरण मेढक। इन विपरीत उदाहरणों से विद्यार्थी को रेंगनेवाले प्राणी तथा जल-थल प्राणी के प्रत्यय को समझने में बहुत आसानी होती है। स्तनधारी जीव, त्रिभुज, अक्षांश रेखा को बहुत सारे मूर्त उदाहरणों से दर्शाया जा सकता है, जबकि कुछ प्रत्ययों की व्याख्या करना तुलनात्मक रूप से कठिन होता है, जैसे, प्रजातन्त्र। प्रजातन्त्र को इसकी अमूर्त

विशेषताओं के कारण सुस्पष्ट रूप से परिभाषित करना कठिन होता है। इस प्रकार के अन्य प्रत्ययों को भी सीखने का प्रभावशाली तरीका आदर्श अथवा नमूने के उदाहरण के द्वारा प्रस्तुत कर सिखाया जा सकता है।

उदाहरण : प्रत्यय सीखने एवं सिखाने का प्रभावशाली तरीका उदाहरण ढूँढ़ना है। प्रत्यय चाहे जितना भी जटिल हो, ध्यानपूर्वक चुने गए उदाहरणों के कुछ समूह से इसे स्पष्ट किया जा सकता है। इन उदाहरणों के चुनाव में कुछ तो वैसे उदाहरण चुनते हैं, जो उस प्रत्यय के अनुरूप होते हैं और उनका प्रतिनिधित्व करते हैं, जबकि कुछ ऐसे उदाहरणों को भी चुनते हैं, जो उसके विपरीत होते हैं—जैसे रेंगनेवाले प्राणी और जल तथा थल दोनों में रहनेवाले प्राणी, ताकि विद्यार्थी को रेंगनेवाले प्राणी तथा जल-थल के बीच भेद करने में कठिनाई नहीं हो।

प्रत्यय सीखने की रणनीति

प्रत्यय सीखने के दो उद्देश्य हैं। पहला, उस वस्तु, घटना अथवा विचारों को समझना तथा दूसरा, किसी जटिल प्रत्यय के ज्ञान को प्राप्त करने में इसका उपयोग करना। प्रत्यय के निर्माण के लिए मुख्यतः तीन रणनीतियों का उपयोग करते हैं :

1. *नियम-उदाहरण*

नियम-उदाहरण एक व्याख्यात्मक प्रत्यय-शिक्षण विधि है। इसमें चार चरणों में प्रत्यय सिखाने का काम करते हैं।

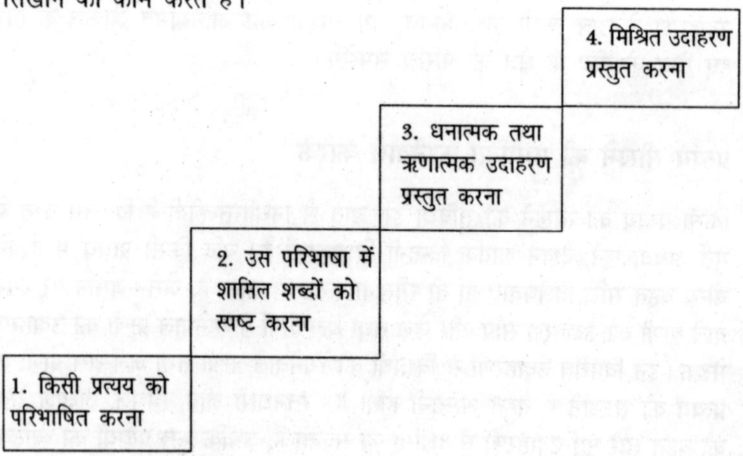

चित्र-14

1. **किसी प्रत्यय को परिभाषित करना :** इसके अन्तर्गत किसी प्रत्यय को परिभाषित करते हैं, उसे उस कोटि के दूसरे प्रत्ययों के साथ जोड़कर दर्शाने का प्रयास करते हैं एवं उसकी आवश्यक विशेषताओं की पहचान करवाते हैं।
2. **परिभाषा में शामिल शब्दों को स्पष्ट करना :** नियम-उदाहरण के द्वारा प्रत्यय निर्माण के दूसरे चरण में प्रथम चरण में दी गई परिभाषा में शामिल शब्दों को स्पष्ट करते हैं।
3. **धनात्मक तथा ऋणात्मक उदाहरण प्रस्तुत करना :** उदाहरणों में कुछ प्रत्यय के अनुरूप होते हैं और कुछ नहीं। विद्यार्थी यह निर्णय लेते हैं कि क्या विषय के अनुरूप है और क्या नहीं।
4. **मिश्रित उदाहरण प्रस्तुत करना :** अन्त में प्रत्यय से सम्बन्धित एवं प्रत्यय से अलग कुछ मिश्रित उदाहरणों को प्रस्तुत करते हैं और विद्यार्थियों को उन मिश्रित उदाहरणों में से प्रत्यय से सम्बन्धित उदाहरणों को चुनने का अवसर देते हैं। विद्यार्थीयों के द्वारा उदाहरणों का चुनाव किस आधार पर किए गए इसको स्पष्ट करवाते हैं तथा अपनी ओर से कुछ उदाहरण प्रस्तुत करते हैं।

यदि **'व्यक्तित्व'** के प्रत्यय का ज्ञान देना हो तो इसके लिए नियम-उदाहरण के अन्तर्गत **पहले चरण** में इसकी परिभाषा देते हैं "व्यक्तित्व व्यक्ति के अन्तर्गत उन मनोदैहिक गुणों का गत्यात्मक संगठन है, जो वातावरण से उसके अपूर्व अभियोजन को निर्धारित करता है।"

दूसरे चरण में, मनोदैहिक, गत्यात्मक, संगठन, अभियोजित, वातावरण इत्यादि शब्दों का का अर्थ स्पष्ट करते हैं। अर्थात् मनोदैहिक-मानसिक तथा शारीरिक गुण; गत्यात्मक–जो स्थिर नहीं है अर्थात् गतिशील अथवा परिवर्तनशील है। संगठित है–अर्थात् व्यक्ति के मन-शरीर में रचा-बसा है, जिन गुणों के कारण ही प्रत्येक व्यक्ति किसी भी वातावरण या परिवेश में अनोखे तरीके से अपने को अभियोजित (adjust) करता है।

तीसरे चरण में कुछ अच्छे व्यक्तित्व और कुछ जो अच्छे नहीं कहे जा सकते, उनके उदाहरण प्रस्तुत करते हैं। अर्थात्, एक व्यक्ति जो देखने में तो सुन्दर-सुडौल है, परन्तु चोर-उचक्का एवं बेईमान है तो उसे अच्छे व्यक्तित्व का नहीं कहा जा सकता है। कोई व्यक्ति जो देखने में तो बहुत सुन्दर नहीं है, परन्तु शारीरिक रूप से स्वस्थ है और विश्वसनीयता एवं सामाजिकता के गुणों से परिपूर्ण है तो उसे अच्छे व्यक्तित्व का कहा जाएगा।

चौथे चरण में विद्यार्थियों के समक्ष कुछ अच्छे व्यक्तित्व एवं खराब व्यक्तित्व के उदाहरण प्रस्तुत करते हैं और उनसे यह जानने का प्रयास करते हैं कि उन्होंने किसी

को अच्छा क्यों कहा, जैसे—कोई व्यक्ति स्वस्थ है, देखने में बिलकुल साधारण है, सामाजिक दृष्टिकोण से उसमें इमानदारी के गुण हैं, उसमें विश्वसनीयता है, वह न्यायप्रिय है, दूसरों की सहायता करता है। एक व्यक्ति देखने में तो सुन्दर है साथ ही उसके गुण भी समाज के मूल्यों एवं आदर्शों के अनुरूप हैं इत्यादि उदाहरणों से इसे स्पष्ट करते हैं।

2. *उदाहरण-नियम*

नियम-उदाहरण के ठीक विपरीत उदाहरण-नियम प्रत्यय शिक्षण की दूसरी विधि है। इसमें पहले उदाहरण देते हैं फिर प्रत्यय को परिभाषित करने का काम करते हैं। ऊपर के नियम-उदाहरण में चित्र-14 में दिए गए क्रम के ठीक विपरीत 4 से 1 के अनुसार प्रत्यय को समझाने का काम होता है।

एक व्यक्ति, जो देखने में तो सुन्दर-सुडौल है, परन्तु चोर-उचक्का है, बेईमान है तो ऐसे व्यक्ति के व्यक्तित्व को अच्छा कहा जा सकता है अथवा नहीं?

एक व्यक्ति जो शारीरिक रूप से स्वस्थ है, देखने में बहुत सुन्दर नहीं है, परन्तु विश्वसनीय एवं सामाजिकता के गुणों से परिपूर्ण है, उसके व्यक्तित्व को अच्छा कहा जाएगा कि नहीं?

प्रत्यय सीखने के लिए नियम-उदाहरण विधि को समय की बचत के दृष्टिकोण से ज्यादा अच्छी विधि मानी गई है जबकि उदाहरण-नियम विद्यार्थियों में अभिप्रेरणा, उच्च स्तर के चिन्तन एवं लगाव उत्पन्न करने के दृष्टिकोण से ज्यादा अच्छी विधि मानी गई है।

3. *प्रत्यय-मानचित्र बनाना (Concept Mapping)*

प्रत्यय मानचित्र विधि में विषय के विभिन्न जटिल प्रत्ययों के बीच के सम्बन्धों को दर्शाने के उद्देश्य से खाका खींचकर स्पष्टतया दृश्य रूप में प्रदर्शित किया जाता है। ऐसा करने से विषय को समझने में सीखनेवाले को आसानी होती है। पहले नमूने के रूप में शिक्षक इसे दर्शाते हैं, बाद में विद्यार्थी स्वयं ऐसा करना सीख लेते हैं।

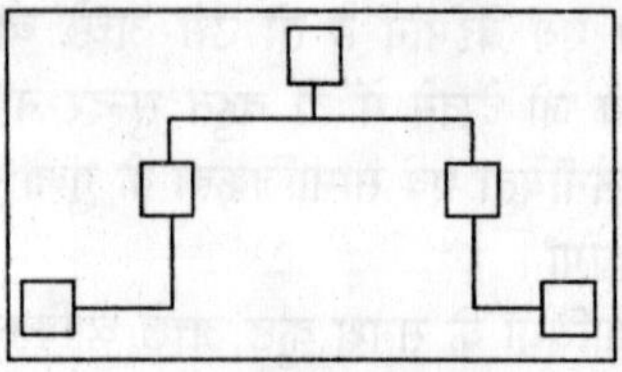

चित्र-15

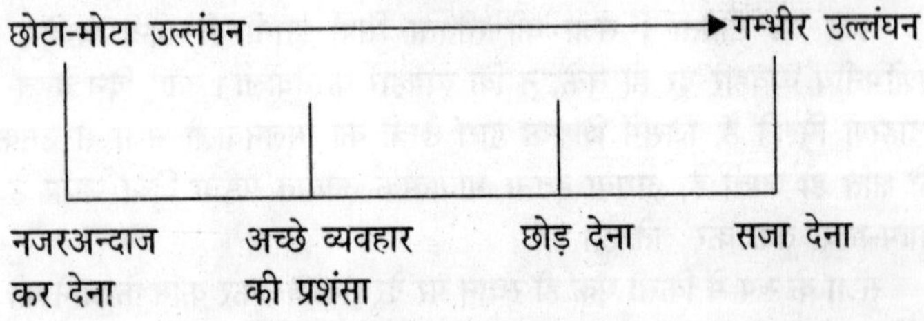

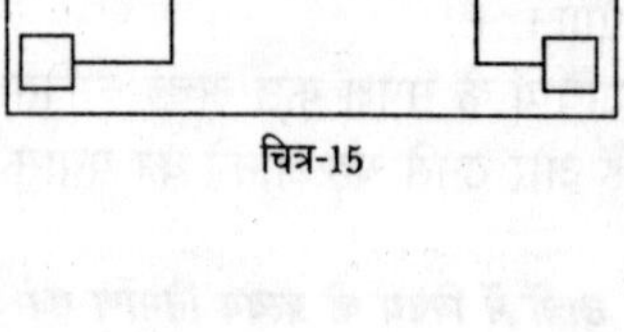

चित्र-15

पृष्ठभूमि ज्ञान प्रत्यय सीखने में भी महत्त्वपूर्ण है। पढ़ाने के क्रम में हम जो भी उदाहरण प्रस्तुत करते हैं, विद्यार्थी उन प्रत्ययों को अपने पृष्ठभूमि ज्ञान के आलोक में संसाधित (process) करते हैं। यदि उनके पृष्ठभूमि ज्ञान अथवा पहले से निहित ज्ञान में कोई भ्रान्ति (misconception) होती है तो उसे मिटाना कठिन होता है। अतः इसके लिए छात्रों के स्कीम्स के पुनर्निर्माण की आवश्यकता पड़ती है, जो अतिरिक्त उदाहरणों एवं वाद-विवाद के द्वारा सम्भव होता है।

प्रभावकारी प्रत्यय सीखने के लिए विद्यार्थियों में अभिप्रेरणा विकसित करने की आवश्यकता पड़ती है।

विद्यार्थियों में अभिप्रेरणा बढ़ाना (Increasing Motivation of Students)

अभिप्रेरणा मनुष्य की वह आन्तरिक शक्ति है, जो उसके व्यवहार को उद्देश्य की ओर निदेशित करने की ऊर्जा प्रदान करती है एवं उसमें स्थायित्व लाती है। अभिप्रेरणा तथा उपलब्धि के बीच एक धनात्मक सम्बन्ध होता है। अर्थात् किसी विद्यार्थी में अभिप्रेरणा की मात्रा जितनी अधिक होगी, उसकी उपलब्धि पढ़ाई में उतनी ही अच्छी होगी।

अभिप्रेरणा की परख विद्यार्थियों में पाए जानेवाले कुछ लक्षणों के आधार पर की जा सकती है। विद्यार्थियों में अभिप्रेरणा की पहचान उनमें पाई जानेवाले निम्नांकित गुणों से की जाती है :

- वे स्कूल के प्रति धनात्मक मनोवृत्ति रखते हैं,
- वे प्रबन्धन की समस्या कम ही उत्पन्न करते हैं,
- वे स्कूल को सन्तोषप्रद बताते हैं,
- वे किसी कठिन कार्य की ओर सहर्ष आगे बढ़ते हैं,
- वे उच्च स्तर के प्रयास का प्रदर्शन करते हैं,
- वे कठिनाइयों का सामना डटकर करते हैं तथा
- वे शिक्षकों के लिए उनके पेशे से सन्तुष्टि के स्रोत होते हैं।

विद्यार्थियों में अभिप्रेरणा उत्पन्न करनेवाले स्रोतों को हम मुख्य रूप से दो भागों में बाँट सकते हैं :

1. **व्यवहारात्मक,**
2. **संज्ञानात्मक।**

व्यवहारात्मक

व्यवहारात्मक स्रोतों से तात्पर्य वातावरण के प्रभाव के फलस्वरूप विद्यार्थियों को मिलनेवाले अभिप्रेरणाओं से है। अभिप्रेरणा पढ़ाई के प्रति उनके दृष्टिकोण को भी निर्धारित करता है। अभिप्रेरणा को बढ़ाकर शिक्षक विद्यार्थियों के पढ़ाई में होनेवाले प्रदर्शन को बढ़ा सकते हैं। अभिप्रेरणा का व्यावहारिक उद्देश्य पढ़ाई के कारण को ढूँढ़ना है अर्थात् वे पढ़ाई का काम क्यों करें? इस क्यों का उत्तर जितना मजबूत होगा, अभिप्रेरणा भी उतनी ही अधिक होगी। जब उनके इस क्यों का उत्तर बाहरी तत्त्वों पर आधारित होता है, तो यह बाह्य अभिप्रेरणा का उदाहरण है जबकि यदि इस क्यों का उत्तर उनके भीतर उभरनेवाले तत्त्वों पर आधारित होता है, तो इसे आन्तरिक अभिप्रेरणा कहते हैं। इस प्रकार अभिप्रेरणा उत्पन्न करनेवाले कारकों के आधार पर अभिप्रेरणा को निम्नांकित दो भागों में बाँटा जा सकता है :

1. **बाह्य अभिप्रेरणा** (Exrinsic Motivation),
2. **आन्तरिक अभिप्रेरणा** (Intrinsic Motivation)।

बाह्य अभिप्रेरणा (Exrinsic Motivation) : बाह्य अभिप्रेरणा में विद्यार्थी के पढ़ने तथा अच्छे अंक प्राप्त करने का कारण शिक्षक के द्वारा मिलनेवाली सराहना, अच्छे ग्रेड प्राप्त करना तथा शिक्षक व माता-पिता को प्रसन्न करना होता है। अर्थात, पढ़ाई के प्रति आकर्षण के स्रोत बाहरी वातावरण के तत्त्व होते हैं।

आन्तरिक अभिप्रेरणा (Intrinsic Motivation) : आन्तरिक अभिप्रेरणा से तात्पर्य विद्यार्थी का पढ़ाई के प्रति लगाव विषय में मिलनेवाले आनन्द के कारण होना है। विद्यार्थी इसलिए मेहनत करता है क्योंकि पढ़ने से मिलनेवाला ज्ञान उसमें आनन्द उत्पन्न करता है। अर्थात्, पढ़ाई से आकर्षण का कारण किसी बाहरी तत्त्व पर निर्भर नहीं बल्कि विद्यार्थी के अन्दर विद्यमान स्रोत होते हैं।

यदि विद्यार्थी में आन्तरिक अभिप्रेरणा विद्यमान हो, अर्थात् विषय को जानने में आनन्द उठाता हो, तो स्वतः पढ़ाई में उसकी रुचि होगी और वह अधिक श्रम करेगा, जिससे उसे अच्छे अंक प्राप्त होंगे और माता-पिता एवं शिक्षकों की सराहना मिलेगी। अर्थात् आन्तरिक अभिप्रेरणा बाह्य अभिप्रेरणा का स्रोत बन जाएगी। अतः शिक्षकों का प्रयास विद्यार्थियों की आन्तरिक अभिप्रेरणा को बढ़ाना होना चाहिए।

जब पुरस्कार आन्तरिक अभिप्रेरणा को घटाता है

1. यदि किसी विषय में पहले से ही रुचि विद्यमान हो तो उसके लिए विद्यार्थियों को दिया गया पुरस्कार आन्तरिक अभिप्रेरणा को घटाता है।

यदि विषय आन्तरिक रूप से अभिप्रेरणा उत्पन्न करनेवाला हो तब उसके लिए दिया गया पुरस्कार उस विषय में रुचि को कम कर प्रदर्शन को ऋणात्मक रूप से प्रभावित करता है।

2. जब किसी टास्क में सिर्फ किसी भी तरह हिस्सा लेने के लिए पुरस्कार दिया जाता है, तो यह अभिप्रेरणा को कम करता है क्योंकि इससे विद्यार्थी यह समझ बैठते हैं कि किसी भी स्तर का प्रयास पुरस्कार के लिए पर्याप्त है, अतः वे कम ही प्रयास करते हैं।
3. यह सीखनेवाले के ध्यान को संकीर्ण बनाता है। अच्छे ग्रेड की चाहत वाले विद्यार्थी सिर्फ उन्हीं चीजों को पढ़ना चाहते हैं, जो परीक्षा के दृष्टिकोण से महत्त्वपूर्ण हों। ऐसे विद्यार्थी अक्सर शिक्षक से प्रायः ये सवाल पूछते पाए जाते हैं,"सर, क्या यह सवाल परीक्षा में पूछा जाएगा।"
4. पुरस्कार विद्यार्थियों के बीच आपसी मतभेदों को बढ़ाता है एवं प्रबन्धन की समस्या भी उत्पन्न करता है। जहाँ एक तरफ शिक्षक को इसके निर्धारण के लिए निर्णय लेने में अधिक समय तथा शक्ति खर्च करना पड़ता है, वहीं दूसरी ओर यह उन विद्यार्थियों के मन में क्षोभ उत्पन्न करता है, जिन्हें पुरस्कार नहीं मिलता है।

इन कठिनाईयों को दूर करने के उद्देश्य से ही मनोवैज्ञानिकों ने 'टोकन इकोनॉमी' विधि को विकसित किया है।

'टोकन इकोनॉमी' विधि विद्यार्थियों के व्यवहार को ढालने की एक प्रभावकारी विधि है। इसके अन्तर्गत मनोवैज्ञानिकों ने प्रत्येक व्यवहार को पुरस्कृत करने के बदले कई अच्छे व्यवहारों के प्रदर्शन पर उसकी शृंखला को पुरस्कृत करने की विधि को विकसित किया। इस विधि में सबसे पहले अपेक्षित अच्छे व्यवहारों को चिह्नित कर लिया जाता है। उन चिह्नित किए गए व्यवहारों के बदले में 'टोकन' के रूप में कुछ अंक प्रदान किए जाते हैं। पुरस्कार प्रत्येक व्यवहार के बाद नहीं देकर, कई अच्छे व्यवहारों के बदले टोकन के रूप में अर्जित अंकों के आधार पर प्रदान किया जाता है। जब अच्छे व्यवहारों की शृंखला के फलस्वरूप एक निश्चित मात्रा में टोकन के माध्यम से उस खास पुरस्कार के लिए निर्धारित अंक इकट्ठे हो जाते हैं, तब उस विशिष्ट वस्तु या सुविधा को पुरस्कार स्वरूप प्रदान किया जाता है।

पुरस्कार प्राथमिक कक्षाओं, जैसे—पाँचवें वर्ग तक के विद्यार्थियों के लिए जितना प्रभावी होता है, उससे ऊपर के विद्यार्थियों के लिए उतना प्रभावकारी नहीं होता है।

प्राथमिक कक्षा के बच्चों के लिए कुछ प्रभावकारी पुरस्कारों की सूची नीचे दी गई है—

टेबल-22

प्रबलन के प्रकार	*वस्तु*
उपभोज्य : खाने-पीने की कोई पसन्द की वस्तु	टॉफी, बिस्कुट, ठंडा पेय इत्यादि।
मनोरंजन	वीडियो गेम, वीडियो फिल्म, संगीत सुनने की आजादी इत्यादि।
स्वतन्त्रता	कुछ समय के लिए खेलने या घूमने की आजादी।
बड़ों का अनुमोदन	शिक्षक के द्वारा प्रशंसा।
सहपाठियों का अनुमोदन	सामूहिक कार्य के लिए चुनाव, वर्ग के सहपाठियों के द्वारा सहयोग की माँग।
सुविधा या जिम्मेवारी	वर्ग का मॉनीटर; कक्षा नायक बनाना या खेल में कैप्टन के रूप में चुनना।

उच्च विद्यालय के बच्चों के लिए बड़ों का अनुमोदन उतना प्रभावकारी नहीं होता है जितना कि उनके सहपाठियों का अनुमोदन। उपरोक्त पुरस्कार के अतिरिक्त सीखने में नए विषय को जानने की जिज्ञासा भी महत्त्वपूर्ण भूमिका निभाती है। शिक्षकों को उपरोक्त अभिप्रेरणात्मक तत्त्वों के आलोक में अपने छात्रों में पढ़ाई के प्रति रुचि पैदा करने का प्रयास करना चाहिए।

विद्यार्थी सिर्फ पुरस्कार से प्रभावित होकर ही कार्य नहीं करते बल्कि वे पुरस्कार देनेवाले शिक्षक के उद्देश्य एवं प्राप्त होनेवाली वस्तु का मूल्यांकन भी करते हैं, कि पुरस्कार देने में कितनी समनुरूपता है और पुरस्कार के रूप में क्या दिया जा रहा है।

पुरस्कार के द्वारा सीखने में अभिप्रेरणा के संज्ञानात्मक पक्ष, अर्थात् विद्यार्थियों के प्रत्यक्षीकरण एवं विश्वास, की अनदेखी नहीं होनी चाहिए।

2. संज्ञानात्मक

मनुष्य में दुनिया को अर्थपूर्ण ढंग से समझने की स्वाभाविक अभिप्रेरणा विद्यमान होती है। अर्थात्, दुनिया कैसे काम करती है, यह जानने की जिज्ञासा, सीखने के संज्ञानात्मक पक्ष का वर्णन है। विद्यार्थी निष्क्रिय होकर अनुक्रिया नहीं करते बल्कि वे क्रियाशील होकर अपने अनुभवों के द्वारा अर्थ प्राप्त करते हैं, जिससे उनमें आत्म-क्षमता का विकास होता है। आत्म-क्षमता विकसित करनेवाले कारकों का ज्ञान शिक्षकों को विद्यार्थियों में इसको विकसित करवाने की दिशा में सहयोग एवं समर्थन प्रदान करने में सहायक सिद्ध होगा।

आत्म-क्षमता (Self-efficacy)

किसी नियत कार्य को सफलतापूर्वक करने की समर्थता आत्म-क्षमता कहलाती है। आत्म-क्षमता की भावना विद्यार्थियों के लिए एक धनात्मक संवेगात्मक अनुभूति है, जो उनके लिए अति आनन्ददायक होती है। जिन विद्यार्थियों में आत्म-क्षमता उच्च श्रेणी की होती है, उनका स्थिति-निर्धारण, प्रयास, दृढ़ता, विश्वास, रणनीति एवं प्रदर्शन भी निम्न आत्म-क्षमतावाले विद्यार्थियों की तुलना में उच्च श्रेणी की होती है।

विद्यार्थियों में आत्म-क्षमता का विकास दो प्रमुख व्यक्तिगत कारकों से होता है :

पहला, जब उसे यह विश्वास होता है कि वह किसी नियत कार्य को सफलतापूर्वक कर लेगा और

दूसरा, जब उस नियत कार्य के सम्भवित परिणामों को वह अपनी उपलब्धि के रूप में देखता हो।

यदि ये दोनों तत्त्व विद्यमान हों तो आत्म-क्षमता की भावना उत्पन्न होती है। टेबल संख्या-23 में उच्च तथा निम्न आत्म क्षमतावाले विद्यार्थियों के बीच पाई जानेवाली अन्तर को स्पष्ट किया गया है—

टेबल-23

अवस्थाएँ	*उच्च आत्म-क्षमतावाले विद्यार्थी*	*निम्न आत्म-क्षमतावाले विद्यार्थी*
नियत कार्य का स्थिति-निर्धारण (task orientation)	चुनौतीपूर्ण कार्य को स्वीकार करते हैं।	चुनौतीपूर्ण कार्य से दूर भागते हैं।
प्रयास (effort)	चुनौतीपूर्ण कार्य का सामना होने पर उच्च स्तर का प्रयास करते हैं।	चुनौतीपूर्ण कार्य का सामना होने पर निम्न स्तर का प्रयास करते हैं।
दृढ़ता (persistence)	उद्देश्य प्राप्ति में यदि प्रारम्भिक सफलता नहीं मिलती है तो भी वे काम में डटे रहते हैं।	उद्देश्य प्राप्ति में यदि प्रारम्भिक सफलता नहीं मिलती है तो वे काम को छोड़ देते हैं।
विश्वास (belief)	यह विश्वास करते हैं कि वे सफल होंगे।	इनका ध्यान अपनी अक्षमता पर ही केन्द्रित होता है।
रणनीति का उपयोग (strategy used)	अनुत्पादक रणनीति को छोड़ देते हैं।	अनुत्पादक रणनीति पर ही अड़े रहते हैं।
प्रदर्शन (performance)	समान योग्यता के निम्न आत्म-क्षमतावाले विद्यार्थियों की तुलना में इनका प्रदर्शन उच्च स्तर का होता है।	समान योग्यता के उच्च आत्म-क्षमतावाले विद्यार्थियों की तुलना में इनका प्रदर्शन निम्न स्तर का होता है।

विद्यार्थियों में उच्च आत्म-क्षमता की भावना के विकास में निम्नांकित चार तत्त्वों का महत्त्वपूर्ण योगदान है–

1. **पिछला प्रदर्शन** (Past performance),
2. **नमूना** (Modeling),
3. **मौखिक अनुनय** (Verbal persuation),
4. **मनोवैज्ञानिक अवस्था** (Psychological state)।

1. **पिछला प्रदर्शन (Past performance) :** जब विद्यार्थी को नए कार्य के समान पहले किए गए किसी कार्य में सफलता मिली हो तो इससे उनमें आत्म-क्षमता की भावना विकसित होती है।
2. **नमूना (Modeling) :** जब विद्यार्थी किसी दूसरे व्यक्ति को उसी प्रकार के कार्य में सफल होते देखते हैं और उन्हें कार्य में उपयोग किए गए कौशल की सूचना होती है तो उनमें सफल होने की अपेक्षाएँ बढ़ जाती हैं, जिससे उनकी आत्म-क्षमता की अनुभूति बढ़ती है।
3. **मौखिक अनुनय (Verbal persuation) :** यद्यपि मौखिक अनुनय की प्रभावकारिता आत्म-क्षमता की भावना के विकास में सीमित है तथापि शिक्षक के द्वारा मौखिक रूप से विद्यार्थी के लिए उत्साहवर्धक टिप्पणी–"मैं जानता हूँ कि तुम्हारा प्रदर्शन उत्कृष्ट होगा," विद्यार्थी में आत्म-क्षमता की भावना को बढ़ाती है। विद्यार्थी को यदि शिक्षक वैसे किसी कार्य को करने के लिए प्रेरित करते हैं, जिसमें अधिक श्रम एवं कौशल अपेक्षित हो तो उसमें मिलनेवाली सफलता परोक्ष रूप से विद्यार्थी की आत्म-क्षमता की भावना को बढ़ाती है। मौखिक अनुनय के कुछ नमूने वर्ग उदाहरण में आगे प्रस्तुत किए गए हैं।
4. **मनोवैज्ञानिक अवस्था (Psychological state) :** वैसे तो किसी नियत कार्य की सफलता से इसका सीधा सम्बन्ध नहीं है। परन्तु भूख, थकान, संवेगात्मक उत्तेजना आदि मनोवैज्ञानिक अवस्थाएँ आत्म-क्षमता को घटाती हैं। चिंता, उदासी इत्यादि ऐसी संवेगात्मक उत्तेजनाएँ हैं, जो क्रियात्मक याददाश्त को असफल होने के विचारों से इतना भर देती है कि विद्यार्थी की आत्म-क्षमता घट जाती है।

विद्यार्थियों में आत्म-क्षमता को विकसित करने के लिए शिक्षक क्या कर सकते हैं?

शिक्षक विद्यार्थियों के विश्वास एवं अपेक्षाओं को बढ़ाकर उनकी आत्म-क्षमता को विकसित कर सकते हैं। इसे वर्ग के एक उदाहरण से स्पष्ट किया जा सकता है :

एक बच्चा 'हरि' (काल्पनिक नाम) सातवीं कक्षा का निम्न उपलब्धि वाला छात्र है। वह वर्ग में शिक्षक के द्वारा दिए गए गणित की किसी समस्या को हल करने का प्रयास कर रहा है। अनुश्रवण के दौरान शिक्षक ने यह देखा कि उसकी प्रगति बहुत

ही धीमी है, शब्दों को समझने में उसे कठिनाई हो रही है। शिक्षक ने उसे उत्साहित करने के लिए मौखिक अनुनय के रूप में कहा, "मैं जानता हूँ हरि कि तुम इस काम को बखूबी कर सकते हो।"

उन्होंने आगे बताया—"सबसे पहले तुम ध्यानपूर्वक इस समस्या को कई बार पढ़ो, उसके बाद समस्या को टुकड़ों में बाँट लो और हर टुकड़े के लिए अलग-अलग तस्वीर खींचने का प्रयास करो। मैं थोड़ी देर में लौटकर तुम्हारे पास आता हूँ और देखता हूँ कि तुम कैसे कर रहे हो?"

कुछ मिनटों के बाद, शिक्षक पुनः लौटकर आते हैं और उसकी ओर झुकते हुए पूछते हैं, 'अब तुम्हारे पास क्या है?"

हरि, अभी भी अनिश्चित स्थिति में ही है, परन्तु उसने समस्या को हल करने की दिशा में कुछ प्रयास अवश्य किए हैं। उसने शिक्षक से कहा, "इस सवाल में यह जानना है कि कीमत में कुल कितने प्रतिशत की वृद्धि हुई है।"

"बहुत अच्छा", शिक्षक ने मुस्कराते हुए पूछा, "तुमने और क्या समझा? उपरोक्त उदाहरण में शिक्षक ने विद्यार्थी से सिर्फ उन्हीं सवालों को पूछा, जो समस्या समाधान को सही पटरी पर लाने के लिए आवश्यक थे।

अन्ततः जब विद्यार्थी सही समाधान प्राप्त कर लेता है, तब शिक्षक कहते हैं, "यह उत्तम सोच है।" पुनः शिक्षक यह कहते हैं, "जरा फिर से समस्या पर एक बार नजर दौड़ाकर देखो कि तुमने जो सोचा है वह कितना अर्थपूर्ण है, मैं थोड़ी ही देर में पुनः लौटकर अन्तिम समाधान देखने तुम्हारे पास आता हूँ, तब तुम मुझे यह बताना कि तुमने इसे कैसे हल किया है?"

उपरोक्त उदाहरण से स्पष्ट होगा कि किस प्रकार शिक्षक ने विद्यार्थी की आत्म-क्षमता के विकास को प्रभावित किया। इसके लिए सबसे पहले शिक्षक ने मौखिक अनुनय के द्वारा यह विश्वास व्यक्त किया कि हरि (विद्यार्थी) समस्या का समाधान कर सकता है। उसके बाद शिक्षक ने सवाल को हल करने की रणनीति का संकेत किया। उन्होंने सिर्फ मार्गदर्शन ही उपलब्ध करवाया और यह आश्वस्त किया कि प्रगति सही दिशा में हो रही है। इस प्रकार विद्यार्थी में यह विश्वास पैदा करने का प्रयास किया कि मौलिक रूप से समाधान उसने अपने बूते ढूँढ़ा है। महत्त्वपूर्ण यह है कि शिक्षक के मार्गदर्शन से हरि ने अपने सीखने की प्रगति को महसूस किया जिससे उसकी आत्म-क्षमता की भावना बढ़ी।

इसके विपरीत कल्पना करें कि शिक्षक ने विद्यार्थी के लिए निम्नांकित बातें कही होती :

पहला, "आओ, मैं तुम्हारी सहायता कर दूँ, मैं जानता हूँ यह तुम्हारे लिए कठिन है।"

या फिर, दूसरा, शिक्षक ने सिर्फ इतना समझा दिया होता कि समस्या को कैसे हल करना है और विद्यार्थी निश्चेष्ट होकर शिक्षक की ओर देखता और वह हल नहीं कर पाता।

या तीसरा, शिक्षक ने विद्यार्थी के अल्प प्रयास के लिए उसकी झूठी प्रशंसा की होती।

उपरोक्त तीनों अवस्थाओं में शिक्षक के प्रयास हरि की आत्म-क्षमता को घटाते, क्योंकि तब अचेतन रूप से हरि इस निष्कर्ष पर पहुँचता कि शिक्षक यह सोचते हैं कि मैं अपने प्रयास से समस्या को हल नहीं कर पाऊँगा इसलिए उन्हें मेरे बदले इसे हल करने की आवश्यकता पड़ी या उन्होंने निश्चित ही मेरी प्रशंसा इसलिए नहीं की होगी कि मैं बहुत तेज हूँ।

इस प्रकार संज्ञानात्मक दृष्टिकोण से शिक्षक विद्यार्थियों के विश्वास एवं अपेक्षाओं को प्रभावित करने में महत्त्वपूर्ण भूमिका निभाते हैं।

आत्म-नियमन (Slef-regulation) : नियमन का अर्थ किसी कार्य की तीव्रता को आवश्यकतानुसार घटाना-बढ़ाना है। जैसे किसी घरेलू पंखे की हवा की तीव्रता को घटाने-बढ़ाने के लिए (नियमन) एक नियन्त्रक (रेगुलेटर) का उपयोग करते हैं, ठीक उसी प्रकार शिक्षण के क्रम में सीखने की गति को घटाने-बढ़ाने की आवश्यकता पड़ती है। जब विद्यार्थी सीखने की आवश्यकता के अनुरूप अपने प्रयास को स्वयं घटाने-बढ़ाने की जिम्मेवारी उठाता है तो इसे आत्म-नियमन कहते हैं।

ऊपर हमने विद्यार्थियों में आत्म-क्षमता को विकसित करने एवं उसके नियमन के लिए शिक्षकों की भूमिका पर प्रकाश डाला है। परन्तु यहाँ हम संक्षेप में उन तत्त्वों की चर्चा करेंगे, जिसके द्वारा विद्यार्थी अपने शिक्षण का नियमन स्वयं कर सकते हैं।

शिक्षण के संज्ञानात्मक पक्ष के वर्णन के दौरान हम यह जान पाए हैं कि विद्यार्थियों की अपेक्षाएँ एवं विश्वास उनके व्यवहार एवं वातावरण दोनों को प्रभावित करते हैं। आत्म-नियमन के अन्तर्गत विद्यार्थी अपने विचारों एवं कार्यों का नियमन शैक्षिक उद्देश्य के अनुरूप स्वयं कर सकते हैं। आत्म-नियमन के लिए विद्यार्थी सबसे पहले अपने उद्देश्य की पहचान करते हैं फिर उस उद्देश्य को प्राप्त करने के लिए उपयुक्त रणनीति को अपनाते हैं एवं उस पर कायम रहते हैं।

आत्म-नियमन शिक्षण में इसलिए महत्त्वपूर्ण है क्योंकि इसके अन्तर्गत सीखना बिना किसी तात्कालिक पुरस्कार के होता है। इसके अन्तर्गत यदि पुरस्कार मिलता भी है तो वह भविष्य में, सीखने के तुरन्त बाद नहीं। आत्म-नियमन के चार पहलू हैं–

1. **उद्देश्य का निर्धारण** (Goal setting),
2. **आत्म-प्रेक्षण** (Self-observation),
3. **आत्म-मूल्यांकन** (Self-evaluation) एवं
4. **आत्म-प्रबलन** (Self-reinforcement)।

1. **उद्देश्य का निर्धारण (Goal setting) :** आत्म-नियमन के लिए उद्देश्य का निर्धारण करना पहला महत्त्वपूर्ण कदम है। यह विद्यार्थी में कार्य के प्रयोजन को निर्धारित करने में एवं प्रगति के मापन में सहायता करता है। विद्यार्थी के द्वारा अपने उद्देश्य का निर्धारण स्वयं करना शिक्षक के द्वारा

थोपे गए उद्देश्य से ज्यादा प्रभावी होते हैं। शिक्षक की एक महत्त्वपूर्ण भूमिका विद्यार्थियों को प्रभावकारी उद्देश्य-निर्धारण के कौशल सिखाने में सहायता करना है। इस प्रकार स्वयं किए गए उद्देश्य के निर्धारण से विद्यार्थियों में उद्देश्य-प्राप्ति की अभिप्रेरणा उत्पन्न हाती है।

2. **आत्म-प्रेक्षण (Self-observation) :** विद्यार्थी के द्वारा अपने उद्देश्य के निर्धारण के बाद प्रगति का अनुश्रवण करना आत्म-नियमन की दूसरी कड़ी है। इसके लिए विद्यार्थियों को एक चार्ट के माध्यम से अपने विविध व्यवहारों, धनात्मक या ऋणात्मक, का लेखा-जोखा स्वयं रखने और उसका अनुश्रवण करने की शिक्षा निम्नांकित विधि से करने की प्रेरणा दी जाती है।
   - बैठकर पढ़ाई करने के क्रम में वे कितनी बार अपने स्थान को छोड़ते हैं।
   - वर्ग में किए गए प्रश्न का वे कितनी बार उत्तर देते हैं।
   - धनात्मक व्यवहार, जैसे--किसी अपेक्षित सामाजिक कौशल का प्रदर्शन वे कितनी बार करते हैं इत्यादि। उपयुक्त उद्देश्य का निर्धारण एवं आत्म-प्रेक्षण दोनों संयुक्त रूप से विद्यार्थी के सीखने के व्यवहार को प्रभावशाली ढंग से परिवर्तित कर सकते हैं।

   इस प्रकार दो तत्त्व पहला, विद्यार्थी का प्रयास एवं दूसरा, शिक्षक के द्वारा उसका अनुश्रवण एवं समर्थन विद्यार्थी की पढ़ाई की आदत, एकाग्रता को उत्तम बनाने तथा सामाजिक अन्तःक्रिया को अधिक धनात्मक एवं उत्पादक बनाने में सहायक होता है।

3. **आत्म-मूल्यांकन (Self-Assessment) :** ऐतिहासिक काल से ही विद्यालय में शैक्षिक कार्य की प्रगति का निर्णय किसी दूसरे व्यक्ति यानी शिक्षक के द्वारा करने का प्रचलन रहा है। परन्तु इसके बदले विद्यार्थी यदि अपने कार्य का मूल्यांकन स्वयं करना सीख लें तो उनके भीतर एक धनात्मक आदत का निर्माण होगा यानी विद्यार्थी अपने उत्तर की गुणवत्ता का आकलन स्वयं करने की कला के द्वारा किसी उत्तर से समुचित अर्थ प्राप्त हो रहा है अथवा नहीं, यह जानने का प्रयास स्वयं करते हैं। इसके लिए विद्यार्थी नमूने के किसी उत्तर अथवा पुस्तक के पीछे दिए गए उत्तर से अपने उत्तर का मिलान कर सकते हैं।

4. **आत्म-प्रबलन (Self-reinforcement) :** किसी उद्देश्य के पूरा होने पर अच्छा अनुभव करना और पूरा नहीं होने पर अफसोस अथवा दोष भावना का अनुभव करना प्रायः सभी के लिए एक सामान्य अनुभूति है। असफल होने पर प्रायः हम सभी भविष्य में अच्छे प्रयास की शपथ भी लेते हैं।

विद्यार्थी के द्वारा उद्देश्य पूरा करने पर स्वयं को प्रोत्साहित करने की कला को सीखना आत्म-प्रबलन का उदाहरण है।

स्वयं को प्रबलित करने के लिए आन्तरिक रूप से अपनी पीठ थपथपाना अथवा किसी ठोस वस्तु, जैसे आइसक्रीम प्राप्त करना, हो सकता है। किसी चुनौतीपूर्ण उद्देश्य को प्राप्त करने पर मिलनेवाली उपलब्धि की अनुभूति वास्तव में सबसे प्रबल आत्म-प्रबलन होता है।

कुछ अनुसन्धानकर्ताओं ने आत्म-नियमन के लिए आत्म-प्रबलन के प्रभाव को विवादास्पद माना है। परन्तु, कम उपलब्धि वाले विद्यार्थियों के लिए यह एक प्रभावशाली रणनीति सिद्ध हो सकती है। विद्यार्थियों को अपने अच्छे कार्यों के लिए स्वयं को अंक देना और प्राप्त किए गए अंकों के आधार पर विभिन्न सुविधाओं को प्राप्त कर अपने आपको प्रोत्साहित करना सीखने का एक स्रोत हो सकता है। इस प्रकार के प्रशिक्षण से कम उपलब्धि वाले विद्यार्थियों के प्रदर्शन को कुछ ही सप्ताह के भीतर उन्नत बनाया जा सकता है।

सारांश

विषय से सम्बन्धित प्रत्यय को स्पष्ट करने तथा विद्यार्थियों की अभिप्रेरणा को बढ़ाने की विधा के ज्ञान से शिक्षकों को अवगत करवाने के लिए नियम-उदाहरण एवं उदाहरण-नियम के अतिरिक्त प्रत्यय-मानचित्र बनाने की विधियों की चर्चा की गई है। अभिप्रेरणा के दो प्रमुख स्रोतों, संज्ञानात्मक एवं व्यवहारात्मक तत्त्वों की व्याख्या की गई है। व्यवहारात्मक तत्त्वों के अन्तर्गत विद्यार्थियों में अभिप्रेरणा बढ़ाने के लिए उसके दो प्रकारों क्रमशः बाह्य अभिप्रेरणा एवं आन्तरिक अभिप्रेरणा की चर्चा की गई है। अभिप्रेरणा विकसित करने के लिए उन परिस्थितियों की व्याख्या भी की गई है, जब पुरस्कार सामान्यतया तो सीखने को प्रबलित करता है, परन्तु अनुपयुक्त अवसरों पर अनुपयुक्त तरीके से दिया गया पुरस्कार आन्तरिक अभिप्रेरणा को घटाता है। अभिप्रेरणा के संज्ञानात्मक तत्त्वों के अन्तर्गत विद्यार्थियों की अपेक्षाओं एवं विश्वास के फलस्वरूप आत्म-क्षमता के विकास में शिक्षकों की भूमिका का वर्णन किया गया है।

आत्म-नियमन विद्यार्थियों में अपनी क्षमता को विकसित करने की जिम्मेवारी स्वयं उठाने की विधि है। इसके अन्तर्गत उन्हें उद्देश्य का निर्धारण, आत्म-प्रेक्षण, आत्म-मूल्यांकन एवं आत्म-प्रबलन की क्षमता को विकसित करने का प्रशिक्षण दिया जा सकता है। कमजोर अथवा कम उपलब्धि वाले विद्यार्थियों के प्रदर्शन को उन्नत बनाने में यह एक महत्त्वपूर्ण भूमिका निभता है।

अध्याय-10

वर्ग में सीखने की प्रगति का निर्धारण [Assessment of Classroom Learning]

इस अध्याय के मनन से जानने योग्य बातें :

- प्रगति निर्धारण के आधारभूत प्रत्ययों का ज्ञान,
- वर्ग में प्रगति निर्धारण में परीक्षण के विभिन्न ढाँचों का ज्ञान,
- प्रगति निर्धारण में परीक्षण की इकाइयों की वैधता बढ़ाने का ज्ञान,
- प्रगति निर्धारण की वैकल्पिक विधियों को निर्मित करने का ज्ञान,
- प्रगति निर्धारण की प्रभावकारी प्रक्रियाओं को वर्ग में लागू करना।

वर्ग में विद्यार्थियों के सीखने की प्रगति का निर्धारण शिक्षकों के कार्य का एक अहम परन्तु कठिन हिस्सा है। इसके अन्तर्गत उन समस्त प्रक्रियाओं को सम्मिलित किया जाता है, जिसके द्वारा शिक्षक विद्यार्थियों के सीखने की प्रगति से सम्बन्धित निर्णय लेते हैं। प्रगति निर्धारण की कुछ विधियाँ विद्यार्थियों के ज्ञान अथवा प्रत्याहन स्तर की क्षमता का आकलन करती हैं तो कुछ उच्च स्तर की मानसिक क्षमताओं का। आइए, शिक्षकों द्वारा शिक्षण में प्रयुक्त होनेवाली इन विधियों को विस्तार से जानें।

शिक्षक के प्रगति मूल्यांकन तंत्र

विद्यार्थियों के सीखने की प्रगति का मापन शिक्षक मुख्य रूप से दो प्रक्रियाओं पर आधारित करते हैं–

पहला, वर्ग में विद्यार्थी के कार्यों का प्रेक्षण कर,

दूसरा, प्रामाणिक मापन के आधार पर।

वर्ग के कार्यों के प्रेक्षण : वर्ग के कार्यों के प्रेक्षण के अन्तर्गत शिक्षक विद्यार्थियों की प्रगति निर्धारण के लिए अपने निर्णय को निम्नांकित प्रक्रियाओं पर आधारित करते हैं :

विद्यार्थियों के लिखित कार्यों का अवलोकन कर।

वर्ग में विद्यार्थियों के द्वारा दिए गए प्रश्नों के उत्तर के आधार पर।

अपने द्वारा निर्मित या किसी मानकीकृत परीक्षण पर विद्यार्थियों के प्रदर्शनों के आधार पर।

मापन की प्रामाणिक विधि : मापन की प्रामाणिक विधि के अन्तर्गत शिक्षक विद्यार्थियों में शिक्षण के प्रभाव के फलस्वरूप होनेवाले वास्तविक जीवन के उनके कार्यों का प्रदर्शन तथा उसके निष्पादन में अपनायी जा रही प्रक्रियाओं का अवलोकन करते हैं, मसलन–किसी प्रथम कक्षा के विद्यार्थी की लिखावट पर नजर रखकर, किसी शब्द-संसाधन (word processing) वर्ग के विद्यार्थी को टाइप करते हुए अवलोकन कर, मोटर यान्त्रिक के विद्यार्थी से किसी इंजन की मरम्मत करते हुए अवलोकन कर इत्यादि।

प्रगति मापन की उपरोक्त विधियों के आधार पर शिक्षक ग्रेड देने, किसी विषय को पुनः सिखाने एवं अतिरिक्त निदेश देने इत्यादि से सम्बन्धित निर्णय लेते हैं। शिक्षण-मापन की इन समस्त प्रक्रियाओं के योग को 'शिक्षक का प्रगति मूल्यांकन तन्त्र' कहते हैं।

प्रगति निर्धारण के उद्देश्य

प्रगति से सम्बन्धित सूचनाओं को एकत्र करने के दो मुख्य उद्देश्य हैं–

1. सीखने को अग्रसर करना तथा
2. छात्रों की अभिप्रेरणा को बढ़ाना।

1. सीखने को अग्रसर करना : सीखने एवं प्रगति निर्धारण के बीच बहुत ही गहरा एवं मजबूत सम्बन्ध है। विद्यार्थी उस वर्ग में सबसे अधिक सीखते हैं, जिसमें मूल्यांकन निदेश देने का एक अहम हिस्सा होता है। इसके विपरीत जिस वर्ग में मूल्यांकन नहीं होता है या अल्पकालिक होता है, सीखने की प्रगति बाधित होती है। सीखने की प्रगति को सुनिश्चित करने के दृष्टिकोण से निरन्तर या बारंबार होनेवाले मूल्यांकन, बिरले या यदा-कदा होनेवाले मूल्यांकन की तुलना में, अधिक प्रभावी होते हैं।

2. छात्रों की अभिप्रेरणा को बढ़ाना : मूल्यांकन एवं अभिप्रेरणा के बीच के सम्बन्ध के बारे में मनोवैज्ञानिकों में मतैक्य नहीं है। कुछ विद्वानों का मत है कि मूल्यांकन अभिप्रेरणा को घटाता है। परन्तु, यदि हम अपने ही विद्यार्थी जीवन के अनुभवों पर गौर करें तो पाते हैं कि हम उस वर्ग में सबसे अधिक सीखते थे और सीखने के लिए अधिक श्रम करते थे, जिसमें सतत मूल्यांकन होता था। इस प्रकार ज्यादातर विद्यार्थी उस अवस्था में सबसे अधिक सीखते हैं जब उनके

सीखने का मूल्यांकन लगातार किया जाता है, क्योंकि इससे उनको अपनी प्रगति का पुनर्निवेशन (feedback) मिलता है। अतः सीखने की स्वाभाविक जिज्ञासा के साथ प्रगति का पुनर्निवेशन पढ़ने की अभिप्रेरणा को बढ़ाने में सहायक सिद्ध होता है।

प्रगति निर्धारण के अवयव

वर्ग में शिक्षण की प्रगति के निर्धारण के लिए दो आधारभूत प्रक्रियाओं को सम्मिलित किया जाता है—मापन एवं मूल्यांकन।

Assessment = Measurement + Evaluation

प्रगति निर्धारण = मापन + मूल्यांकन

मापन : मापन के अन्तर्गत शिक्षक के द्वारा वर्ग में सिखाए गए विषय की मात्रा तथा गुण से सम्बन्धित समस्त सूचनाओं को एकत्रित करने की प्रक्रिया को सम्मिलित किया जाता है।

मूल्यांकन : मापन के द्वारा प्राप्त आँकडों के आधार पर शिक्षक के द्वारा विद्यार्थियों के सीखने की प्रगति का आकलन करना एवं तदनुरूप शिक्षण की गुणवत्ता सुनिश्चित करने के उद्देश्य से सिखाने की प्रकिया में आवश्यक सुधार करना, मूल्यांकन है।

मापन की विधियाँ

विद्यार्थियों के शिक्षण की प्रगति की जाँच के लिए प्रभावकारी शिक्षक विभिन्न विधियों का उपयोग करते हैं, जैसे—कुछ शिक्षक परम्परागत कागज-पेंसिल विधि का तो कुछ दूसरी वैकल्पिक विधियों का। कुछ परीक्षण छात्रों के सिर्फ ज्ञान तथा प्रत्याहन की परख करते हैं जबकि कुछ उनके उच्च स्तर के चिन्तन एवं समस्या समाधान की योग्यता की परख करते हैं। उपलब्धि के मापन हेतु उपलब्ध विभिन्न मापकों को विभिन्न मानदंडों पर बाँटा जा सकता है। शिक्षकों के द्वारा उपयोग किए जानेवाले विभिन्न विधियों का तुलनात्मक वर्णन किया जा रहा है :

1. परम्परागत बनाम वैकल्पिक,
2. अनौपचारिक बनाम औपचारिक,
3. अनुक्रिया चयन ढाँचा बनाम आपूर्ति ढाँचा।

1. परम्परागत बनाम वैकल्पिक : पराम्परागत ढाँचे से तात्पर्य मापन की उन विधियों से है, जिसका उपयोग सदियों से विद्यार्थियों की प्रगति मूल्यांकन के लिए होता आ रहा है। वैकल्पिक ढाँचे से तात्पर्य मापन की उन विधियों से है, जिसका उपयोग आधुनिक काल में विद्यार्थियों के शिक्षण की प्रगति के मापन के लिए किया जाता है।

ऐसा नहीं है कि आधुनिक काल में पराम्परागत विधियों का उपयोग नहीं किया जाता है, बल्कि वास्तव में आवश्यकतानुसार दोनों विधियों का उपयोग शिक्षण के मापन में आज भी किया जाता है। हाँ, इतना जरूर है कि वैकल्पिक विधियाँ आधुनिक युग के शिक्षा जगत की खोज हैं।

शिक्षण की प्रगति के मापन में उपयोग किए जानेवाली विभिन्न परम्परागत एवं आधुनिक विधियों को नीचे के टेबल में दर्शाया गया है—

टेबल-24

परम्परागत मापन विधियाँ	*वैकल्पिक मापन विधियाँ*
1. किसी वक्तव्य के सत्य-असत्य की पहचान करना (True-false)	1. प्रर्दशन योग्य विशिष्ट कार्य करवाना (specific performance task)
2. बहु वैकल्पिक प्रश्नों का उत्तर देना (multiple choice question)	2. समयबद्ध जाँच करना (timed trial)
3. मिलान करना (matching)	3. कार्य की प्रदर्शनी करवाना (exhibition of work)
4. खाली स्थानों को भरना (fill in the blank)	4. पत्र-पत्रिका में चिन्तनशील प्रविष्टि करवाना (reflective journal entry)
5. छोटे खुले अन्त वाले उत्तर देना (short, open-ended answer)	5. खुले अन्त वाले मौखिक प्रस्तुति करवाना (open-ended oral presentation)
6. किसी प्रश्न का अनुच्छेद में उत्तर देना (paragraph response to specific question)	6. किसी विशेष प्रश्न का मौखिक उत्तर देना (oral response to specific question)
7. खुले अन्त वाले प्रश्नों का अनुच्छेद में उत्तर देना (paragraph response to open-ended question)	7. सहयोग पर आधारित किसी परियोजना पर सामूहिक कार्य करवाना (collaborative group project)
8. लेख लिखना (Essay writing)	8. श्रव्य-दृष्टि प्रस्तुति करवाना (audio-visual presentation)
	9. वाद-विवाद करवाना (debate)
	10. अनुकरण करवाना (simulation)।

वर्ग में विद्यार्थियों की प्रगति के निर्धारण में शिक्षक प्रायः दो प्रकार से मापन करते हैं, औपचारिक तथा अनौपचारिक मापन, जिसका विस्तृत वर्णन नीचे दिया जा रहा है—

2. अनौपचारिक बनाम औपचारिक : विद्यार्थियों के शिक्षण की प्रगति के मापन के लिए उपयोग किए जानेवाली विधियों का वर्गीकरण अनौपचारिक तथा औपचारिक मापन की विधियों के आधार पर भी किया जा सकता है।

अनौपचारिक मापन : जब किसी विद्यार्थी की प्रगति का मापन शिक्षक के द्वारा बिना मापन के उद्देश्य से एवं बिना किसी मापक यन्त्र के अकस्मात् किया जाता है, तो इसे अनौपचारिक मापन कहते हैं। इसके अन्तर्गत शिक्षक विद्यार्थियों के वर्ग में होनेवाले व्यवहारों का अवलोकन कर उनकी क्षमता का आकलन करते हैं, जैसे—किसी विद्यार्थी के द्वारा वर्ग में किसी विषय पर की गई कोई टिप्पणी, उसके द्वारा किसी प्रश्न का दिया गया उत्तर, अथवा उसकी उलझन भरी मुद्रा, वर्ग की पढ़ाई में उसकी रुचि, ध्यान इत्यादि के आधार पर किया गया मूल्यांकन अनौपचारिक मापन के उदाहरण हैं।

वर्ग में निदेशन देने के क्रम में शिक्षक के द्वारा अनौपचारिक मूल्यांकन प्रतिदिन होता रहता है। इसके माध्यम से शिक्षकों को बहुत सारे कब, क्यों और कितना पर आधारित प्रश्नों के उत्तर ढूँढ़ने में सहायता मिलती है, जैसे—कब किसी विद्यार्थी को बैठाकर काम करने से रोका जाए, किसी परीक्षण के लिए कौन सा समय निर्धारित किया जाय, किसी विषय को कितनी तेजी से सिखाया जाए, किस विद्यार्थी से कब और क्या पूछा जाए, किसी क्रियाकलाप को कब रोका जाए या शुरू किया जाए, इत्यादि से सम्बन्धित निर्णय लेने में सहायता मिलती है।

औपचारिक मापन : औपचारिक मापन से तात्पर्य योजनाबद्ध तरीके से विभिन्न मापन विधियों, पारम्परिक या वैकल्पिक परीक्षण विधियों, द्वारा मापन से है। जैसे लिखित या मौखिक जाँच के माध्यम से सूचनाओं को एकत्र करना अथवा प्रामाणिक परीक्षण विधियों जैसे शारीरिक शिक्षा के शिक्षक के द्वारा किसी छात्र के उठने-बैठने की संख्या को गिनकर उसके प्रदर्शन का अवलोकन कर मापन करना इत्यादि औपचारिक मापन के उदाहरण हैं।

औपचारिक मापन की आवश्यकता क्यों?

अनौपचारिक मापन से शिक्षक सभी विद्यार्थियों से समान रूप से सूचनाएँ प्राप्त नहीं कर पाते हैं, अतः वे प्रत्येक विद्यार्थी के शिक्षण की प्रगति को ठीक-ठीक नहीं जान पाते हैं। कुछ विद्यार्थियों से प्राप्त सही उत्तर के आधार पर यह निष्कर्ष निकाल लेना कि वर्ग के सभी विद्यार्थी सही उत्तर जानते हैं, शिक्षण की प्रगति के मापन को दोषपूर्ण बनाता है।

कभी-कभी शिक्षक अनौपचारिक मापन के आधार पर भी विद्यार्थियों को ग्रेड देने जैसी भूलकर बैठते हैं। इसमें प्रायः हाजिरजवाब, आकर्षक शारीरिक बनावट एवं

रंग-रूप, चित्ताकर्षक व्यक्तित्ववाले विद्यार्थियों को उच्च ग्रेड, जबकि शारीरिक रूप से कम आकर्षक, कम बर्हिमुखी व्यक्तित्ववाले विद्यार्थियों को अपेक्षाकृत निम्न ग्रेड दे दिए जाते हैं।

अर्थात्, अनौपचारिक मापन में शिक्षक के निर्णय विद्यार्थियों की योग्यता के बदले पूर्वाग्रहों पर ज्यादा आधारित होते हैं। इससे बचने के लिए शिक्षकों को प्रत्येक विद्यार्थी की प्रगति से सम्बन्धित अलग-अलग सूचनाओं को एकत्र कर उनका मूल्यांकन करना प्रभावकारी होता है, जिसे औपचारिक मापन से किया जा सकता है।

औपचारिक मापन के आधार पर किए गए मूल्यांकन में शिक्षण का मापन विद्यार्थियों के लिखित या मौखिक प्रदर्शनों पर आधारित होते हैं। औपचारिक मापन के लिए प्रयुक्त मापन विधि में विश्वसनीयता तथा वैधता जैसे वैज्ञानिक गुणों का होना अनिवार्य है।

वैधता (Validity)

जब कोई परीक्षण उन्हीं गुणों या क्षमताओं का मापन करता हो, जिस उद्देश्य से उसका उपयोग किया गया हो, तो उस परीक्षण को वैध कहा जाएगा। जैसे यदि कोई परीक्षण बुद्धि मापने के उद्देश्य से निर्मित किया गया हो और वह बुद्धि का ही मापन करता हो।

निर्णय की उपयुक्तता एवं औचित्य : इसके अन्तर्गत मापन के पश्चात् लिए गए निर्णय की उपयुक्तता एवं औचित्य को सम्मिलित किया जाता है। अतः वैधता परीक्षण के द्वारा एकत्र किए गए सूचनाओं और उसके आधार पर लिए गए निर्णयों के बीच के सम्बन्ध की व्याख्या करता है। निदेशन के दृष्टिकोण से मापन, निदेशन एवं उसके उद्देश्य के बीच जितनी अधिक समनुरूपता होगी वह मापन उतना ही वैध होगा।

जब शिक्षक विद्यार्थियों के द्वारा किसी विषय के तथ्य के वर्णन करने एवं उनके द्वारा अपनाए गए अनुक्रियाओं के पैटर्न का विश्लेषण कर अपने मापन को संशोधित करते हैं तो इस प्रकार वे अपने मूल्यांकन प्रक्रिया की वैधता को बढ़ा सकते हैं।

विश्वसनीयता : मापन की समनुरुपता (Reliability: consistency of measurement)

जिस हद तक किसी परीक्षण से प्राप्त होनेवाले परिणामों में समनुरूपता हो, अर्थात् समय या स्थान में बदलाव से परिणामों में अन्तर नहीं आते हों, तो उसे विश्वसनीय

कहा जा सकता है। उदाहरणस्वरूप, समान ऊँचाई के स्थान पर यदि कोई तराजू, एक ही वस्तु का अलग-अलग समय में अलग-अलग भार बतलाये तो उस तराजू को विश्वसनीय नहीं कहा जाएगा।

अविश्वसनीय मापन वैध नहीं हो सकते हैं। अनौपचारिक मापन एवं लेखों का मूल्यांकन आत्मगत होने के कारण प्रायः अविश्वसनीय होते हैं, जबकि वस्तुपरक मापन अधिक विश्वसनीय होते हैं।

पारम्परिक मूल्यांकन

प्राचीन काल से ही शिक्षक अपने द्वारा निर्मित परीक्षणों से विद्यार्थियों की प्रगति का मूल्यांकन करते रहे हैं। मूल्यांकन की यह प्रक्रिया आज भी जारी है। यदि इन परीक्षणों की रूपरेखा उत्तम होती है तो इसके द्वारा विद्यार्थियों के सीखने के कई पहलुओं का मूल्यांकन वैध रूप से हो पाता है। आइए, हम शिक्षकों के मूल्यांकन की प्रक्रिया पर एक नजर डालकर यह देखें कि मापन की इकाइयों का निर्माण किस प्रकार किया जाय ताकि मूल्यांकन वैध एवं विश्वसनीय दोनों हो सके।

पारम्परिक मूल्यांकन के ढाँचे

प्राथमिक शिक्षक विद्यार्थियों की प्रगति के मापन को औपचारिक के बदले अनौपचारिक मापन पर आधारित करते हैं। वे अपने द्वारा निर्मित परीक्षण की इकाइयों के बदले बाजारू परीक्षणों, मसलन—किसी प्रकाशक के द्वारा निर्मित परीक्षण या पाठ्य-पुस्तक में दिए गए इकाइयों की शृंखला का उपयोग करते हैं। प्राथमिक शिक्षकों के परीक्षण का ढाँचा टेबल संख्या-25 में दिया गया है।

प्राथमिक शिक्षकों के मूल्यांकन का ढाँचा : प्राथमिक शिक्षक अपने मूल्यांकन में विद्यार्थियों की प्रगति के निर्धारण के लिए उनके प्रदर्शन में अनौपचारिक मापन पर अधिक बल देते हैं। उन्हें अपने परीक्षणों का निर्माण स्वयं करने तथा मापन में भावात्मक एवं अन्तर्वैयक्तिक सम्बन्धों जैसे तत्त्वों पर अधिक बल देना होता है।

प्रारम्भिक कक्षा के विद्यार्थियों के लिए शिक्षक अंक देने के बदले अलग-अलग ग्रेड देते हैं। यदि शिक्षक विभिन्न विद्यार्थियों को दिए गए अलग-अलग ग्रेड के कारण तथा औचित्य को उनके अभिभावकों के समक्ष प्रमाणित करने में सक्षम हों, तभी इसे औपचारिक मापन कहा जाएगा। औपचारिक मापन निदेश की प्रभावकारिता के दृष्टिकोण से महत्त्वपूर्ण होते हैं। प्राथमिक शिक्षकों के द्वारा उपयोग किए जानेवाले मापन को नीचे के टेबल में दर्शाया गया है।

टेबल-25

विशेषताएँ	वर्णन
प्रदर्शन का मापन	वास्तविक कार्य के नमूने, जैसे—अक्षरों को निर्मित करने अथवा संख्या लिखने की योग्यता पर आधारित हैं।
अनौपचारिक मापन	मापन प्रायः अनौपचारिक होता है। ग्रेडिंग निश्चित समय सारणी के अनुसार न होकर, सप्ताह में कई बार होते हैं। मूल्यांकन के लिए ग्रेड देते हैं, जिसमें शैक्षिक योग्यता से अधिक सामाजिक या पृष्ठभूमि सम्बन्धित विशेषताओं पर जोर देते हैं।
बाजारू परीक्षण	परीक्षण के लिए बाजार में निर्मित परीक्षणों पर बहुत अधिक निर्भर करते हैं एवं अपने द्वारा निर्मित औपचारिक परीक्षणों का उपयोग बिरले ही करते हैं।
भावात्मक उद्‌देश्य पर जोर	मापन में भावात्मक उद्‌देश्यों, जैसे—विद्यार्थियों का दूसरों के साथ मिल-जुलकर रहने, व्यक्तिगत एवं अन्तर्वैयक्तिक सम्बन्धों जैसे तत्त्वों पर अधिक बल देते हैं

माध्यमिक और उच्च कक्षा के शिक्षकों के मूल्यांकन का ढाँचा

परीक्षण की इकाइयों को स्वयं बनाना : माध्यमिक और उच्च कक्षा के शिक्षक मूल्यांकन के लिए प्रायः पारम्परिक परीक्षणों पर निर्भर करते हैं। वे बाजार में उपलब्ध किसी प्रकाशक के द्वारा प्रकाशित परीक्षणों पर निर्भर करने के बदले परीक्षण की इकाइयों को स्वयं बनाते हैं।

शिक्षक-निर्मित परीक्षण की सम्भावित खामियाँ

शिक्षक परीक्षण के लिए जिन इकाइयों का प्रयोग करते हैं, यदि उनके निर्माण में सावधानी नहीं बरती जाए तो उनमें बहुत सी तकनीकी खामियाँ रह सकती हैं।

1. शिक्षक इकाई की गुणवत्ता निर्धारित करने के लिए 'इकाई विश्लेषण' (item analysis) और विशेष विवरण सारणी (table of specification) के द्वारा उसको सुधारने का प्रयास विरले ही करते हैं। प्रायः वे एक बार इकाई निर्मित होने के बाद बिना किसी संशोधन के उसका उपयोग करते रहते हैं।
2. यद्यपि शिक्षक ऐसा मानते हैं कि उच्च स्तर के उद्‌देश्य का मापन महत्त्वपूर्ण है, तथापि गणित एवं विज्ञान को छोड़कर उनके द्वारा निर्मित परीक्षणों में तीन-चौथाई से अधिक इकाइयों का लेखन ज्ञान या प्रत्याहन की जाँच के स्तर की होती हैं।

3. शिक्षक द्वारा निर्मित परीक्षणों की लगभग 1 प्रतिशत परीक्षण की इकाइयाँ लेख के रूप में होती हैं।
4. बहुधा वैसे प्रश्नों का उपयोग करते हैं, जिसमें संक्षिप्त उत्तर देने की आवश्यकता होती है।

   उदाहरणस्वरूप, कौन से दो राज्य बिहार की सीमा से सटे हुए हैं, ________________

   क्यों गुलाब के पौधे में काँटे होते हैं जबकि गेंदा के पौधे में नहीं? ________________
5. बहुधा मिलान करनेवाली इकाइयों का उपयोग किया जाता है।

शिक्षकों द्वारा निर्मित परीक्षणों की खामियों को दूर करने के उपाय

शिक्षकों को परीक्षण के निर्माण में होनेवाली कठिनाइयाँ एवं उनको दूर करने के उपाय का जानना आवश्यक है। परीक्षणों के निर्माण में होनेवाली कठिनाइयों को मुख्य रूप से तीन भागों, संशोधन, निर्माण तथा परीक्षक की कठिनाईयों के रूप में बाँटा जा सकता है :

1. इकाइयों के संशोधन में होनेवाली कठिनाई,
2. इकाइयों के निर्माण में होनेवाली कठिनाई तथा
3. परीक्षक की कठिनाइयाँ।

1. **संशोधन की कठिनाई :** शिक्षक का काम जटिल एवं माँग वाली है, जिसके कारण उनके काम को सरल बनाने का प्रयास किया गया है। किसी इकाई का हुबहू पुनः उपयोग करना उसके संशोधन करने से आसान होता है। संशोधन करने के लिए आवश्यक तकनीकी ज्ञान का होना आवश्यक है जिसको अर्जित करना आवश्यक है, जिसका विस्तृत वर्णन आगे किया गया है।
2. **निर्माण की कठिनाई :** लेख के प्रश्नों के इकाई बनाने में तो आसान होते हैं परन्तु अंक देने में कठिन और अधिक समय की खपत करनेवाले होते हैं। परन्तु, ठीक इसके विपरीत बहु विकल्पीय परीक्षण की इकाईयाँ बनाने में तो कठिन होती हैं परन्तु अंक देने में आसान एवं कम समय की खपत करनेवाली होती हैं। परीक्षण के दृष्टिकोण से सरल होने के कारण उत्तर ढूँढ़ने, मिलान करने तथा खाली स्थानों को भरने से सम्बन्धित प्रश्नों को बनाना शिक्षकों के बीच सबसे अधिक प्रचलित मापन विधियाँ हैं। ज्ञान तथा प्रत्याहन की जाँच करनेवाली इनकी इकाइयाँ बनाने, अंक देने एवं समय की बचत के दृष्टिकोण से आसान होती हैं।

3. **परीक्षक की कठिनाइयाँ :** कुछ शिक्षकों में अच्छे परीक्षण की इकाईयों को लिखने एवं उनकी गुणवत्ता को सुधारने के आत्म-विश्वास एवं योग्यता का अभाव होता है। पर्याप्त प्रशिक्षण के अभाव में शिक्षकों को ज्ञान तथा प्रत्याहन से अधिक स्तर के सुस्पष्ट या असंदिग्ध परीक्षण इकाइयों को लिखने में कठिनाई होती है।

उपरोक्त तथ्य यह दर्शाते हैं कि गुणवत्तापूर्ण प्रगति निर्धारण के लिए शिक्षकों में महज तथ्यों एवं सूचनाओं के प्रत्याहन के स्तर का नहीं बल्कि वैसी इकाइयों का निर्माण करने की क्षमता का होना आवश्यक है, जिसमें संदिग्धता कम हो तथा जिससे विद्यार्थियों के उच्च स्तर के शैक्षिक क्षमता की जाँच सम्भव हो सके। शिक्षक अपने परीक्षण में वैध इकाइयों के निर्माण के लिए निम्नांकित विधियों का उपयोग कर सकते हैं।

(क) भ्रन्तियों को दूर करना : कोई भी इकाई तभी वैध कही जाएगी, जब उसमें यह गुण हो कि जो विद्यार्थी उसके अंशो को समझें वे तो उसका सही उत्तर दे पाएँ परन्तु, जो उसे नहीं समझें, वे उसका गलत उत्तर ही दें। उदाहारणस्वरूप, यदि किसी बहु विकल्पीय प्रश्न जिसका सही उत्तर (अ) हो, परन्तु जिसका उत्तर वर्ग के ज्यादातर बच्चे (स) देते हैं तो इससे यह पता चलता है कि विद्यार्थियों में सामान्य रूप से उस विषय के सम्बन्ध में भ्रान्ति है। जिसके निम्नांकित कारण हो सकते हैं, मसलन—

1. विचार का कठिन होना,
2. अच्छी शिक्षा का अभाव होना या
3. इकाइयों का भ्रामक होना इत्यादि।

उपरोक्त कठिनाइयों के आलोक में परीक्षण की गुणवत्ता को सुधारना आवश्यक है।

यदि प्रश्न भ्रामक हैं, तो वे वैध नहीं हैं। इस कठिनाई को दूर करने के लिए वर्ग में विद्यार्थिंयों से समस्या पर चर्चा कर उन कारणों को चिह्नित किया जाना कि आखिर क्यों इतने अधिक विद्यार्थियों ने गलत उत्तर का चुनाव किया, आवश्यक है। उसके बाद उन कारणों को दूर कर इकाइयों की गुणवता को बढ़ाया जा सकता है।

(ख) इकाइयों में उत्तर के सुराग से बचना : यदि किसी इकाई में उत्तर के सुराग प्रश्न में निहित हों तो विद्यार्थी बिना विषय को समझे ही सही उत्तर का चुनाव कर लेते हैं। ऐसी इकाइयाँ मापन के दृष्टिकोण से अमान्य हैं। पाँचवें और छठे वर्ग और उसके ऊपर के विद्यार्थी उन सुरागों के माध्यम से सही उत्तर का चुनाव कर सकते हैं। अतः प्रश्न की इकाइयों के निर्माण में उत्तर के सुराग देने से शिक्षक को बचना आवश्यक है।

(ग) वैध इकाइयों के निर्माण का प्रशिक्षणः शिक्षक इस बात को स्वीकार करते हैं कि प्रभावकारी इकाइयों के लेखन में उन्हें कठिनाई का अनुभव होता है और उनमें यह विश्वास भी होता है कि ज्यादातर कठिनाइयों को प्रशिक्षण से दूर किया जा सकता है। शिक्षकों को विभिन्न परीक्षण विधियों के निर्माण से अवगत करवाने के उद्देश्य से उनका विस्तृत वर्णन नीचे किया जा रहा है।

वैधता के मद्देनजर इकाइयों के ढाँचे को प्रश्नों की आपूर्ति एवं अनुक्रिया के आधार पर मुख्य रूप से निम्नांकित दो भागों में बाँटा जा सकता है :

1. **अनुक्रिया चयन ढाँचा** (Selected response format) और
2. **आपूर्ति ढाँचा** (Supply format)।

1. अनुक्रिया चयन ढाँचा (Selected response format) : अनुक्रिया चयन ढाँचे में, जैसा कि इसके नाम से स्पष्ट है, विद्यार्थियों को किसी प्रश्न का उत्तर प्रश्न के साथ ही उपलब्ध करवा दिया जाता है, उन्हें सिर्फ दिए गए विभिन्न विकल्पों की सूची में से सही उत्तर का चुनाव करना होता है। अनुक्रिया चयन करने के कुछ प्रमुख ढाँचे निम्नांकित है :

(क) बहुविकल्प ढाँचा (Multiple-Coice format),

(ख) सही-गलत ढाँचा (True-false format),

(ग) मिलान ढाँचा (Matching format)।

उपरोक्त तीनों ढाँचे के निर्माण की विधि का वर्णन आगे किया गया है।

2. आपूर्ति ढाँचा (Supply format) : आपूर्ति ढाँचा से तात्पर्य किसी परीक्षण में परीक्षक एवं परीक्षार्थी के द्वारा अनुभवीक दृष्टिकोण को शामिल किया जाता है। इसमें इकाइयों के निर्माण तथा अंक देने की प्रक्रिया को निम्नांकित मुख्य दो भागों में बाँटा गया है।

(क) आत्मगत,

(ख) वस्तुपरक,

(क) आत्मगत इकाई : आत्मगत इकाइयों के अन्तर्गत मुख्यतः लेख लिखने तथा खाली स्थान को भरनेवाली इकाइयों को शामिल किया जाता है। इसमें एक तरफ विद्यार्थियों को उत्तर लिखने की स्वतन्त्रता होती है, तो दूसरी ओर परीक्षक को भी अंक देने सम्बन्धित निर्णय लेने की स्वतन्त्रता होती है। इस प्रकार लेख लिखने तथा अंक देने, दोनों के निर्णय आत्मगत होने के कारण इसकी वैधता बनाए रखने में बहुत सावधानी बरतने की आवश्यकता पड़ती है। लेख की इकाइयों एवं खाली स्थान को भरनेवाली इकाइयों के निर्माण एवं मूल्यांकन की विधि का विस्तृत वर्णन आगे किया गया है।

(ख) वस्तुपरक इकाई ढाँचा : वस्तुपरक इकाइयों के ढाँचे का सबसे अच्छा उदाहरण बहुविकल्पीय प्रश्न हैं, जिसमें समान क्षमता के विद्यार्थी प्रायः समान अंक प्राप्त करते हैं।

बहुविकल्पीय ढाँचे में प्रश्नों की इकाइयों को प्रभावकारी ढ़ग से निर्मित करना विभिन्न स्तर के चिन्तन के आकलन के लिए एक अति विश्वसनीय एवं वैध विधि है।

बहुत से दूसरे मानकीकृत परीक्षणों के निर्माण में भी इस ढाँचे का प्रयोग किया जाता है। शिक्षकों को सबसे पहले बहुविकल्पीय प्रश्नों को निर्मित करने का प्रयास करना चाहिए। दूसरे प्रकार के ढाँचे का उपयोग तब करना चाहिए जब परीक्षण के उद्देश्य एवं अंशों में उसकी आवश्यकता हो। बहुविकल्पीय ढाँचे की इकाइयों के निर्माण की विधि का वर्णन नीचे किया जा रहा है।

बहुविकल्पीय इकाइयों की निर्माण विधि : बहुविकल्पीय मापन विधि में विद्यार्थियों के समक्ष एक प्रश्न या कथन प्रस्तुत किया जाता है, जिसके उत्तर स्वरूप कुछ सम्भावित उत्तर विकल्प के रूप में दिए जाते हैं। दिए गए विकल्पों में से सर्वथा उपयुक्त विकल्प को उत्तर के रूप में चुनने का कार्य विद्यार्थियों को करना पड़ता है।

निर्माण के दृष्टिकोण से बहुविकल्पीय इकाइयों में मुख्य रूप से दो अंश होते हैं—
पहला, स्तम्भ (stem),
दूसरा, ध्यानभंगक (distractor)

स्तम्भ (stem) : स्तम्भ, प्रश्न का वह वाक्य या कथन है, जिसका उत्तर विद्यार्थियों को दिए गए अनेक वैकल्पिक इकाईयों में से सबसे उपयुक्त विकल्प का चुनाव कर देना पड़ता है। इसके निर्माण की विधि का विस्तृत वर्णन उदाहरण के साथ आगे दिया जा रहा है।

ध्यानभंगक (distractor) : किसी बहुविकल्पीय प्रश्न के ढाँचे में उत्तर के रूप में उपयोग किए जानेवाले अनुपयुक्त विकल्पों को ध्यानभंगक कहा जाता है। इसका निर्माण विद्यार्थियों के ध्यान को भटकाने के उद्देश्य से किया जाता है। ध्यानभंग करनेवाली इकाइयों के निर्माण में विकल्पों को लिखने की कई विधियाँ हैं, जिनका वर्णन नीचे किया जा रहा है :

1. जिसमें उत्तर के रूप में सिर्फ एक ही विकल्प सही हो, या
2. सभी विकल्प आंशिक रूप से सही हों, परन्तु उनमें से स्तम्भ के प्रश्न का सबसे उपयुक्त उत्तर एक ही विकल्प में निहित हो, जिसकी पहचान विद्यार्थी को करनी हो।

उपरोक्त दोनों में से विकल्प के रूप में सबसे उपयुक्त उत्तर के चुनाववाला ढाँचा विद्यार्थियों के लिए अधिक कठिन होता है। परन्तु, मापन के दृष्टिकोण से यह बहुत ही उपयुक्त होता है क्योंकि इसमें उच्च स्तर के चिन्तन एवं उपलब्धि का मापन हो पाता है। टेबल संख्या 26 में बहुविकल्पीय प्रश्नों के निर्माण की विधि का वर्णन किया जा रहा है :

टेबल-26

---

1. स्तम्भ की इकाई में एक ही समस्या को स्पष्ट रूप में रखें।
2. सभी ध्यानभंग करनेवाली इकाइयाँ ऐसी हों, जो सतही तौर पर ऊपर से देखने में विश्वसनीय मालूम पड़ें।
3. सही उत्तर के स्थान को यदृच्छिक या बेतरतीब ढंग से परिवर्तन करें और इस बात का ध्यान रखें कि किसी विकल्प का बहुत अधिक उपयोग नहीं किया जा रहा हो।
4. स्तम्भ तथा विकल्प में समान तरह के शब्दों के प्रयोग से बचें।
5. सही विकल्प के वाक्य के निर्माण में अधिक तकनीकी शब्दों के प्रयोग से बचें। परन्तु, ध्यानभंग इकाइयों में इसका उपयोग कर सकते हैं।
6. सही उत्तर एवं ध्यान भंग करनेवाले वाक्यों की लम्बाई यथासम्भव बराबर रखें। परन्तु, एक लम्बे या छोटे वाक्य अशुद्ध विकल्प के रूप में रख सकते हैं।
7. विकल्प के रूप में अप्रतिबद्ध शब्दों, जैसे—हमेशा, कभी नहीं इत्यादि के उपयोग से यथासम्भव बचें।
8. स्तम्भ तथा ध्यानभंगक वाक्यों को व्याकरण के दृष्टिकोण से सुसंगत बनायें।
9. समान अर्थवाले दो ध्यानभंगक के उपयोग से बचें।
10. यदि ऋणात्मक शब्दों का उपयोग हो, तो उस पर जोर देने के लिए उसे रेखांकित कर दें।
11. उत्तर के विकल्प के रूप में 'उपरोक्त में से कोई नहीं' का उपयोग सावधानी से करें, जबकि 'उपरोक्त सभी' का उपयोग एक विकल्प में रूप में करने से यथासम्भव बचें।

प्रभावकारी बहु-वैकल्पिक इकाइयों के निर्माण में ध्यान से लिखे गए स्तम्भ के अतिरिक्त अच्छे ध्यानभंगकों का निर्माण भी महत्त्वपूर्ण हैं—

ध्यानभंगक इकाइयों का निर्माण विधि : ध्यानभंगक इकाईयों के निर्माण के लिए सबसे पहले उस विषय से सम्बन्धित भ्रान्तियों का पता लगाना अनिवार्य है। किसी विषय के प्रति विद्यार्थियों के बीच प्रचलित भ्रान्तियों का पता लगाने के लिए परीक्षण के स्तम्भ को प्रश्न के रूप में सम्मिलित कर लघु उत्तर के रूप में अथवा खाली स्थानों को भरने की इकाई के रूप में विद्यार्थियों के समक्ष प्रस्तुत करते हैं। विद्यार्थियों के द्वारा दिए गए उत्तर में से अशुद्ध उत्तरों को भविष्य के परीक्षणों में ध्यानभंगक के रूप में उपयोग करने के लिए चुन लेते हैं, क्योंकि इससे यह पता चल जाता है कि कुछ विद्यार्थियों के लिए ऐसे विकल्प व्यवहार्य हैं।

उत्तर के सुराग से बचना : बहुविकल्पीय इकाइयों में ध्यानभंगक इकाइयों में उत्तर के सुराग देने से बचें ताकि विद्यार्थी बिना विषय-वस्तु की समझ के प्रश्नों के सही उत्तर को नहीं चुन सकें।

बहुविकल्पीय प्रश्नों के स्तम्भ के निर्माण के कुछ उदाहरण नीचे दिए गए हैं–

1. **निम्नांकित में से परिसंचारणतन्त्र का कार्य क्या है?**
   (अ) शरीर के अत्यावश्यक अंगों को आश्रय देना
   (ब) सम्पूर्ण शरीर में रक्त संचरण करना
   (स) स्नायु प्रवाह को मस्तिष्क से मांसपेशियों तक स्थानान्तरित करना
   (द) शरीर की गति के लिए बड़ी मांसपेशियों का पोषण करना।
2. **निम्नांकित में से जनसंख्या के घनत्व का अर्थ है**
   (क) किसी शहर में निवास करनेवाले लोगों की संख्या
   (ख) विगत राष्ट्रपति चुनाव में मतदान करनेवाले लोगों की संख्या
   (ग) किसी देश के प्रति वर्ग मील में बसनेवाले लोगों की संख्या
   (घ) बड़े शहरों में रहनेवाले लोगों की संख्या से छोटे शहरों में रहनेवाले लोगों की तुलना।
3. **निम्नांकित में से कौन-सा कारण द्वितीय विश्वयुद्ध के लिए सर्वथा उल्लेखनीय हैं :**
   (क) अमेरिका के द्वारा ब्रिटेन की सहायता।
   (ख) इटली का इथीयोपिया पर अधिपत्य।
   (ग) जापान का चीन पर थोपा गया युद्ध।
   (घ) वरसैलस की संधी के कारण जर्मनी की अर्थव्यवस्था का विध्वंस।
4. **निम्नांकित में से किसी कीड़ा (कीट) की सबसे उपयुक्त व्याख्या क्या है?**
   (क) हमेशा इसके माथे पर एक जोड़ा एंटेना (एरियल) होता है
   (ख) इसके शरीर के तीन भाग होते हैं।
   (ग) कोई भी कीड़ा पानी में नहीं रहता है।
   (घ) यह फेफड़े से साँस लेता है।
5. **निम्नांकित में से कौन रेंगनेवाला प्राणी नहीं है**
   (क) ऐलिगेटर
   (ख) छिपकली
   (ग) मेढ़क
   (घ) समुद्री कछुआ

6. निम्नांकित में से कौन सी क्रिया कालिक क्रिया है

(क) दौड़ना एक अच्छा व्यायाम है।

(ख) मैंने कल कूदते हुए मेढ़कों की प्रतिस्पर्धा को दूरदर्शन पर देखा।

(ग) चिन्तन हममें से बहुतों के लिए कठिन है।

(घ) उपरोक्त सभी।

(नोट : उपरोक्त टेबल में प्रश्न तथा उसके सही उत्तर को मोटे अक्षरों में प्रस्तुत किया गया है।)

उपरोक्त इकाइयों में ध्यानभंगक का त्रुटिपूर्ण प्रयोग किया गया है। आइए, जानें कैसे उपरोक्त ध्यानभंगक नियमों के विपरीत है।

इकाई 1 में प्रवाह का उपयोग स्तम्भ तथा ध्यानभंगक दोनों में किसी न किसी स्वरूप में किया गया है। इकाई 2 में सही विकल्प को अधिक पारिभाषिक शब्द में लिखकर उपयोग किया गया है। शिक्षक इस प्रकार की गलतियाँ प्रायः तब कर बैठते हैं जब वे सही उत्तर को सीधे पुस्तक से चुन लेते हैं और तब ध्यानभंगक का चुनाव करते हैं। उनकी अनौपचारिक भाषा ध्यानभंगक में दिखाई पड़ती है जबकि किताबी भाषा की झलक उनके सही उत्तर में मिलती है।

इकाई संख्या 3 में सही उत्तर का विकल्प अशुद्ध विकल्पों अथवा ध्यानभंगकों से लम्बे हैं।

इकाई संख्या 4 में क और ग को सुनिश्चित शब्दों में व्यक्त किया गया है, जैसे—सभी, हमेशा, कभी नहीं अशुद्ध उत्तर से जुड़े हुए हैं। यदि इनका उपयोग किया जाना हो तो सही उत्तर में होना चाहिए।

इकाई संख्या 5 को बिना जोर दिए ऋणात्मक वाक्य के रूप में व्यक्त किया गया है। साथ ही विकल्प क. व्याकरण के दृष्टिकोण से स्तम्भ से मेल नहीं खाता है।

इकाई 6 में विकल्प क तथा ग स्वतः विलोपित हो जाता है क्योंकि ये दोनों क्रियावाचक संज्ञा है और केवल एक ही उत्तर सही हो सकता है। इस प्रश्न के विकल्प में 'उपरोक्त में से सभी' का विकल्प सही नहीं हो सकता यदि क और ग को हटा दिया जाए तो ख एकमात्र सम्भावित विकल्प है।

अतः स्पष्ट होगा कि अच्छे बहुविकल्पीय प्रश्नों के निर्माण में बहुत अधिक चिन्तन एवं सावधानी बरतने की आवश्यकता पड़ती है। श्रम एवं अभ्यास से शिक्षक इसके निर्माण में दक्ष हो सकते हैं। यदि आप ऐसा करने में सक्षम हो जाते हैं तो आपके पास सीखने की प्रगति को मापने का शक्तिशाली मापन यन्त्र होगा।

उच्च स्तर के शिक्षण का मापन :

बहुविकल्पीय ढाँचे का उपयोग उच्च श्रेणी के चिन्तन के मूल्यांकन में भी किया जा सकता है। इसमें विद्यार्थियों के समक्ष शिक्षण की जाँच करनेवाली साम्रगी को अलग-अलग रूपों में प्रस्तुत करते हैं, जबकि सूचनाओं को एक श्रेणी के रूप में प्रस्तुत करते हैं। विद्यार्थियों को शिक्षण सामग्री एवं दिए गए विकल्पों का विश्लेषण कर उत्तर देना होता है। सामग्री किसी ग्राफ, चार्ट, टेबल, नक्शा, तस्वीर या केस स्टडी के रूप में प्रस्तुत कर उसका विश्लेषण कर विद्यार्थियों से उत्तर देने को कहा जाता है।

उदाहरणस्वरूप–विज्ञान के किसी वर्ग में शिक्षक विद्यार्थियों के ताप प्रसार, परिणाम और घनत्व की समझदारी को मापने के उद्देश्य से एक सुपरिचित परन्तु अनोखी परिस्थिति में प्रयोग करने के लिए देते हैं।

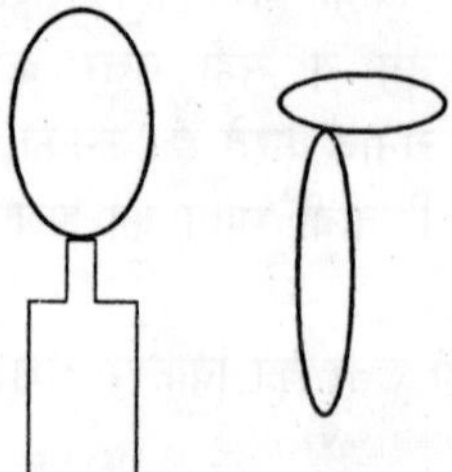

अ ब

चित्र-16

ऊपर के तस्वीर में शिक्षक विद्यार्थियों के एक समूह के समक्ष एक टेबल पर दो बोतलों को रख देते हैं। दोनों बोतल के सिरे से दो समान आकार के बैलून लगा देते हैं एवं बैलून को बोतल के मुँह से मजबूती से किसी धागे से बाँध देते हैं। उसके बाद उसमें से एक बोतल 'अ' को गरम करते हैं जबकि दूसरी बोतल 'ब' को नहीं, तब बोतल अ का बैलून फूल जाता है। उक्त बोतल में बैलून के फूलने का कारण जानने के लिए विद्यार्थियों के समक्ष उत्तर के लिए निम्नांकित विकल्प देते हैं–

अ. बोतल अ में हवा का घनत्व बोतल ब से अधिक होने के कारण,
ब. बोतल अ में हवा का घनत्व बोतल ब से कम होने के कारण,
स. बोतल अ में हवा का घनत्व बोतल ब से बराबर होने के कारण,
द. हमारे पास बोतल में हवा के घनत्व की तुलना करने योग्य उपयुक्त सूचना प्राप्त नहीं है।

इस प्रकार के अभ्यास शिक्षण के हस्तानान्तरण, विवेचनात्मक चिन्तन को प्रोत्साहित करते हैं तथा सीखनेवाले की अभिप्रेरणा को बढ़ाते हैं।

सत्य-असत्य ढाँचा (True False)

सत्य-असत्य ढाँचे में विद्यार्थियों के समक्ष विभिन्न वक्तव्यों को प्रस्तुत किया जाता है, जिसके सही या गलत होने का निर्णय लेते हैं।

इस प्रकार की मापनी से निम्न स्तर की क्षमता का मापन होने और विद्यार्थियों के अनुमान के द्वारा सही उत्तर के चुनाव की सम्भावना 50-50 होने के कारण इसका उपयोग कम ही करना चाहिए। फिर भी शिक्षकों की सुविधा के लिए सही-गलत ढाँचे में प्रश्न लिखने की विधि को नीचे संक्षेप में दिया जा रहा है–

1. इस ढाँचे में प्रश्नों को निर्मित करते समय असत्य वक्तव्यों की मात्रा सत्य की तुलना में थोड़ा अधिक रखना चाहिए।
2. प्रत्येक इकाई को एक स्पष्ट वक्तव्य के रूप में लिखना चाहिए।
3. उत्तर के सुराग देनेवाले तत्त्वों के उपयोग से बचना चाहिए ताकि विद्यार्थी बिना विषय-वस्तु की समझदारी के उत्तर देने में सक्षम नहीं हो सकें।

इकाइयों का मिलान ढाँचा (Matching items format)

मिलान करनेवाला ढाँचा बहु-विकल्पीय ढाँचे का ही एक परिवर्तित स्वरूप है। इसके अन्तर्गत एक ही प्रकार के विकल्पों का उपयोग एक शृंखला के रूप में स्तम्भ की कई इकाइयों के लिए किया जाता है। जिन विषयों के परीक्षण में मिलान विधि प्रभावकारी सिद्ध होती है, उनमें प्रमुख निम्नांकित हैं–

व्यक्ति और उनकी उपलब्धियाँ,
ऐतिहासिक घटनाएँ और उसकी तारीखें,
विभिन्न शब्द और उनकी परिभाषाएँ,
लेखक और उनकी कृतियाँ,
सिद्धान्त और उनके उदाहरण इत्यादि प्रमुख हैं।

मिलान विधि में प्रश्नों के निर्माण करने का तरीका निम्नांकित उदाहरण से समझा जा सकता है :

1. यह वक्तव्य 'समझदारी मस्तिष्क में बिजली के किसी बल्ब के जलने के समान है' निम्नांकित में से किसका उदाहरण है :

   (क) उपमा (सिमली)

   (ख) रूपकालंकार (मेटाफर)

(ग) अतिशयोक्ति (हाइपरबोल)

(घ) मानवीकरण (परसॉनीफिकेशन)

2. वाक्य 'यह सुझाव आज तक दिए गए सभी सुझावों में सर्वश्रेष्ठ है'–

(क) उपमा (सिमली)

(ख) रूपकालंकार (मेटाफर)

(ग) अतिशयोक्ति (हाइपरबोल)

(घ) मानवीकरण (परसॉनीफिकेशन)

नोट–उपरोक्त में सही उत्तर को मोटे अक्षरों में प्रस्तुत किया गया है।

मिलान विधि का वैकल्पिक ढाँचा : मिलान के लिए प्रश्न की इकाइयों के निर्माण में अलग-अलग वक्तव्यों को लिखने से अच्छा विभिन्न इकाइयों को एक साथ मिलाकर ढाँचे को तैयार किया जाता है। नीचे के उदाहरण से इसे और स्पष्ट किया जा रहा है–

वक्तव्य

----1 समझदारी मस्तिष्क में एक विद्युत बल्ब के जलने के समान है।

----2 'यह टिप्पणी आज तक किए गए सभी टिप्पणियों में सर्वश्रेष्ठ है।'

----3 उसके भाषण उसकी आत्मा की आँतों से निकले हुए डकार के समान थे।

----4 उपयुक्त मनोवृत्ति हमेशा लाभकारी होती हैं।

----5 उसकी आँखें लालसा का निर्मल सरोवर हैं।

----6 वह छड़ के समान सीधे खड़ा हुआ।

----7 मैं इस वस्तु को कभी भी नहीं पा सकूँगा, चाहे जो भी कर लूँ।

----8 उसकी कमीज का रंग ही यह बखान करता है कि वह किस दुनिया में जीता है।

विकल्प

(क) अनुप्रास (अलिट्रेशन)

(ख) उपमा (सिमली)

(ग) रूपकालंकार (मेटाफर)

(घ) अतिशयोक्ति (हाइपरबोल)

(ङ) मानवीकरण (परसॉनीफिकेशन)

मिलान के लिए परीक्षण के निर्माण में निम्नांकित चार प्रमुख विशेषताओं को ध्यान में रखना आवश्यक है :

1. मिलान विधि में प्रश्नों के निर्माण में वक्तव्यों एवं विकल्पों में समरूपता का होना आवश्यक है, जैसे—यदि वक्तव्यों को (काव्यालंकार) 'फिगर ऑफ स्पीच' के रूप में दिया जा रहा हो तो विकल्पों को भी उसी स्वरूप में देना चाहिए।
2. मिलान करनेवाले वाक्यों की संख्या सम्भावित उत्तरों के विकल्प की संख्या से अधिक हो, ऊपर के उदाहरण में मिलान करनेवाले वक्तव्यों की संख्या 8 है, जबकि सम्भावित उत्तरों की संख्या को 5 ही रखा गया है।
3. विकल्पों के एक से अधिक बार उपयोग की आजादी देनी चाहिए, न कि सिर्फ एक बार प्रयोग करने अथवा बिल्कुल प्रयोग नहीं करने की।
4. सभी इकाइयाँ को एक ही पन्ने में अँटने योग्य होना चाहिए ताकि विद्यार्थियों को पन्ना पलटने के कारण अनजाने में होनेवाली गलतियों से बचाया जा सके।

अधूरे वाक्यों को पूरा करना (Completion Items)

अधूरे वाक्य को पूरा करने के ढाँचे में प्रश्न की इकाइयों को विद्यार्थियों के समक्ष एक अधूरे वक्तव्य के रूप में प्रस्तुत किया जाता है, जिसे उन्हें अपनी ओर से उपयुक्त संख्या, शब्दों या चिह्नों की आपूर्ति कर पूरा करना पड़ता है। निर्माण में आसान प्रतीत होने के कारण शिक्षकों के बीच यह एक प्रचलित विधि है।

उदाहरणस्वरूप
विचार क्या है---------------?
कनाडा की राजधानी कहाँ है---------?

परन्तु, इसमें दो प्रकार की कठिनाइयाँ निहित होती हैं :

पहली, इस प्रकार के प्रश्नों को निर्मित करना, जिसका एक ही सम्भावित उत्तर हो, कठिन होता है। ऊपर के उदाहरणों में प्रश्न संख्या 1 के बहुत से सम्भावित उत्तर हो सकते हैं। प्रायः इस प्रकार के ढाँचे में विद्यार्थी यह अनुमान लगाने का प्रयास करते हैं कि शिक्षक किस प्रकार के उत्तर की अपेक्षा करते हैं।

दूसरी, अधूरे वाक्य को पूरा करने में जब तक कि प्रश्न किसी समस्या के समाधान से सम्बन्धित नहीं हो, इससे विद्यार्थियों के सिर्फ ज्ञान के स्तर की ही जाँच हो सकती है।

अतः उपरोक्त खामियों के कारण अधूरे वाक्य को पूरा करने का उपयोग कम-से-कम करना चाहिए। फिर भी शिक्षकों की सुविधा के दृष्टिकोण से अधूरे वाक्य को पूरा करने के ढाँचे के निर्माण का तरीका निम्नांकित टेबल में दिया जा रहा है :

अधूरे वाक्य को पूरा करने के ढाँचे के निर्माण का तरीका
टेबल-27

दिशा निर्देश (guideline)	तर्काधार (rationale)
एक वाक्य में सिर्फ एक ही खाली स्थान का उपयोग करें और उसे वक्तव्य के मुख्य बिन्दु से सम्बन्धित करें।	बहुत से खाली स्थान उलझन पैदा करते हैं और एक उत्तर दूसरे पर निर्भर कर सकते हैं।
एक पूर्ण वाक्य का उपयोग करें तथा उसके अन्त में प्रश्नवाचक चिह्न का उपयोग करें, खाली स्थान को वाक्य के बाईं ओर रखें।	पूर्ण वाक्य के प्रयोग से विद्यार्थियों को वक्तव्य का पूर्ण अर्थ समझने में आसानी होती है, सभी अनुक्रियाओं के बाईं ओर होने से अंक देना आसान हो जाता है।
सभी खाली स्थानों की लम्बाई को बराबर-बराबर रखें।	बड़े उत्तर के लिए बड़ा खाली स्थान रखने से विद्यार्थियों को उत्तर का सुराग मिल सकता है।
संख्या-विषयक उत्तर के लिए अपेक्षित इकाइयों की संख्या एवं सूक्ष्मता की कोटि को चिह्नित करें।	इकाइयों की संख्या एवं सूक्ष्मता की कोटि को चिह्नित करने से विद्यार्थी किसी खास इकाई पर अनावश्यक समय बर्बाद करने से बच जाते हैं।

लेख का मूल्यांकन

लेख की इकाइयाँ विद्यार्थियों की जटिल क्षमताओं के मापन के लिए एक अमूल्य परीक्षण विधि है। लेख के द्वारा विद्यार्थी लिखित अनुक्रिया के माध्यम से किसी समस्या का समाधान या प्रश्न का उत्तर व्यक्त करते हैं। लेख लिखने का ढाँचा ही प्रगति मापन की एकमात्र ऐसी विधि है, जिसके माध्यम से विद्यार्थी की सूचनाओं को अर्थपूर्ण ढंग से संगठित करने, उच्च स्तर की चिन्तन क्षमताओं का मापन सम्भव है। इसके अन्तर्गत विद्यार्थियों की निम्नांकित क्षमताओं की जाँच हो सकती है :

किसी विषय को संगठित करने,
विचारों को अभिव्यक्त करने,
किसी मुद्दे पर बचाव करने,
तर्क करने इत्यादि।

लेख लिखने की अनेक खूबियों के बावजूद लेख की इकाइयों में निम्नांकित त्रुटियाँ हैं :

1. अंक देने में बहुत अधिक समय की खपत होती है।
2. अंक देने की प्रक्रिया आत्मगत होती है, अतः यह अविश्वसनीय हो सकती है।
3. लेख की इकाइयाँ लेखन कौशल से बहुत अधिक प्रभावित होती है। यदि लेखन कौशल की जाँच अपेक्षित परिणाम हो तो यह एक उपयुक्त

विधि है परन्तु यदि ऐसा नहीं हो तो यह इकाई की वैधता को कम करता है।

4. व्याकरण, शब्दविन्यास सम्बन्धी अशुद्धियाँ और लिखावट कृत्रिम रूप से अंकों को प्रभावित करते हैं।
5. लेख की इकाइयाँ निर्माण करने में तो आसान होती हैं परन्तु वे प्रायः संदिग्ध होने के कारण विद्यार्थियों को इस अनिश्चितता में छोड़ देती हैं कि वे किस प्रकार से अनुक्रिया करें। विद्यार्थी के प्रश्न की व्याख्या करने की योग्यता से ही प्रगति के गुण तथा मात्रा का मापन होता है।

इन सीमाओं के बावजूद लेख की इकाइयों को जटिल एवं उच्च स्तर के शिक्षण के मापन के लिए एक सुरक्षित विधि माना जाता है, जो मापन के दूसरे ढाँचे से सम्भव नहीं है। लेख की इकाइयों के निर्माण तथा अंक देने के लिए दिशा-निर्देश उसके तर्क के आधार के साथ नीचे के टेबल में प्रस्तुत किया जा रहा है :

लेख की इकाइयों के निर्माण के लिए दिशा-निर्देश एवं उसके तर्क के आधार निम्नांकित हैं :

टेबल-28

दिशा निर्देश	तर्काधार
उच्च स्तर के चिन्तन को उत्पन्न करने के लिए, लेख की इकाइयों में व्याख्या करें तथा तुलना करें जैसे शब्दों का उपयोग करें।	विद्यार्थी तथ्यों के आलोक में अपनी अनुक्रिया के द्वारा अपनी सफाई दे सकें।
प्रत्येक इकाई के लिए पहले नमूने का एक उत्तर लिख लें।	इससे उत्तर के लिए अंक देने तथा पुनर्निवेशन दोनों में सहायता मिलती है।
सभी विद्यार्थियों के द्वारा सभी प्रश्नों का उत्तर देना अनिवार्य हो ताकि उनके ज्ञान की तुलना करने में कठिनाई नहीं हो।	किसी विशेष इकाई को चुनकर उत्तर देने से विद्यार्थियों के बीच तुलना करने में कठिनाई होती है, जिससे मापन की विश्वसनीयता घटती है।
परीक्षण से पूर्व अंक देने के लिए मानक (अंक-कुंजी) बना लें।	इससे अंक देने में परीक्षक अपने मनमौजीपूर्ण व्यवहार को नियन्त्रित कर सकते हैं।
सभी विद्यार्थियों के एक इकाई के उत्तर के लिए अंक देने के बाद दूसरी इकाई के उत्तर के लिए अंक देने का कार्य करें।	इससे प्रत्येक इकाई के उत्तर का मूल्यांकन निष्पक्ष एवं समान रूप से हो पाता है।
यथासम्भव एक इकाई की अनुक्रिया का मूल्यांकन एक ही बैठक में करें।	यह परीक्षण की विश्वसनीयता को बढ़ाता है।
विद्यार्थी की पहचान जाने बिना उत्तर के लिए अंक देने का कार्य करें।	इससे पिछले प्रदर्शन एवं अपेक्षाओं के कारण किसी पूर्वाग्रह के प्रभाव को कम करने में सहायता मिलती है, जिससे मापन की विश्वसनीयता बढ़ती है।

लेखों के लिए अंक देने के लिए रूब्रीक्स (अंकन-क्रम) का प्रयोग :

लेखों के मूल्यांकन के लिए अंक देने का एक महत्त्वपूर्ण तरीका किसी लेख के मूल्यांकन के पहले उसके अंक देने के मानदंडों को निर्धारित कर लेना कि किस प्रकार के उत्तर के लिए कैसे अंक दिए जाएँगे, रूब्रीक्स कहते है। अर्थात्, अंक देने के पहले ही मानकों को तैयार कर लेने को 'स्कोरिंग रूब्रीक्स' भी कहते हैं। इसे अंक निर्धारण की सम्पूर्ण प्रकिया में समान रूप से लागू करते हैं।

रूब्रीक्स का उपयोग किसी खास विषय के लिए सीमित न होकर सभी प्रकार के लेखों के मूल्यांकन में किया जा सकता है। इसमें किसी विषय के संगठनात्मक मानको या किसी विशेष प्रत्यय को आधार बनाकर मूल्यांकन किया जा सकता है। संगठनात्मक मानकों से तात्पर्य किसी विषय को प्रस्तुत करने में उसके विभिन्न पहलूओं को लेख में संगठित करने के तौर-तरीके को सम्मिलित करना आता है। लेखों के लिए अंक देने में रूब्रीक्स का उपयोग मूल्यांकन की विश्वसनीयता को भी बढ़ाता है।

अंक देने के लिए रूब्रीक्स (अंकन-क्रम) का निर्माण निम्नांकित तरीके से किया जा सकता है : कुल 5 पूर्णांक के किसी लेख के लिए

टेबल-29

उच्च अंक	5	अनुक्रिया स्पष्ट, ठीक-ठीक विषय पर केन्द्रित हो, प्रासंगिक बिन्दुओं को अच्छे समर्थन मिले हों। सम्बन्धों को अच्छे से स्थपित किया गया हो एवं महत्त्वपूर्ण अन्तर्दृष्टि स्पष्ट हों।
मध्यम अंक	3	उत्तर स्पष्ट हो और कुछ हद तक विषय पर केंद्रित भी हो परन्तु विवश करने लायक नहीं हों। बिन्दुओं को सीमित समर्थन हो, सम्बन्ध अस्पष्ट हों और महत्त्वपूर्ण अन्तर्दृष्टि सीमित हों।
निग्न अंक	1	अनुक्रिया में महत्त्वपूर्ण बिन्दुओं का अभाव हो, सूचनाएँ अनुपयुक्त हों और नैपुण्यता का अभाव झलकता हो। बिन्दु अस्पष्ट हों, समर्थन अनुपस्थित हों और अन्तर्दृष्टि का अभाव हो।

परीक्षण की बाजारू इकाइयों का उपयोग

बहुत से शिक्षक पाठ्य पुस्तक में दिए गए इकाइयों, संदर्शिका (गाइड) या बाजारू परीक्षण का उपयोग करते हैं। इस प्रकार के उपयोग से प्रत्यक्ष रूप से तो समय की बचत होती है, परन्तु उसके चुनाव में यदि निम्नांकित तीन बातों को ध्यान में नहीं रखा जाए तो परीक्षण का उद्‌देश्य पूरा नहीं होता है—

1. **उद्देश्य :** परीक्षण का उद्देश्य निदेशन के उद्देश्य के अनुरूप हो।
2. **जोर :** बाजारू परीक्षण में उन्हीं तथ्यों पर जोर दिया गया हो जिनको शिक्षक के द्वारा सिखाया गया हो।
3. **गुणवत्ता :** गुणवत्ता के दृष्टिकोण से परीक्षण उच्च कोटि का हो जो विद्यार्थियों के उच्च स्तर के चिन्तन की जाँच करता हो।

उपरोक्त चर्चा से स्पष्ट होता है कि शिक्षकों को परीक्षण को निर्मित करने में अधिक श्रम तथा योग्यता का निवेश करना पड़ता है। परन्तु, इस प्रकार के परीक्षण से मिलनेवाले लाभ उनमें लगनेवाले श्रम की तुलना में कई गुणा अधिक होते हैं।

प्रगति निर्धारण की प्रामाणिक विधि :

प्रगति निर्धारण की पारम्परिक विधियाँ अपनी सीमाओं के कारण आलोचना की पात्र रही हैं। इन आलोचनाओं को दूर करने के उद्देश्य से प्रगति निर्धारण के लिए प्रामाणिक विधियों का निर्माण किया गया है। इसके अन्तर्गत विद्यार्थियों के सीखने की प्रगति का मापन वर्ग के बाहर, वास्तविक जीवन में, उनके सार्थक प्रदर्शन के आधार पर किया जाता है। इसे अनेक नामों, मसलन—सार्थक मापन, वैकल्पिक मापन, प्रदर्शन मापन इत्यादि से भी जाना जाता है। इसके अन्तर्गत विद्यार्थियों से करवाए जानेवाले कार्यों को निम्नलिखित उदाहरणों से समझा जा सकता है :

- प्रत्यय पर आधारित लेख लिखवाना।
- आहार-विज्ञान के किसी छात्र (डाइटिशियन) के द्वारा पोषकता के दृष्टिकोण से एक सप्ताह के लिए सन्तुलित आहार की व्यंजन-सूची (मेन्यू) बनवाना।
- मोटर यान्त्रिक के किसी विद्यार्थी से बंद पड़े किसी मोटरगाड़ी के इंजन के कारणों को खोजना और उसको ठीक करवाना।
- शिल्प कला के विद्यार्थी से मिट्टी के किसी बर्तन का निर्माण करवाना।
- शारीरिक शिक्षा के किसी विद्यार्थी से व्यायाम के प्रभाव से होनेवाले शारीरिक परिवर्तनों को निर्धारित करने के लिए एक प्रयोग निर्मित करवाना।

इन उत्पादों, जैसे—लेख, व्यंजन-सूची, मोटरगाड़ी की मरम्मत, मिट्टी के बर्तन के निर्माण इत्यादि के प्रेक्षण में दिलचस्पी लेकर प्रेक्षण करने से शिक्षक को विद्यार्थियों के चिन्तन के स्तर का पता लग जाता है। साथ ही उन्हें यह अन्तर्दृष्टि भी मिलती है कि किसी खास अनुक्रिया को अपनाने के पीछे विद्यार्थी की सोच क्या

थी। शिक्षक यदि उनकी समस्या के समाधान में अपनायी गई प्रक्रियाओं में त्रुटि पाते हैं, तो बातचीत के माध्यम से उस पर विस्तार से चर्चा कर विषय से सम्बन्धित विद्यार्थियों के त्रुटिपूर्ण चिन्तन को सही दिशा प्रदान कर, उनकी भ्रान्तियों को दूर कर सकते हैं।

माध्यमिक शिक्षक विज्ञान विषय से सम्बन्धित कठिनाइयों को दूर करने के लिए विद्यार्थियों के समक्ष वास्तविक जीवन से सम्बन्धित कुछ समस्याओं को प्रस्तुत कर उनके ज्ञान की जाँच कर सकते हैं—मसलन—कब समान मात्रा की दो पारदर्शी तरल पदार्थों के भार में भिन्नता पाई जाती है? क्यों जब किसी बर्फ के टुकड़े को दो भिन्न तरल पदार्थों में डुबाया जाता है, तो वह एक में तो डूब जाता है परन्तु दूसरे में तैरता रहता है। विद्यार्थियों को सामूहिक रूप से इसका समाधान ढूँढ़ने के लिए दिया जाता है।

इस प्रकार कार्य प्रदर्शन एवं उससे सम्बन्धित प्रश्नों के आधार पर विद्यार्थियों की नैपुण्यता के स्तर का पता एकाएक नहीं लगाकर चरणबद्ध तरीके से लगाया जाता है।

प्रदर्शन मापन के चरण :

प्रदर्शन को मापने की प्रक्रिया को क्रमशः निम्नांकित चार चरणों में प्रतिपादित किया जाता है :

1. अपेक्षित परिणामों का अलग-अलग उल्लेख करना।
2. मूल्यांकन के केन्द्र-बिन्दु का चुनाव करना।
3. यथार्थता की श्रेणी को निर्धारित करना।
4. मूल्यांकन की प्रक्रिया का चुनाव करना।

अपेक्षित परिणाम का अलग-अलग उल्लेख करना :

किसी भी परीक्षण के निर्माण में पहला चरण यह निर्धारित करना है कि हम क्या मापना चाहते हैं। किसी कार्य में निहित कौशल एवं प्रक्रियाओं की सुस्पष्ट व्याख्या एक तरफ विद्यार्थियों में यह समझ पैदा करने में सहायता करता है कि उन्हें क्या करना है, साथ ही यह शिक्षक में उपयुक्त निदेशों को निर्मित करने की समझ पैदा करता है। नीचे के टेबल में भाषण के कार्य में प्रयुक्त होनेवाले चरणों की व्याख्या की गई है :

भाषण के क्षेत्र में प्रदर्शन मापन का एक उदाहरण नीचे के टेबल में दिया जा रहा है :

टेबल-30

स्वाभाविक रूप से खड़ा होता है। उपयुक्त तरीके से आँख मिलाता है। संकेतों का प्रभावकारी तरीके से उपयोग करता है। सुस्पष्ट भाषा का उपयोग करता है। आवाज में उपयुक्त प्रबलता हो। उपयुक्त दर से बोलता है। विषय सुसंगठित हो। समूह की रुचि को बनाए रखने में सक्षम हो।

2. मूल्यांकन के केन्द्र-बिन्दु का चुनाव करना :

प्रदर्शन के अपेक्षित परिणामों के अलग-अलग निर्धारण के बाद प्रदर्शन मापन के अगले चरण में शिक्षक मापन के केन्द्र-बिन्दु को निर्धारित करते हैं। प्रारम्भिक अवस्था में मापन का केन्द्र-बिन्दु प्रायः उन प्रक्रियाओं को जानना है, जो उत्पादों को सृजित करने में विद्यार्थियों के द्वारा अपनाई जाती है। प्रक्रियाओं में निपुणता हासिल होने के बाद क्रमशः मापन के केन्द्र-बिन्दु को उत्पाद की मात्रा तथा गुण पर स्थानान्तरित कर लिया जाता है। विभिन्न विषयों में प्रक्रिया तथा उत्पाद के प्रदर्शन मापन के अवयवों को निम्नांकित टेबल से दर्शाया जा रहा है :

टेबल-31

विषय-वस्तु के क्षेत्र	*उत्पाद*	*प्रक्रिया*
गणित	सही उत्तर प्राप्त करना	समस्या के सही समाधान के लिए अपनायी गई प्रक्रिया के चरणों का अवलोकन करना
संगीत	किसी साज को बजाने का प्रदर्शन	सही प्रदर्शन के दौरान उपयोग किए गए अंगुलियों तथा श्वासों की उपयुक्तता का अवलोकन करना
अंग्रेजी रचना	लेख या दूसरी रचनाओं को लिखना	प्रारूप निर्मित करने में चिन्तन की प्रक्रियाओं को जानना
शब्द संसाधन	पत्र लिखना, प्रतिलिपि या अन्तिम प्रारूप तैयार करना	दस्तावेज प्रस्तुत करने की तकनीकों को जानना
विज्ञान	किसी प्रदर्शन के परिणामों की व्याख्या	व्याख्या प्रस्तुत करने के पीछे निहित चिन्तन प्रक्रिया को जानना।

यथार्थता की श्रेणी को निर्धारित करना :

किसी प्रदर्शन के मापन का मोल वास्तविक कार्य के साथ-साथ वास्तविक जीवन से उसके सम्बन्ध पर भी निर्भर करता है। वास्तविक कार्य प्रदर्शन के पीछे शिक्षकों की मंशा विद्यार्थियों में उस कौशल का विकास करना है, जिसका उपयोग वे वास्तविक जीवन में कर सकें। परन्तु, इसके पूर्व यह निर्धारित करना आवश्यक है कि वह कार्य सुरक्षा, समय तथा धन के दृष्टिकोण से कितना व्यवहार्य है। वास्तविक कार्य के प्रभाव के आकलन के बाद ही उस कार्य को करवाते हैं।

शिक्षण की जाँच के लिए विद्यार्थी को कोई जोखिम भरे काम करना सिखाने के पहले निम्न श्रेणी के जोखिमवाले कार्यों को करवाना उपयुक्त होता है। इसके लिए अनुकूलन (simulation) व्यवहार का प्रावधान किया जाना उचित है। जैसे हवाई जहाज का प्रशिक्षण देने के बाद सीधे हवाई जहाज उड़ाने के बदले मध्यवर्ती क्रिया के रूप में पहले जहाज के ढाँचे पर प्रशिक्षण देना अथवा डॉक्टरी की पढ़ाई में जीवित व्यक्ति के बदले पहले मुर्दे पर चीर-फाड़कर अभ्यास करवाना अनुकूलन व्यवहार के उदाहरण हैं। इससे खतरनाक प्रभाववाले वास्तविक कार्यों के जोखिम से विद्यार्थियों को बचाया जा सकता है।

मूल्यांकन की प्रक्रिया का चुनाव करना :

शिक्षक वर्ग में विद्यार्थियों का प्रेक्षण तो प्रतिदिन करते हैं परन्तु उनका यह प्रेक्षण क्रमबद्ध नहीं होता है, साथ ही वे उसका कोई लिखित प्रतिवेदन भी नहीं रखते हैं। परिणामस्वरूप उनके मापन की विश्वसनीयता कम हो जाती है। अतः मापन की विश्वसनीयता बढ़ाने के लिए शिक्षकों को नियमित रूप से प्रत्येक विद्यार्थी के वर्ग में होनेवाले प्रदर्शनों को निम्नांकित मानकों के अनुसार लिपिबद्ध करना चाहिए–

1. क्या विद्यार्थी सवाल करता है?
2. क्या परिकल्पना व्यक्त करता है?
3. क्या विभिन्न चरों, मसलन–स्वतन्त्र, परतन्त्र अथवा नियन्त्रित चरों की पहचान करता है?
4. क्या प्रदत संग्रह के तरीके की व्याख्या करता है?
5. क्या आँकड़ों को क्रमबद्ध कर दर्शाता है?
6. क्या आँकडों के आधार पर परिकल्पना का मूल्यांकन करता है?

इस प्रकार मूल्यांकन को लगातार, क्रमबद्ध करने की क्षमता को विकसित करने के बाद ही शिक्षक अपने दायित्व का निवर्हन करने में सक्षम होंगे।

सारांश

वर्ग में विद्यार्थियों के सीखने की प्रगति का निर्धारण करना सीखने के उद्देश्य को पूरा करता है। यह शिक्षकों के कार्य का एक अहम परन्तु कठिन हिस्सा है।

प्रगति निर्धारण के दो मुख्य उद्देश्य हैं--पहला, सीखने को अग्रसर करना तथा दूसरा, विद्यार्थियों की अभिप्रेरणा को बढ़ाना। मापन की उन समस्त प्रक्रियाओं को जिसका उपयोग शिक्षक प्रगति मापन के लिए करते हैं, सम्मिलित रूप से "शिक्षण की प्रगति का मूल्यांकन तन्त्र" कहते हैं । प्रगति निर्धारण के दो अवयय हैं--पहला, मापन तथा दूसरा मूल्यांकन। मापन के अन्तर्गत शिक्षक के द्वारा वर्ग में सिखाए गए विषय की मात्रा तथा गुण से सम्बन्धित समस्त सूचनाओं को एकत्र करने की प्रक्रिया को सम्मिलित किया जाता है जबकि मूल्यांकन मापन के आधार पर शिक्षकों द्वारा विद्यार्थियों के सीखने की प्रगति का आकलन है।

शिक्षकों के द्वारा प्रगति मापन के लिए उपयोग की जानेवाली विधियों में परम्परागत तथा वैकल्पिक विधियों के उपयोग को सम्मिलित किया जाता है। शिक्षकों के द्वारा मापन के लिए अनौपचारिक तथा औपचारिक दोनों प्रक्रियाओं को अपनाया जाता है। अनौपचारिक मापन में शिक्षक बिना मापन की नियत के, वर्ग में विद्यार्थी के हाव-भाव, आचार-व्यवहार, रूप-रंग जैसे बाहरी तत्त्वों के आधार पर आकलन करते हैं जबकि औपचारिक मापन में वे विभिन्न परीक्षणों का उपयोग प्रगति के आकलन के लिए करते हैं।

परीक्षण के दृष्टिकोण से परीक्षण की इकाइयों में वैधता एवं विश्वसनीयता के गुणों का होना अनिवार्य है। अनौपचारिक मापन प्रायः अविश्वसनीय एवं अवैध होते हैं।

औपचारिक मापन के लिए मापन के विभिन्न ढाँचो का उपयोग करते हैं। बहुविकल्पीय, खाली स्थान को भरने, मिलान करने इत्यादि ढाँचे औपचारिक परीक्षण के विश्वसनीय ढाँचे हैं।

लेख की इकाइयों का निर्माण करना उच्च स्तर के चिन्तन के आकलन की सर्वश्रेष्ठ विधि है परन्तु आत्मगत होने के कारण इसकी विश्वसनीयता बनाए रखने के लिए इसके मूल्यांकन में रूब्रीक्स का उपयोग करना चाहिए।

प्रगति निर्धारण के लिए शिक्षण के प्रभाव का उपयोग वास्तविक जीवन में होनेवाले प्रदर्शन के आधार पर करना एवं उस कार्य में निहित प्रक्रियाओं का

अवलोकन करना एक प्रामाणिक विधि है। इसके अन्तर्गत प्रदर्शन मापन चार चरणों में किया जाता है, अपेक्षित परिणामों का अलग-अलग उल्लेख करना, मूल्यांकन के केन्द्र-बिन्दु का चुनाव करना, यथार्थता की श्रेणी को निर्धारित करना, मूल्यांकन की प्रक्रिया का चुनाव करना।

सम्पूर्ण प्रगति निर्धारण की प्रक्रिया में मापन तथा मूल्यांकन की विभिन्न विधियों का उपयोग उनकी उपयुक्तता के आधार पर निर्धारित की जाती है। मूल्यांकन तन्त्र को मजबूत बनाने में शिक्षक की प्रतिबद्धता एवं इच्छा-शक्ति का होना सबसे आवश्यक है।

अध्याय-11

शिक्षा में काउंसलिंग

[Counselling in Education]

इस अध्याय के मनन से जानने योग्य बातें :

- काउंसलिंग का प्रत्यय ज्ञान,
- शिक्षा में काउंसलिंग का महत्त्व,
- शिक्षा के अवरोधकों को दूर करने में काउंसलिंग का महत्त्व,
- प्रभावकारी काउंसलिंग कौशल का विकास,
- प्रभावकारी काउंसलर के गुण।

काउंसलिंग

काउंसलिंग का शाब्दिक अर्थ 'परामर्श' होता है। शाब्दिक दृष्टिकोण से किसी व्यक्ति को किसी भी विषय पर दी जानेवाली राय, सुझाव या परामर्श काउंसलिंग है। परन्तु, मनोवैज्ञानिक दृष्टिकोण से काउंसलिंग का अर्थ प्रचलित धारणा से भिन्न सिर्फ परामर्श नहीं है बल्कि इसके अनतर्गत ''काउंसलिंग बातचीत के माध्यम से व्यक्ति/व्यक्तियों को सहायता पहुँचाने की वह असाधारण प्रक्रिया है, जिसके द्वारा किसी व्यक्ति को उसकी समस्या के कारणों की पहचान करने एवं समाधान के लिए उपलब्ध विभिन्न विकल्पों में से सर्वथा उपयुक्त विकल्प के चुनाव करने में सहायता देना है।''

सहायता करनेवाले व्यक्ति को 'काउंसलर' या 'परामर्शी' तथा सहायता प्राप्त करनेवाले को 'मुवक्किल' या 'क्लाइंट' कहते हैं। इस अध्याय में हम 'मुवक्किल' के बदले 'विद्यार्थी' एवं 'काउंसलर' के बदले 'शिक्षक' का प्रयोग पर्यायवाची शब्दों के रूप में करेंगे। काउंसलिंग के केन्द्र में विद्यार्थी होता है और काउंसलर के रूप में शिक्षक की भूमिका एक मददगार की होती है। काउंसलिंग की उपरोक्त परिभाषा का विश्लेषण करने पर हम इसमें निम्नांकित तत्त्वों का समावेश पाते हैं—

1. यह सहायता पहुँचाने की एक प्रक्रिया है।
2. यह सहायता बातचीत के एक विशिष्ट कौशल के द्वारा पहुँचाई जाती है।
3. इसमें विद्यार्थी को अपनी समस्या के कारणों की पहचान करने में सहायता की जाती है।
4. इसके अन्तर्गत सिर्फ समस्या के कारणों की पहचान ही नहीं की जाती है बल्कि समाधान के लिए उपलब्ध विभिन्न विकल्पों में से सर्वथा उपयुक्त विकल्प के चुनाव में भी सहायता की जाती है।

काउंसलिंग विद्यार्थियों को उनकी विभिन्न शैक्षिक या अन्तर्वैयक्तिक समस्याओं में सहायता प्रदान करने की एक प्रभावशाली विधा है। जिसके माध्यम से शिक्षक विद्यार्थियों के सीखने की प्रगति सुनिश्चित करने के दायित्व का पालन करते हैं। यदि किसी विद्यार्थी की पढ़ाई में अपेक्षित प्रगति नहीं हो रही हो तो शिक्षक उसके कारणों को जानने तथा उसे दूर करने के प्रयास में उसकी सहायता कर सकते हैं। इन कारणों को जानने तथा दूर करने में काउंसलिंग की अहम भूमिका है।

पढ़ाई के अतिरिक्त विद्यार्थियों में विकासोन्मुख गुणों को विकसित करने तथा अवगुणों को दूर करने में भी काउंसलिंग की अहम भूमिका है। शिक्षा के क्षेत्र में इसका महत्त्व इसलिए और भी बढ़ जाता है क्योंकि बढ़ती उम्र के साथ विद्यार्थियों में बहुत सारे शारीरिक एवं मानसिक परिवर्तन होते हैं। परिवर्तन के इस दौर में उन पर शैक्षिक एवं विभिन्न सामाजिक परिस्थितियों से सामंजस्य स्थापित करने की माँग बढ़ जाती है। कुछ विद्यार्थियों को इन बदलती हुई परिस्थितियों से सामंजस्य स्थापित करने में कठिनाइयों का सामना करना पड़ता है। यदि वे बदलती परिस्थितियों के साथ सामंजस्य स्थापित करने में सक्षम नहीं हो पाते हैं और कुसमायोजन के शिकार हो जाते हैं, तो उनके भावी जीवन की प्रगति बाधित होती है। अतः शैक्षिक एवं अन्तर्वैयक्तिक कठिनाइयों को दूर करने में काउंसलिंग का महत्त्वपूर्ण योगदान है। शिक्षा में काउंसलिंग निम्नांकित क्षेत्रों में विद्यार्थियों के लिए महत्त्वपूर्ण भूमिका निभाता है :

- पढ़ाई-लिखाई सीखने में आनेवाली बाधाओं को दूर करने में।
- संवेगात्मक अवरोधों, मसलन—चिन्ता, उदासी, भय इत्यादि को दूर करने में।
- आचरण सम्बन्धी अवरोधों, मसलन—टेम्पर टैन्ट्रम, क्रोध, कर्तव्य-त्यागी होने, गैंग बनाने, झूठ बोलने तथा चोरी करने, जिद्दी होने इत्यादि को दूर करने में।
- तनाव प्रबन्धन कौशल सीखने में।
- पेशा के चुनाव में।

शिक्षक शारीरिक एवं मनोवैज्ञानिक रूप से विद्यार्थियों के बहुत करीब होते हैं और एक आदर्श के रूप में उनके व्यक्तित्व निर्माण को गहरे रूप से प्रभावित करते हैं। अतः एक शिक्षक में काउंसलिंग के गुणों का होना विद्यार्थियों के व्यक्तित्व विकास को रचनात्मक दिशा प्रदान करने में सहायक होता है। यदि शिक्षक में एक प्रभावकारी शिक्षक के साथ-साथ काउंसलर के गुण भी हों तो यह सोने पर सुहागे जैसा होगा।

काउंसलिंग के उद्देश्य
(Aims of Counselling)

विद्यार्थियों की सहायता के लिए काउंसलिंग के निम्नांकित पाँच उद्देश्य हैं :

1. **सूचना देना :** इसके अन्तर्गत काउंसलिंग आमने-सामने बैठकर सिखाने जैसा है। कुछ समस्याएँ महज तथ्यों से सम्बन्धित सूचनाएँ उपलब्ध करवाकर सुलझाई जा सकती हैं, मसलन—यौन विषय से सम्बन्धित ज्ञान, किसी विषय से सम्बन्धित ज्ञान के स्रोत की जानकारी उपलब्ध करवाना इत्यादि।
2. **समर्थन देना :** कुछ समस्याएँ इतनी कठिन होती हैं, जिनके समाधान में छात्र अपने आपको असहाय महसूस करते हैं। ऐसे में संवेगात्मक समर्थन एवं स्नेह प्रदान कर शिक्षक उनकी सहायता कर सकते हैं, मसलन—अभिभावकों की शिक्षा के प्रति उदासीनता अथवा आर्थिक अभाव के कारण उत्पन्न होनेवाली समस्याएँ।
3. **अन्तर्दृष्टि विकसित करना :** स्पष्ट आत्मज्ञान बहुत सी समस्याओं के सामाधान की कुँजी है। काउंसलिंग के द्वारा विद्यार्थी के आत्मज्ञान को विकसित कर समस्या के कारणों की स्पष्ट अन्तर्दृष्टि प्रदान कर शिक्षक के द्वारा उसके समाधान में सहायता की जाती है, मसलन—पढ़ाई के लिए आवश्यक कौशल से सम्बन्धित ज्ञान उपलब्ध करवाकर इसमें आनेवाली रुकावटों को दूर करना।
4. **अन्तर्द्वन्द्व समाधान :** काउंसलिंग के द्वारा विद्यार्थी की वैयक्तिक अथवा अन्तर्वैयक्तिक अन्तर्द्वन्द्वों के कारण उत्पन्न होनेवाली तनाव की समस्या के समाधान में सहायता की जाती है, मसलन—सहपाठियों या स्कूल के वातावरण से सामंजस्य स्थापित करने से सम्बन्धित समस्याओं को दूर करने में।
5. **निर्णय लेने में सहायता :** काउंसलिंग से विद्यार्थी की कठिन समस्याओं के समाधान के लिए आवश्यक निर्णय लेने में सहायता की जाती है, मसलन—पढ़ाई के लिए विषय के चुनाव या कैरियर चुनाव से सम्बन्धित निर्णय लेने में।

प्रभावकारी काउंसलिंग के चरण
(Stages of effective counselling)

काउंसलिंग अनायास एवं बेतरतीब ढंग से होनेवाली प्रक्रिया नहीं है, अपितु यह एक व्यवस्थित एवं चरणबद्ध प्रक्रिया है। काउंसलिंग की प्रक्रिया क्रमशः छह चरणों में सम्पादित होती है, जिसका वर्णन अंग्रेजी के परिवर्णी शब्द 'GATHER' में समेटकर किया जा रहा है।

Greet (अभिवादन करना) : काउंसलिंग के पहले चरण में शिक्षक के द्वारा विद्यार्थी का अभिवादन करना आता है, ताकि उसके साथ आत्मीय सम्बन्ध स्थापित हो सके। अभिवादन के लिए कुछ विशेष प्रकार के व्यवहार का प्रदर्शन शिक्षक के द्वारा किया जा सकता है जिसका वर्णन नीचे किया जा रहा है :

अभिवादन के लिए स्वयं कमरे से बाहर आकर शिक्षक का विद्यार्थी को अपने साथ लेकर कमरे के अन्दर आना अथवा स्वयं खड़े होकर उसे बैठने के लिए कहना। ऐसा करने से विद्यार्थी अपने को महत्त्वपूर्ण समझता है और अपने प्रति काउंसलर के इस सम्मानजनक भाव से आत्मीय सम्बन्ध स्थापित होने में सहायता मिलती है।

काउंसलिंग के दौरान गोपनीयता का भरोसा विद्यार्थी और शिक्षक के बीच आत्मीय सम्बन्ध स्थापित करने के लिए अनिवार्य है। इसके अन्तर्गत विद्यार्थी को यह भरोसा दिलाया जाता है कि उसके द्वारा कही गई किसी भी बात को बिना उसकी पूर्व अनुमति के उसके माता-पिता या अन्य किसी को नहीं बताया जाएगा। गोपनीयता की गारंटी से विद्यार्थी सहज महसूस करता है और बिना संकोच या हिचक के अपनी अन्दरूनी निजी जरूरतों/समस्याओं को काउंसलर के समक्ष रख पाता है।

Ask (पूछना) : अभिवादन के बाद काउंसलिंग के दूसरे चरण में शिक्षक विनम्रतापूर्वक विद्यार्थी से उसकी समस्या के बारे में जानने के लिए पूछने का काम करते हैं। पूछने के लिए प्रश्न करने के एक विशेष कौशल की आवश्यकता होती है। जैसे—विनम्रतापूर्वक यह कहना कि "कृपया बताओ, हम तुम्हारी क्या सहायता कर सकते हैं?" या "कृपया बताओ हम तुम्हारी सहायता कैसे कर सकते हैं?" पूछने के उपयुक्त उदाहरण हैं। इसके विपरीत "तुम्हारी क्या समस्या है?" या "तुम क्यों आए हो?" इत्यादि सम्बोधनों के उपयोग को त्रुटिपूर्ण माना जाता है, अतः काउंसलिंग में ऐसे सम्बोधनों से बचना चाहिए।

काउंसलर का विद्यार्थी से उपयुक्त तरीके से पूछने से वह अपने बारे में विस्तार से चर्चा करने के लिए प्रेरित होता है। शिक्षक विद्यार्थी से उसकी आवश्यकता, सन्देह, चिन्ता एवं जिज्ञासा से सम्बन्धित बातों को जानने के लिए न सिर्फ पूछते हैं बल्कि उसे ध्यानपूर्वक सुनते भी हैं।

Tell (बताना) : विद्यार्थी जब अपनी समस्याओं, चिन्ताओं और जिज्ञासाओं के बारे में चर्चा कर रहा होता है तब शिक्षक अपने शब्दों एवं हाव-भाव से उसकी सहायता के लिए अपनी तत्परता व्यक्त करते हैं। उसमें यह विश्वास उत्पन्न करने का प्रयास करते हैं कि काउंसलर के रूप में उनके और विद्यार्थी के बीच का सम्बन्ध परस्पर विश्वास एवं सम्मान पर आधारित है। काउंसलिंग में लगने वाले समय, उसके प्रभाव से होनेवाले परिवर्तन के प्रति विद्यार्थी की अपेक्षाओं और काउंसलिंग की सीमाओं से भी अवगत करवाते हैं। विद्यार्थी को यह एहसास भी करवाते हैं कि कोई भी परिवर्तन तब तक सम्भव नहीं है जब तक वह अपनी सहायता खुद करने के लिए तत्पर नहीं हो। काउंसलिंग के दौरान तय किए गए गृह-कार्य के महत्त्व एवं उसको पूरा करने की वचनबद्धता भी सुनिश्चित करते हैं।

Help (सहायता करना) : काउंसलिंग सहायता पहुँचाने की एक प्रभावकारी विधि है। इसके अन्तर्गत विद्यार्थी की समस्याओं के समाधान हेतु शिक्षक न सिर्फ विभिन्न आवश्यक सूचनाएं प्रदान करते हैं बल्कि कुछ ज्वलन्त उदाहरणों एवं नमूने के व्यवहार प्रदर्शित कर सुझाये गए उपायों एवं विधियों को स्पष्ट करने का प्रयास करते हैं। समस्या से छुटकारा पाने के लिए दिए गए गृह-कार्य को करने में यदि विद्यार्थी को कुछ कठिनाई होती है तो शिक्षक उसे सुलझाने में भी सहायता करते हैं।

Explain (व्याख्या करना) : काउंसलिंग के दौरान शिक्षक विद्यार्थी की समस्या से सम्बन्धित विभिन्न पहलुओं की व्याख्या भी करते हैं। उदाहरणस्वरूप, यदि किसी विद्यार्थी का मन पढ़ाई में नहीं लगता है, तो उसे यह बताना कि पढ़ाई में मन का नहीं लगना विद्यार्थियों की आम समस्या है और इस समस्या से ग्रसित बहुत से विद्यार्थी परिश्रम कर इस समस्या से उबर चुके हैं। इन शब्दों से विद्यार्थी को यह इत्मीनान होता है कि वह कोई अकेला व्यक्ति नहीं है, जो इस समस्या से ग्रसित है, दूसरी ओर उसमें यह विश्वास भी पनपता है कि जब दूसरे विद्यार्थी उबर चुके हैं तो वह भी उबर सकता है। ऐसी जानकारी विद्यार्थी की हताशा एवं बेचैनी को कम करता है, साथ ही उसके भीतर परिवर्तन के लिए आवश्यक आत्मविश्वास एवं परिश्रम करने की इच्छा जागृत करता है।

उपरोक्त जानकारी के अतिरिक्त शिक्षक विद्यार्थी को पढ़ाई में मन लगने के लिए आवश्यक तत्त्वों, जैसे—स्पष्ट उद्देश्य का निर्धारण, योजना एवं दिनचर्या का निर्माण, एकाग्रता का अनुश्रवण, पढ़ाई के कौशल, उसके प्रभाव एवं उसमें उत्पन्न होनेवाली कठिनाइयों को दूर करने के उपाय से भी अवगत करवाते हैं।

Return for follow-up (अनुवर्तन के लिए लौटकर आना) : परिवर्तन की प्रक्रिया को जारी रखने के लिए शिक्षक द्वारा बताए गए विभिन्न उपायों के अनुपालन

में होनेवाली कठिनाइयों को जानने एवं उसे दूर करने के उद्‌देश्य से विद्यार्थी को चर्चा के लिए उसे पुनः बुलाते हैं।

जब विद्यार्थी की समस्या सुलझ जाती है तब शिक्षक उस परिवर्तन को बनाए रखने के लिए आवश्यक सुझाव देकर काउंसलिंग की प्रक्रिया को समाप्त करते हैं।

'गेदर' की समस्त प्रक्रिया को यदि संक्षेप में जानना चाहें तो काउंसलिंग महत्त्वपूर्ण चार चरणों में सम्पादित होता है :

प्रथम चरण : विद्यार्थी का विश्वास प्राप्त करने के लिए आत्मीय सम्बन्ध स्थापित करना।

दूसरा चरण : विद्यार्थी की आवश्यकता, भूमिका तथा सीमाओं को परिभाषित करना एवं समझना है। काउंसलिंग के अन्तर्गत स्थापित होनेवाले सम्बन्ध की सीमाओं से अवगत करवाना, विद्यार्थी की आवश्यकता एवं उद्‌देश्य को स्पष्ट करना, उसकी विभिन्न आवश्यकताओं को क्रमशः अत्यावश्यक से कम आवश्यक के रूप में सूचीबद्ध करना इत्यादि आता है। हस्तक्षेप के उद्‌देश्य से अत्यावश्यक आवश्यकताओं को चुनकर तत्काल उनका समाधान ढूँढ़ने में सहायता करना और क्रमशः कम महत्त्वपूर्ण विषयों को भविष्य में हस्तक्षेप के लिए स्थगित करना काउंसलिंग के दूसरे चरण में आता है।

तीसरा चरण : आगे चलनेवाले समर्थित काउंसलिंग के लिए विद्यार्थी को समस्या समाधान के विभिन्न विकल्पों को जानना एवं उनमें से सर्वथा उपयुक्त विकल्प के चुनाव में सहायता करना एवं उसमें आनेवाले उलझनों से अवगत करवाना। समस्या के समाधान के लिए गृह-कार्य के महत्त्व को बताना एवं उसको पूरा करने के लिए प्रेरित करना। काउंसलिंग के परिणामस्वरूप होनेवाले प्रगति का अनुश्रवण करना।

चौथा चरण : चौथे और अन्तिम चरण में काउंसलिंग की प्रक्रिया को समाप्त करना तथा भविष्य में बदलाव बनाए रखने के लिए उपयुक्त उपायों की चर्चा करना।

प्रभावकारी काउंसलिंग कौशल
(Effective Counselling Skills)

काउंसलिंग के लिए काउंसलर में आवश्यक कौशल के अतिरिक्त एक सफल काउंसलर के रूप में कार्य करने की पात्रता का होना भी आवश्यक है। काउंसलिंग की पात्रता के लिए जिन आवश्यक गुणों का होना अनिवार्य है, उनको परिवर्णी शब्द LIAR से व्यक्त किया जा सकता है। जिसका प्रत्येक अक्षर किसी खास कौशल को व्यक्त करता है। प्रत्येक अक्षर का विस्तृत वर्णन निम्नांकित है :

1. **Listening skill (सुनने का कौशल) :** वैसे तो सुनना सभी प्रकार की सहायता के लिए एक आवश्यक गुण है। परन्तु, काउंसलिंग में इसका महत्त्व इसलिए और भी अधिक बढ़ जाता है क्योंकि काउंसलिंग में बातचीत के द्वारा ही समस्या का समाधान ढूँढ़ने का प्रयास किया जाता है। जब तक हम दूसरे की बातों को गौर से सुनते नहीं हैं तब तक यह संभव नहीं हो पाता है कि हम उसकी समस्या के कारणों को जान पाएँ और बिना कारणों को जाने हम किसी की सहायता नहीं कर पाते हैं। काउंसलिंग के लिए शिक्षक में एक धैर्यवान श्रोता के गुण का होना एक आवश्यक शर्त है। सुनने के लिए शिक्षक के द्वारा अपने हाव-भाव एवं शब्दों से विद्यार्थी को यह एहसास दिलावाना कि हम उसकी बातों को सुन रहे हैं आवश्यक है।

   एक अच्छे श्रोता में दो प्रमुख गुणों का होना आवश्यक है :

   पहला, उस मानसिक क्षमता का होना, जिसके द्वारा वह दूसरों की बातों को समझ सके और आत्मसात् कर सके।

   दूसरा, उस कौशल का होना जिससे यह दर्शा सके कि वह दूसरे की बातों को ध्यान से सुन और समझ पाया है।

   बातचीत के क्रम में काउंसलर के प्रतिक्रिया व्यक्त करने का तरीका कुछ ऐसा होना चाहिए, जिससे विद्यार्थी को यह लगे कि शिक्षक उसकी बातों को सुन-समझ रहे हैं। ऐसा होने पर विद्यार्थी अपनी बातों को और अधिक खुले शब्दों में, बिना किसी हिचकिचाहट बताने के लिए तत्पर होता है। इस कौशल की अभिव्यक्ति के लिए काउंसलर में विद्यार्थी की बातों को सुनने के बाद उसके भाव को समझकर अपने शब्दों में व्यक्त करने के कौशल का होना आवश्यक है। जब शिक्षक विद्यार्थी की बातों को सुन-समझ कर उसके भाव एवं अर्थ को अपने शब्दों में व्यक्त करता है, तो इसी प्रक्रिया को भावानुवाद करना (paraphrasing) कहते हैं।

   शिक्षक के द्वारा बातचीत के क्रम में समय-समय पर रुककर विद्यार्थी की बातों को समझकर भावानुवाद के द्वारा अपने शब्दों में बताने से विद्यार्थी को यह एहसास होता है कि शिक्षक उसकी बातों को न सिर्फ सुन रहे हैं बल्कि समझ रहे हैं और उसमें रुचि ले रहे हैं। विद्यार्थी का यह भरोसा काउंसलिंग को निर्बाधित रूप से अग्रसर करने में सहायक सिद्ध होता है।

2. **Influencing skills (प्रभावित करने का कौशल) :** सहायता करने के प्रत्येक प्रयास में परामर्श देना एवं समर्थन देना निहित होता है। सहायता

करनेवाला चाहे-अनचाहे विद्यार्थी के जीवन को बहुत हद तक प्रभावित करता है।

दूसरों की सहायता करना एक ऐसी प्रक्रिया है, जिसमें काउंसलर को बहुत अधिक जिम्मेवारी लेने की आवश्यकता पड़ती है। जिन व्यक्तियों को सहायता की आवश्यकता पड़ती है, वे सहायता प्रदान करनेवाले की ओर आशा भरी निगाहों से देखते हैं। ऐसे में सहायता करनेवाले व्यक्ति की हर प्रतिक्रिया उसके समाधान को निर्धारित करने में महत्त्वपूर्ण भूमिका निभाती है। इसके लिए काउंसलर की भूमिका निभा रहे शिक्षक की पूर्वाग्रहरहित मनोवृत्ति, एक अच्छे ज्ञाता, मानवीय संवेदनाओं के प्रति जागरूकता, सांस्कृतिक संवेदनशीलता एवं प्रभावकारी व्यक्तित्व इत्यादि के गुणों का होना आवश्यक है।

3. **Attending skill (सेवा-भाव) :** सेवा-भावना के बिना काउंसलिंग का कार्य करना असम्भव है। सेवा के मूलभूत कौशलों को परिवर्णी शब्द SOLER के माध्यम से व्यक्त किया जा सकता है। जिसके प्रत्येक अक्षर किसी खास सेवा-भाव को व्यक्त करते हैं।

   (i) S- Squarely : काउंसलर के द्वारा सेवा-भाव की तत्परता प्रदर्शित हो सके, इसके लिए यह आवश्यक है कि काउंसलर विद्यार्थी के मन में यह विश्वास उत्पन्न कर सके कि वह उसके लिए ईमानदारी से उपलब्ध है। इस भाव को उत्पन्न करने के लिए काउंसलिंग के दौरान शिक्षक को अपना पूरा ध्यान विद्यार्थी पर केन्द्रित करना पड़ता है। इसके लिए किसी अन्य काम में व्यस्त रहना, मसलन—टेलीफोन पर बातें करना, किसी अन्य काम में विलम्ब होने के कारण जल्दीबाजी दर्शाना इत्यादि से यथासम्भव बचना पड़ता है।

   (ii) O-Openness **(खुलापन) :** शिक्षक के द्वारा अपनी मुद्रा एवं हाव-भाव से विद्यार्थी के मन में यह विश्वास पैदा करने का प्रयास करना कि वह खुले मन से उसकी सहायता को तत्पर है, खुलापन है। उदाहरणस्वरूप, यदि विपरीत लिंग के प्रति आकर्षण से सम्बन्धित किसी समस्या के कारण स्कूल में प्रबन्धन की कोई समस्या उत्पन्न हुई हो तो ऐसे संवेदनशील मुद्दे पर काउंसलिंग में अतिरिक्त धैर्य, संवेदनशीलता एवं सजगता की आवश्यकता होती है। बचाव की मुद्रा के बिना, किसी आश्चर्य के भाव के बिना एवं बिना उस विद्यार्थी का उपहास उड़ाए या उसे नीचा दिखाए, वर्तमान परिस्थिति में उसकी स्वभाविक प्रवृत्ति को स्वीकार करना, उसकी

प्राथमिकता की ओर ध्यान ले जाना कि असमय, बिना परिपक्वता के, उसके ऐसे व्यवहार का उसकी पढ़ाई एवं भविष्य निर्माण पर पड़नेवाले प्रभाव पर चर्चा करना। विद्यार्थी को आत्म अनुशासन, आत्म-नियन्त्रण के लिए आवश्यक गुण सिखाना, जिसके द्वारा वह अपने व्यवहार से होनेवाले नुकसान को महसूस कर सके एवं अनुपयुक्त व्यवहार को नियन्त्रित कर सके, में सहायता करनी चाहिए। उसके अगले व्यवहार की सीमा को निर्धारित करना एवं उसके उल्लंघन पर उठाए जानेवाले प्रशासनिक कदमों से भी अवगत करवा देते हैं।

(iii) L-Lean (**झुकना**) : समय-समय पर बातचीत के क्रम में शिक्षक को विद्यार्थी की ओर झुककर यह एहसास कराते रहना कि वे उसकी बातों को ध्यान से सुन रहे हैं और सहायता के लिए तत्पर हैं।

(iv) E-Eye contact (**आँखों में देखना**) : बिना घूरे, शिक्षक को विद्यार्थी की आँखों में देखना ताकि विद्यार्थी में यह विश्वास पैदा हो सके कि आप उसमें तथा उसकी समस्याओं में रुचि ले रहे हैं।

(v) R-Relaxed (**आराम की मुद्रा**) : काउंसलिंग के दौरान, बातचीत के क्रम में, शिक्षक के द्वारा सहज एवं आराम के मुद्रा का प्रदर्शन करना आवश्यक है। इससे काउंसलर में आत्मविश्वास की झलक मिलती है, जो विद्यार्थी में भी आराम एवं विश्वास उत्पन्न करने में सहायक होता है।

4. **R-Responding with Empathy (परानुभूतिपूर्ण अनुक्रिया)** : सहायता करने एवं अच्छे श्रोता के गुणों का एहसास विद्यार्थी को तब होता है जब काउंसलर में परानुभूति के गुण विद्यमान हों।

परानुभूति का अर्थ है—दूसरे की अनुभूति स्वयं करना। जब दूसरे व्यक्ति के स्थान पर स्वयं को रखकर उसकी पीड़ा का अनुभव किया जाता है, तो यह परानुभूति का उदाहरण है। परानुभूति सहानुभूति से भिन्न होता है, सहानुभूति में दुख की अभिव्यक्ति शाब्दिक होती है, जबकि परानुभूति में वास्तविक मानसिक अनुभूति होती है।

यदि किसी शिक्षक में उपरोक्त आवश्यक गुण हों अथवा कोई शिक्षक उपरोक्त गुणों को विकसित कर ले तो काउंसलर के रूप में उनकी सफलता सुनिश्चित हो सकती है।

प्रभावकारी काउंसलर के गुण
(Characteristics of an effective counsellor)

काउंसलिंग के कार्य को सफलता पूर्वक करने के लिए सहायता करनेवाले शिक्षक में निम्नांकित गुणों का होना आवश्यक है :

1. **धनात्मक सम्मान एवं आदर के भाव (Positive regard and respect for people) :** मानवीय आवश्यकताओं एवं संवेदनाओं के प्रति संवेदनशीलता का होना एवं आदर होना चाहिए।
2. **खुलापन (Openness) :** बिना सही-गलत के निर्णय के उच्च स्तर की स्वीकार्य क्षमता का होना (Open, non-judgemental and high level of acceptance)।
3. **परानुभूति के गुण का होना :** दूसरों के खयाल रखनेवाले एवं परानुभूति के गुण का होना (Caring and empathetic)।
4. **आत्म-जागरूक एवं आत्म-अनुशासित होना (self-aware and self-discipline) :**
5. **ज्ञानी/जानकार (knowledgable/informed) :** सहायता करने के लिए विषय के ज्ञान का होना एवं समुदाय में उपलब्ध सम्बन्धित संसाधन के स्रोतों की जानकारी का होना भी आवश्यक है।
6. **सांस्कृतिक संवेदनशीलता (Cultural Sensitivity)** एक अच्छे काउंसलर में मानवीय सम्बन्धों एवं सांस्कृतिक मूल्यों के प्रति संवेदनशीलता का होना भी एक आवश्यक शर्त है।
7. **एक धैर्यवान अच्छे श्रोता होने के गुण का होना (patient and a good listener)**
8. **गोपनीयता बनाये रखने की योग्यता (ability to maintain confidentiality) :** का होना।
9. **वस्तुपरकता एवं स्पष्टता (Objective and clarity) :** का होना।

आधारभूत सूक्ष्म काउंसलिंग कौशल
(Basic Micro Counselling Skills)

1. **सक्रिय ध्यान देना/सुनना (Attending/Listening) :** काउंसलर के सक्रिय रूप से ध्यान देने/सुनने के व्यवहार की सूचना विद्यार्थी को स्वतः तब मिल जाती है, जब काउंसलर उसकी बातों को ध्यान से

सुन-समझकर हाव-भाव एवं शब्दों के माध्यम से, मौखिक रूप से या इशारों से, अपनी समझदारी की अभिव्यक्ति का सम्प्रेषण करता है। सक्रिय रूप से सुनने में धैर्य की आवश्यकता होती है। इसका अर्थ यह हुआ कि बातचीत के दौरान काउंसलर विद्यार्थी को विस्तार से लम्बी चर्चा करने का अवसर प्रदान करे। इसके लिए वह संवाद को आगे बढ़ाने के उद्देश्य से स्वयं तुलनात्मक रूप से शान्त होकर, अल्पकालिक अनुक्रिया करे। काउंसलर की सहज मनःस्थिति एवं मुद्रा, आवसरिक सिर हिलाना, समस्या को लिखने या अन्य क्रम-भंग करनेवाले अथवा व्यवधान उपस्थित करनेवाले कार्यों से बचना आवश्यक है ताकि विद्यार्थी अपनी बातों को और अधिक विस्तार से बताने के लिए प्रेरित हो सके।

2. **अनुभूतिओं का परावर्तन (Reflection of feelings)** : परावर्तन का अर्थ काउंसलर के द्वारा विद्यार्थी की कुछ चुनी हुई भावनाओं और अनुभूतियों को अपने शब्दों एवं भाव के द्वारा व्यक्त करना है। इससे विद्यार्थी में यह विश्वास उत्पन्न करने में सहायता मिलती है कि काउंसलर उसकी भावना और अनुभूतियों को समझ पाया है। उदाहरणस्वरूप, जब कोई विद्यार्थी जो हॉस्टल में नहीं रहना चाहता है और उसका एक कारण यह बताता है कि मैं पिछले दिनों अपनी बहन के जन्मदिन की बधाई देने घर जाना चाहता था, परन्तु हॉस्टल से छुट्टी नहीं मिलने के कारण ऐसा नहीं कर पाया। काउंसलर की यह अभिव्यक्ति–"ऐसा प्रतीत होता है कि इससे आपने उदासी का अनुभव किया कि आप अपनी बहन से उसकी जन्मदिन पर नहीं मिल पाए" परावर्तन है।

3. **प्रश्न करना (Questioning)** : विद्यार्थी की समस्या या चिन्ताओं को स्पष्ट रूप से एवं गहराई से समझने के लिए प्रश्न करना एक आवश्यक कौशल है। इससे समस्या की अन्तर्दृष्टि विकसित करने में सहायता मिलती है। प्रश्न करने की एक आवश्यक शर्त यह है कि उसका उद्देश्य विद्यार्थी की समस्या के दृष्टिकोण से महत्त्वपूर्ण हो, न कि काउंसलर की जिज्ञासा के इर्द-गिर्द केन्द्रित हो।

   प्रश्न पूछने के लिए खुले अन्तवाले सवाल करना, जिसमें विद्यार्थी को उत्तर देने की आजादी हो और उसे अपनी समस्या की व्याख्या विस्तार से करने का अधिक-से-अधिक अवसर मिले। बहुविकल्पीय प्रश्न या हाँ-नहीं में उत्तर देने योग्य प्रश्नों का पूछा जाना उचित नहीं है।

उदाहरणस्वरूप :

''वर्ग में शिक्षक की डाँट के बाद आपने किस प्रकार से अपनी प्रतिक्रिया व्यक्त की''? उपयुक्त है।

जबकि, ''क्या आपने वर्ग में पढ़ना छोड़ दिया जब शिक्षक ने आपको डाँटा?'' त्रुटिपूर्ण है।

4. **भावानुवाद और व्याख्या (Paraphrasing and Interpreting) :** जब विद्यार्थी के द्वारा कही गई बातों को शिक्षक अपने शब्दों में, यह दर्शाने के लिए दोहराता है कि वह उसकी बातों को हु-ब-हु समझ पाया है, भावानुवाद का उदाहरण है। भावानुवाद के अन्तर्गत शिक्षक विद्यार्थी की बातों को संक्षेप में अपने शब्दों में सिर्फ भावार्थ के रूप में व्यक्त करता है, न कि सम्पूर्ण वाक्य को। उदाहरणस्वरूप, विद्यार्थी की यह बात कि जब बीती रात माँ-पापा में झगड़ा हुआ तब पापा ने माँ को घर से निकल जाने की बात कही थी। अगले दिन जब मैं स्कूल से लौटकर घर आया और माँ को घर पर नहीं पाया तो परेशान हो गया। काउंसलर के द्वारा उपरोक्त बातों को इस प्रकार व्यक्त किया जाना ''जब तुमने कल स्कूल से लौटकर माँ को घर पर नहीं पाया तब तुम चिन्तित हो गए कि कहीं माँ घर छोड़कर तो नहीं चली गई।''

व्याख्या के अन्तर्गत काउंसलर विद्यार्थी जो कहना चाहता है, उसके मूलभाव को समझकर बताता है। कई बार विद्यार्थी जो कहना चाहता है, उसे खुलकर नहीं कह पाता है। इसकी बातों से अर्थ प्राप्त करने के लिए शिक्षक को गहराई से विद्यार्थी की अनुभूतियों को समझना पड़ता है। काउंसलर विद्यार्थी की जागरूकता की सतह के नीचे दबी बातों को निकालकर यर्थाथता की जाँच करता है कि उसकी समझ विद्यार्थी के भाव के अनुरूप है अथवा नहीं। उदाहरणस्वरूप, जब विद्यार्थी यह बताता है कि आए दिन घर पर माँ-पिता के बीच होनेवाले झगड़े एवं माँ की उदासी पढ़ने के समय एकाग्रता को बाधित करता है। काउंसलर—''आपने जो बताया उससे ऐसा लगता है कि आप ऐसा सोचते हैं कि विनम्रता तथा सम्मान पारिवारिक शान्ति के लिए दो बहुत ही महत्त्वपूर्ण मानवीय मूल्य हैं। आपकी बातों से ऐसा लगता है कि आप अपने पिता की माँ के प्रति, रूखे कलहपूर्ण व्यवहार एवं उसके प्रभाव से होनेवाली चिन्ता को अपनी पढ़ाई में बाधा का कारण मानते हैं।'' क्या हमने आपके तात्पर्य को ठीक-ठीक समझा है?

काउंसलिंग में सहायक एवं बाधक तत्त्व
(Help and Hinder Factors)

काउंसलिंग में सहायता करनेवाले तथा बाधा उपस्थित करनेवाले तत्त्वों को नीचे के टेबल में अंकित किया जा रहा है। काउंसलिंग में सहायता करनेवाले कारकों का उपयोग करना और बाधक तत्त्वों के उपयोग से बचना प्रभावकारी काउंसलिंग के लिए आवश्यक हैं :

टेबल-32

काउंसलिंग में सहायक तत्त्व	*काउंसलिंग में बाधक तत्त्व*
• स्वतन्त्र निर्णय के लिए प्रेरित करना	• विद्यार्थी के व्यवहार एवं अनुभूति को नैतिकता की दुहाई देकर निर्णय देना।
• किसी प्रश्न अथवा परिस्थिति को स्पष्ट रूप से नहीं समझ पाने की स्थिति में उसे निःसंकोच विद्यार्थी से पूछकर स्पष्ट करना।	• किसी विद्यार्थी को रूढ़ि के आधार पर तौलना। जैसे किसी परिश्रमी जाति का हो तो परिश्रमी होगा, ऐसा मान लेना।
• अपनी प्रबन्धन क्षमता से अधिक कठिन किसी समस्या को विशेषज्ञ के पास परामर्श के लिए भेज देना।	• अपनी प्रबन्धन क्षमता से अधिक कठिन समस्या के लिए काम करना।
• विद्यार्थी को परिवार तथा दोस्तों का समर्थन प्राप्त करने के लिए प्रेरित करना।	• काउंसलिंग की प्रक्रिया की गति को अपनी आवश्यकता के अनुसार तेज करना या धीमा करना, न कि विद्यार्थी की आवश्यकता के अनुसार।
• सामान्यकृत नहीं करना। प्रत्येक विद्यर्थी की समस्या को उसकी परिस्थिति के अनुरूप समझने का प्रयास करना।	• सामान्यीकृत करना, एक विद्यार्थी की समस्या को किसी अन्य की समस्या के समान मानकर काम करना।
• विद्यार्थी की समस्या के आलोक में प्रश्न पूछना।	• विद्यार्थी की आवश्यकता से अलग, अपनी रुचि या आवश्यकता के अनुसार कोई प्रश्न पूछना।

सारांश

काउंसलिंग का शाब्दिक अर्थ परामर्श है परन्तु, मनोवैज्ञानिक दृष्टिकोण से काउंसलिंग सहायता पहुँचाने की वह जटिल प्रक्रिया है, जिसका उद्देश्य समस्या से ग्रसित व्यक्ति को उसकी समस्या के कारणों की पहचान करने एवं समाधान के लिए उपलब्ध विभिन्न विकल्पों में से सर्वथा उपयुक्त विकल्प का चुनाव कर समाधान में सहायता करना है। विद्यार्थियों में विकासोन्मुख गुणों को विकसित करने तथा अवगुणों को दूर करने में काउंसलिंग की अहम भूमिका है। शिक्षा के क्षेत्र में काउंसलिंग पढ़ाई, व्यवहार एवं जीवन के विभिन्न क्षेत्रों में विद्यार्थियों को

सामंजस्य स्थापित करने में होनेवाली कठिनाइयों में सहायता करना है। काउंसलिंग में तीन प्रक्रियाओं को अपनाते हैं—शिक्षा देना, सूचना देना तथा समर्थन देना।

काउंसलिंग के मुख्य रूप से पाँच उद्देश्य—सूचना देना, समर्थन देना, अन्तर्दृष्टि विकसित करना, अन्तर्द्वन्द्व समाधान करना एवं निर्णय लेने में सहायता करना है।

काउंसलिंग की प्रक्रिया क्रमशः छह चरणों में सम्पादित होती है जिसे अंग्रेजी परिवर्णी शब्द 'GATHER' के द्वारा व्यक्त किया जा सकता है, Greet अभिवादन करना, Ask–पूछना, Tell–बताना, Help–सहायता करना, Explain–स्पष्ट करना, Return for follow up–अनुवर्तन के लिए पुनः लौटकर आना।

प्रभावकारी काउंसलिंग कौशल को अंग्रेजी परिवर्णी शब्द LIAR के द्वारा व्यक्त किया जा सकता है—Listening skill सुनने का कौशल, Influencing skills–प्रभावित करने का कौशल, Attending skill–सेवा-भाव कौशल R-Responding with Empathy skill—परानुभूतिपूर्ण अनुक्रिया कौशल। Attending skill—सेवा-भाव कौशल को अंग्रेजी के परिवर्णी शब्द SOLER से व्यक्त किया जा सकता है। जिसके प्रत्येक अक्षर किसी खास सेवा-भाव को व्यक्त करते हैं। Squarely सेवा की तत्परता, Openness–खुलापन, Lean–झुकना, Eye contact–आँखों में देखना, Relaxed–बातचीत में सहज एवं आराम मुद्रा का प्रदर्शन।

सहायता करनेवाले शिक्षक में निम्नांकित गुणों का होना आवश्यक है :

धनात्मक सम्मान एवं आदर के भाव, उच्च स्तर की स्वीकार्य क्षमता, दूसरों के खयाल रखनेवाले एवं परानुभूति के गुण, आत्म-जागरूक एवं आत्म-अनुशासित, ज्ञानी/जानकार (सहायता करने के लिए विषय के ज्ञान का होना एवं समुदाय में उपलब्ध संसाधन के स्रोतों की जानकारी का होना भी आवश्यक है), सांस्कृतिक संवेदनशीलता, मानवीय सम्बन्धों एवं सांस्कृतिक मूल्यों के प्रति संवेदनशीलता का होना, धैर्यवान अच्छे श्रोता, सूचनाओं की गोपनीयता बनाए रखने की योग्यता, वस्तुपरकता एवं स्पष्टता का होना भी आवश्यक है।

आधारभूत सूक्ष्म काउंसलिंग कौशल के अनर्तगत सक्रिय ध्यान देना/सुनना, अनुभूतिओं का परावर्तन, प्रश्न करना, भावानुवाद और व्याख्या करना इत्यादि। अन्त में काउंसलिंग में सहायक एवं बाधक तत्त्व की व्याख्या की गई है।

चलते-चलते

यह पुस्तक 'राष्ट्रीय साक्षरता मिशन' के द्वारा चिह्नित छह बिन्दुओं को ध्यान में रखकर लिखी गई है। इस पुस्तक में पठन-पाठन से सम्बन्धित उन समस्त जानकारियों को सम्मिलित करने का प्रयास किया गया है जिसके द्वारा कोई भी हिन्दी पढ़ने, समझनेवाला व्यक्ति, बिना किसी औपचारिक प्रशिक्षण के पढ़ने-पढ़ाने का काम सफलतापूर्वक कर सकता है। एक उत्पादक शैक्षिक वातावरण का निर्माण करने में यह पुस्तक मील का पत्थर सिद्ध होगी। शिक्षकों के लिए यह पुस्तक आत्म-सहायता, आत्म-उन्नति एवं पेशेवर सफलता सुनिश्चित करने में एक मित्र की भाँति उनकी सहायता करेगी, जिससे वे अपने कन्धों पर शिक्षक के रूप में लिए गए राष्ट्रीय दायित्व का निर्वहन सफलतापूर्वक कर पाएँगे।

इस पुस्तक के पाठकों से यह अपेक्षा की जाती है कि वे इसके तथ्यों का मनन कर इसका उपयोग अपने शैक्षिक कार्यों में करेंगे और नीचे वर्णित 'राष्ट्रीय साक्षरता मिशन' के उद्देश्य को पूरा करने में अपनी सहभागिता सुनिश्चित करेंगे—

1. राष्ट्रीय प्रतिबद्धता का निर्वहन करना।
2. पठन-पाठन के लिए सर्वथा उपयुक्त वातावरण का निर्माण करना।
3. शिक्षक द्वारा शिक्षार्थी में तथा स्वयं अपने भीतर अभिप्रेरणा उत्पन्न करना।
4. शिक्षाशास्त्रीय तकनीकों के उपयोग से शिक्षण को उन्नत बनाना।
5. वर्ग के दक्ष प्रबन्धन करने की क्षमता विकसित करना।
6. शैक्षिक प्रगति का अनुश्रवण करना।

इसके उपयोग से शिक्षक के रूप में अपनी जिम्मेवारी के निर्वहन में उन्हें सफलता अवश्य मिलेगी। यह दावा करना कि पुस्तक सभी दृष्टिकोणों से पूर्ण होगी, एक भ्रामक सोच के अतिरिक्त कुछ भी नहीं। अतः सुधार हेतु सदैव तत्पर मेरा यह निवेदन होगा कि इस पुस्तक में जहाँ भी कोई कमी दिखाई पड़े, उसे

निःसंकोच लेखक को अथवा प्रकाशक को संलग्न प्रश्नावली के माध्यम से अवगत कराने की कृपा करें। आपके विचारों को हम संशोधित संस्करण में न सिर्फ सम्मिलित करेंगे बल्कि आपके इस योगदान को स्वीकारोक्ति में शामिल भी करेंगे। आपके विचारों से अवगत होने की प्रत्याशा में आपका ही,

—डॉ. मुकेश किशोर

अम्बा काउंसलिंग सेन्टर,
कान्ति कुटीर, मकान नं. 19, गोकुल मार्ग,
नार्थ एस.के. पुरी, पटना-800 013

पुस्तक मूल्यांकन प्रश्नावली

आपने जिस चाव से हमारी पुस्तक 'मुझे ऐसे पढ़ाओ' पढ़ी, उसके लिए मैं आपका आभारी हूँ। मैं चाहूँगा कि आप अपने मन्तव्य को निम्नांकित प्रश्नावली के माध्यम से व्यक्त करने की कृपा करें ताकि जो त्रुटियाँ इस पुस्तक में रह गई हों, उन्हें दूर किया जा सके और इस पुस्तक की गुणवत्ता आपके मन्तव्य के आलोक में बढ़ाई जा सके।

नीचे कुछ गुण दिए गए हैं, जिनके सामने 1 से 10 तक संख्या अंकित है, आपको प्रत्येक गुणों के परिपेक्ष्य में पुस्तक का मूल्यांकन करना है। यदि उस खास गुण में पुस्तक की गुणवत्ता, आपके विचार में, बहुत कम हो तो 1 और पूर्ण हो तो 10 को घेरकर अपना मन्तव्य दें। कृपया अपने विचारों को स्वतन्त्र होकर व्यक्त करें, आप यह न सोचें कि यदि आप इसका आकलन कम करते हैं तो लेखक को अप्रसन्नता होगी, बल्कि यह सोचें कि आपके प्रति मैं आभारी होऊँगा, यदि आपने इस पुस्तक की गुणवत्ता को बढ़ाने में हमारी सहायता की :

1. भाषा

स्पष्टता	1	2	3	4	5	6	7	8	9	10
समझदारी	1	2	3	4	5	6	7	8	9	10
शुद्धता	1	2	3	4	5	6	7	8	9	10

2. विषय

उपयोगिता	1	2	3	4	5	6	7	8	9	10
संगठन	1	2	3	4	5	6	7	8	9	10
सामग्री	1	2	3	4	5	6	7	8	9	10

आपके विचार में किस अध्याय में वर्णित विषय में और सुधार की आवश्यकता है और किस प्रकार के सुधार की आप अपेक्षा करते हैं। कृपया नीचे के खाली स्थान में लिख दें

किस अध्याय की सामग्री से आप पूर्ण रूप से सन्तुष्ट हैं और क्यों?

नीचे कोई और सुझाव जो आप विषय की गुणवत्ता को बढ़ाने के लिए देना चाहें।

आपके सहयोग के लिए धन्यवाद!

- यदि जगह कम पड़ रही हो तो अलग से सादे कागज पर भी अपने विचार दे सकते हैं।

●●●